U0918410

HUIJU

ZHENGNENGLIANG GONGZHU
ZHONGGUOMENG

正能量——中国梦

主　编　刘先春

副主编　李　睿　王晓敏

编　委（按姓氏音序排列）

敖小茂　陈慧瑞　郭海霞

李　亚　王小鹏　张思源

HUIJU

ZHENGNENGLIANG GONGZHU

ZHONGGUOMENG

正能量——中国梦

汇聚正能量 共筑中国梦

刘先春 主编

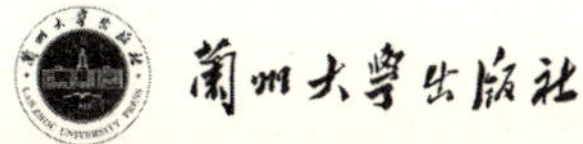

蘭州大學出版社

图书在版编目（CIP）数据

汇聚正能量　共筑中国梦 / 刘先春主编. -- 兰州 : 兰州大学出版社, 2014.12
ISBN 978-7-311-04681-1

Ⅰ. ①汇… Ⅱ. ①刘… Ⅲ. ①社会主义建设模式—中国—学习参考资料 Ⅳ. ①D616

中国版本图书馆CIP数据核字(2014)第309939号

责任编辑　雷鸿昌　魏春玲　钟　静
封面设计　管军伟

书　　名　汇聚正能量　共筑中国梦
作　　者　刘先春　主编
出版发行　兰州大学出版社　(地址:兰州市天水南路222号　730000)
电　　话　0931-8912613(总编办公室)　0931-8617156(营销中心)
　　　　　0931-8914298(读者服务部)
网　　址　http://www.onbook.com.cn
电子信箱　press@lzu.edu.cn
印　　刷　兰州德辉印刷有限责任公司
开　　本　710 mm×1020 mm　1/16
印　　张　14.25
字　　数　225千
版　　次　2014年12月第1版
印　　次　2014年12月第1次印刷
书　　号　ISBN 978-7-311-04681-1
定　　价　28.00元

前 言

什么是“正能量”

网络时代的流行语是反映社会发展变化的信息节点。2012年的十大流行语中,“正能量”力压群雄位居榜首,向我们昭示了健康乐观的处世态度、积极向上的理想追求,是社会发展的价值趋向。

“能量”原本是一个物理学的概念,在物理学中属于标量,只有大小,而无方向。后来它引申为一切给予人向上和希望、促使人不断追求、让生活变得圆满幸福的动力和感情。正如英国心理学家理查德·怀斯曼在其专著《正能量》中以能量场比喻人体,要展现一个全新的自我往往需要激发内在潜能,才能使人看起来更加自信、更加充满活力。在当前流行的社会文化中,人们常常把那些积极向上的、健康有益的、催人奋进的、鼓舞人心的、充

社会文化学认为:“正能量”是一种带有积极意义的能够对社会和人们的生活产生正面影响的能量。社会心理学认为:“正能量”代表着一种积极向上的、能够激发人们的正面情感、调动人们的积极情绪和动力、抑制并消除消极情感和情绪对生活的负面影响等的能量。

满希望的人和事贴上“正能量”的标签。积极的能量、正向能量，成为经常被引用的一个词。正能量对于存在诸多问题的当今社会无疑是一股积极向上的力量。正能量一词适合各个阶层的人，不管你是什么职业、什么年龄，如果在生活不顺的时候喊上一句正能量的话，前进的道路上必定增加许多动力。正能量传递的是一份积极的心态，让不良情绪释放干净。与正能量相对的一词是负能量，它带给人消极的情绪，对人的工作生活、理想追求都极为不利。当负能量占据优势的时候，我们的生活就极为暗淡，当我们的内心充满正能量的时候，内心蕴藏着的自信、豁达、愉悦、进取就会在我们身上尽情地表现出来。

社会的发展与进步当然需要“正能量”，但也要防止“正能量”被异化。试问今日中国的正负能量到底有哪些呢？

经济方面的正能量，就是让社会越来越富裕。可以肯定，我们原先搞的所谓“一大二公”、平均主义的东西，虽然打着社会主义的旗号，却是一种负能量，因为在这种能量的冲击下，中国社会越来越穷，贫穷不是社会主义，贫穷也不是正能量，让一个社会、一个国家的人民越来越穷的制度不是好制度，因此是负能量。而改革开放以来，我们搞的社会主义市场经济，让国家越来越富裕，虽然有“国富民穷”的现象存在，但总的来说，社会主义市场经济是一种正能量。

但是在经济领域，仅仅有市场经济还是不够的，因为市场经济是资本的作用，资本本身带有金钱至上的嗜血性。在分配领域，我们看到社会的不公平，因为资源是国家的资源，少数人凭借权力占据了国家资源，将财富大量装入自己的腰包，这种现象是一种负能量，官场腐败、卖官鬻爵、权钱交易等，都是负能量。中国的基尼系数，目前已经远超国际警戒线，所以说，中国在分配领域存在着很大的负能量。

政治领域的正能量，就是让社会越来越民主、法制越来越健全的能量。中国社会因为历史的原因，形成了中国共产党的强势领导。有很多人认为，需要学习西方的多党制衡机制，这当然是正确的，但是与中国的稳定发

> 微博作为新兴的媒体，人们对其评价不一。有人说微博是正能量，有人说微博是负能量。我们认为，微博里面既有正能量，也有负能量。正能量就是实事求是，有利于反腐倡廉，有利于公平正义，有利于解放思想、开拓创新的能量；负能量就是造谣惑众、瞒天过海、欺压民众、愚弄民众的能量。而总的来说，微博应该是属于正能量。

展比较，民主制度的建立似乎可以延迟，所以那种要求立即在中国实现西方的制衡制度的想法，在现阶段还难以实现。但我们完全可以在中国共产党的领导下，建立起对腐败的制约机制，就拿社会主义与资本的结合来说，过去我们一直认为是不可能的，现在这条路居然走通了，所以我们也坚信，只要执政党愿意建立起对权力的制衡机制，把权力关在笼子里也一定能实现。因此，在现阶段，凡是有利于权力制约的力量，都是正能量，包括逐步放开新闻管制、逐步强化人大代表的职能、逐步放开民主党派对执政党的监督等等。党的十八大后，新一届中央政治局制定的“八项规定”，就是一种正能量。古人云“上有所好，下必甚焉”，所以中央领导的带头作用，必将促使各级领导干部加强自身建设、加强党和人民群众的血肉联系。

文化领域里的正能量，就是让社会主义文化大发展大繁荣。口号的提出很容易，关键在做。如何实现社会主义文化大发展大繁荣？就需要放手，让文化百花齐放、百家争鸣。试想，在一个不见阳光的封闭环境里，花儿如何竞相开放、鸟儿如何展翅高飞呢？所以，凡是让艺术家自由创作的能量，都是正能量，凡是禁锢艺术家手脚的能量，都是负能量。当然，对于艺术家来说，应该考虑所写、所画、所歌的，是让人民越来越悲观丧气、越来越懒惰、越来越自私，还是相反？这反映了艺术家的能量是正还是负。文化工作者所从事的工作直接影响人们的精神面貌，更需要传播正能量，振奋国人实现中华民族伟大复兴的信心和决心。

> 文化工作者要传播正能量、建设软实力。
>
> ——刘云山

中国梦概观

“明者因时而变，智者随世而制。”2012年11月29日，新当选的中共中央总书记习近平，率新一届中央政治局常委会全体同志和中央书记处的同志，参观国家博物馆的基本陈列《复兴之路》的展览时，深情阐述了中国梦，同时强调指出中华民族近代以来最伟大的梦想就是实现中华民族伟大复兴。中国梦，一经提出，迅速点燃了亿万华夏儿女心中的激情，凝聚起强大的正能量。

中国梦承前启后，它不仅是当代中国人的理想，更是世世代代中华儿女顽强拼搏、追逐梦想的历史传承。为了逐梦，一代又一代中华儿女不知经历了多少屈辱与奋争，前赴后继，跨越时空。展开地说，中国梦具有极其丰富的具体含义：

> 所谓中国梦，就是要实现全面建成小康社会、建成富强民主文明和谐的社会主义现代化国家，实现中华民族伟大复兴，就是要实现国家富强、民族振兴、人民幸福。

第一，中国梦是历史的、现实的，也是未来的。为了实现中华民族的伟大复兴，中国共产党人提出了中国梦这一奋斗目标，它凝聚了浓烈的民族情感，凝结了近代以来中国无数仁人志士的理想，代表了当代中国的追求和未来中国的走向，反映了近代以来在中国社会内部涌动着并紧密结合在一起的爱国主义和社会主义两大进步思潮的要求，是连接中国的过去、现在和未来的民族复兴之梦。

第二，中国梦是中国共产党人提出的，是党对于国家、民族、人民承担起的责任。习近平提出中国梦，体现了中国共产党人对于国家、民族、人民的崇高理想。习近平在十二届全国人大一次会议的闭幕会上全面阐述了中国梦的内涵和实现这一梦想的道路、精神、力量等问题。他指出：实现全面建成小康社会、建成富强民主文明和谐的社会主义现代化国家的奋斗目标，实现中国民族伟大复兴的中国梦，就是要实现国家富强、民族振兴、人民幸福。这一论述展示了中国共产党人对于国家、民族、人民的自觉责任，揭示了中国梦对于国家、民族、人民的意义。因此，中国共产党人之所以提出中国梦，就是要更好地恪守"全心全意为人民服务"这一根本宗旨，更好地坚守"中国工人阶级先锋队，同时是中国人民和中华民族先锋队"这一本质属性，为实现国家富强、民族振兴、人民幸福奋斗终生。

第三，中国梦是国家和民族的梦想，也是每一个中国人的梦想。习近平指出：中国梦归根到底是人民的梦，必须紧紧依靠人民来实现，必须不断为人民造福。这里所说的"人民"，既指整体的"人民"，也指个体的"人民"，即每一个中国人。其实，"中国梦"不仅是中国的强国之梦，而且是中国人的幸福之梦，包括有住房、有工作、有社会保障、生活环境优美等一切与个人愿望相联系的东西，代表着中国人的总体追求，象征着每个个体的憧憬和企盼。因此，习近平在"五四"讲话中，对"人民的梦"阐述了两层意思：一方面，"国家好、民族好，大家才会好"；另一方面，"只有每个人都为美好梦想而奋斗，才能汇聚起实现中国梦的磅礴力量"。也正是在这次"五四”讲话中，习近平在强调中国梦是人民的梦的同时，强调“中国梦是我们的，更是你们青年一代的。中华民族伟大复兴终将在广大青年的接力奋斗中变为现实”。

第四，中国梦是中国人民的，同世界各国人民的梦想又是相通的。实现中国梦，给世界带来的是和平，不是动荡，是机遇，不是威胁。中国在历史上遭到过列强的侵略、欺侮和压迫，深知一个民族被干涉、无尊严的痛苦。“己所不欲，勿施于人”，中国共产党人早就指出，中国始终不渝地走和平发展道路，始终不渝奉行互利共赢的开放战略。习近平在美国还说过：“中国梦要实现国家富强、民族振兴、人民幸福，是和平、发展、合作、共赢的梦，与包括美国梦在内的世界各国人民的美好梦想是相通的。”

毋庸置疑，中国梦的提出具有深刻的历史背景。在康乾盛世的落日辉煌中，中华民族因为夜郎自大而错失进入工业化的大好机遇，成为西方人眼中“停滞的帝国”。鸦片战争时期，清政府因落后而挨打，在西方列强的坚船利炮中丧失了主权，逐步沦为半殖民地半封建国家。鸦片战争后中华民族面临着求得民族独立和人民解放、实现国家富强和人民富裕这两大历史性课题，一代又一代中国人始终不渝地追求民族复兴之梦。中华民族的复兴之梦要解决的两大历史性课题也是“中国梦”包括的两个方面，所以中国梦也是“民族独立和人民解放”之梦和“国家富强和人民富裕”之梦。

中华民族的圆梦之路是漫长的，从1840年算起，到2050年基本实现现代化，时间长达200多年。在第一个一百年，为了实现中华民族的伟大复兴之梦，必须要解决中华民族面临的第一个历史性课题，即圆“民族独立和人民解放”之梦。为了圆“民族独立和人民解放”这一梦想，从太平天国运动开始，经过戊戌变法，再到辛亥革命，无数仁人志士前仆后继、英勇奋斗，但都没有取得成功。直到以毛泽东为主要代表的中国共产党人，在马克思列宁主义的指导之下，经过28年艰苦卓绝的斗争，最终取得了新民主主义革命的伟大胜利，使“占人类四分之一的中国人从此站起来了”。历史实践表明，历时一个多世纪的艰苦奋斗，我们才圆了“民族独立和人民解放”之梦。

在第二个一百年，为了实现中华民族的伟大复兴之梦，必须要解决中华民族面临的第二个历史性课题，即圆“国家富强和人民富裕”之梦。只有实现了这个梦想，我们才能最终实现民族复兴这一伟大的中国梦。新民主主义胜利以后，经过7年天翻地覆的社会变革，逐渐实现了向社会主义的历史转变，中国人才在真正意义上踏上了实现国家繁荣富强和人民富裕幸福之路。对于中国这样一个人口众多、底子单薄的东方大国来说,建设什么样的社会主义、怎样建设社会主义是个难题,由于缺乏经验,我们一度走了不少弯路。直到十一届三中全会决定把工作重点转移到经济建设上来,实行改革开放,开创中国特色社会主义,我们才真正走上了中华民族伟大复兴之路。

十六大提出要紧紧抓住21世纪头20年这一重要战略机遇期,全面建设小康社会。按照十六大战略决策和邓小平提出的“三步走”战略,我们要实现国家富强和人民富裕,就是要完成“两个一百年”的历史使命,才能最终实现民族复兴这一最伟大的中国梦。

今天我们圆梦,就是要圆“两个一百年”之梦。第一个一百年,即到建党100年时,全面建成小康社会,基本实现工业化。第二个一百年,即到新中国成立100年时,将中国建设成富强民主文明和谐的社会主义现代化国家,实现中华民族的伟大复兴。

时至今日,距离我们完成第一个“一百年”的历史使命仅仅只有8年时间了。十八大报告开宗明义指出:“此时此刻,我们有一个共同的感觉:经过九十多年艰苦奋斗,我们党带领全国各族人民,把贫穷落后的旧中国变成日益走向繁荣富强的新中国,中华民族伟大复兴展现出光明前景。我们党对党和人民创造的历史伟业倍加自豪,对党和人民确立的理想信念倍加坚定,对党肩负的历史责任倍加清醒。”因此,中共十八大发出了要坚定不移沿着中国特色社会主义道路前进,为全面建成小康社会而奋斗的伟大号召。

现在,我们比历史上任何时期都更接近中华民族伟大复兴的目标,比历史上任何时期都更有信心、有能力实现这个目标。以习近平为总书记的党中央深知肩上的担子重、责任大,自觉承担起了到2020年全面建成小康社会的政治责任,承担起了为2050年基本实现现代化奠定坚实基础的历史使命,向全党和全国人民发出了实现中国梦的伟大号召。

在谈到中国梦的发展目标时,习近平总书记提出三个“一定能实现”,即到中国共产党成立100年时,全面建成小康社会的目标一定能实现;到新中国成立100年时,建成富强民主文明和谐的社会主义现代化国家的目标一定能实现;中华民族伟大复兴的梦想一定能实现。这全面揭示了中国梦所指向的三大战略目标。

习近平总书记还提出三个“共享”, 即生活在我们伟大祖国和伟大时代的中国人民，共同享有人生出彩的机会，共同享有梦想成真的机会，共同享有同祖国和时代一起成长与进步的机会。这三个“共同享有”不仅体现了中国梦的人民本位这一本质属性，而且体现了我们党“立党为公、执政为民”的执政理念。

习近平总书记还提出三个“必须”，即实现中国梦必须走中国道路，必须弘扬中国精神，必须凝聚中国力量。在谈到实现中国梦必须坚定不移走中国道路时，习近平总书记又强调指出三个“自信”，即全国各族人民一定要增强对中国特色社会主义的理论自信、道路自信、制度自信，坚定不移沿着正确的中国道路奋勇前进。

为了实现中国梦，习总书记提出了具体的要求，就是要走中国道路、弘扬中国精神、凝聚中国力量。只有有了中国道路、中国精神、中国力量的正能量，才能为实现中国梦提供根本保证。

> 无论国家与民族的成功还是每一个中国人的成功，都需要坚持中华民族的核心价值取向，这就是中国精神；都需要依靠中华民族共同奋斗，这就是中国力量；都需要走来自人民、为了人民、属于人民的道路，这就是中国道路。

> 惟有民族魂是值得宝贵的，惟有他发扬起来，中国才有真进步。
>
> ——鲁迅

> 中国梦归根到底是人民的梦。
>
> ——习近平

实现中国梦必须走中国道路，即中国特色社会主义道路。在对中华民族5000多年悠久文明的传承中，经过近代以来170多年中华民族发展历程、中华人民共和国成立60多年的持续探索以及改革开放30多年的伟大实践，我们在深刻总结中才走出来了中国道路，它具有深厚的历史渊源和广泛的现实基础。中华民族是一个具有非凡创造力的民族，我们曾经创造了伟大的中华文明，我们也必将能够继续拓展和走好适合中国国情的发展道路。为此，一定要增强全国各族人民对中国特色社会主义的理论自信、道路自信、制度自信，坚定不移沿着正确的中国道路奋勇前进。

实现中国梦必须弘扬中国精神，即以爱国主义为核心的民族精神，以改革创新为核心的时代精神。这种精神是凝心聚力的兴国之魂和强国之魂。全国各族人民一定要弘扬伟大的民族精神和时代精神，始终坚持爱国主义和改革创新，不断增强团结一心的精神纽带和自强不息的精神动力，永远朝气蓬勃地迈向未来。

实现中国梦必须凝聚中国力量，即中国各族人民大团结的力量。中国梦既是民族的梦，又是每个中国人的梦，只有中国人民紧密团结、万众一心，共同为实现梦想而奋斗，实现梦想的力量才能无坚可摧。每个人都拥有实现梦想的广阔空间，一定要牢记自己的使命，全国人民心往一处想、劲往一处使，汇集起13亿人不可战胜的磅礴的智慧和力量。

传递正能量，助力中国梦

习近平同志指出：理想信念就是共产党人精神上的“钙”，没有理想信念，理想信念不坚定，精神上就会“缺钙”，就会得“软骨病”。有信仰不容易，坚守信仰更难，要时刻防止思想“沙化”、精神“颓化”、意志“退化”，党员干部就应植根群众、用行动诠释责任，整治“四风”，把全部的热情投入推动经济发展中去，干出成绩、提高党性、服务好群众。

中国梦是我们中华民族共同的理想信念。要想实现这一梦想，就要汇聚“正能量”，这要求每一个人结合自身实际，提出自己的奋斗目标，将自身的奋斗目标与国家梦想结合起来，充分施展才华，实现价值，释放“正能量”。

铭记历史，正视现实，构筑中国梦

每一个民族都有一个传奇，每一个人都有一个属于自己祖国的梦。中国梦想是复兴之梦、发展之梦，也是和谐之梦、和平之梦。坚持和平发展，是实现中华民族伟大复兴的必由之路。历史是一个国家的根脉，5000年不曾中断的中华文明源远流长，中华民族之所以伟大，就是有一种自我修复的功能。在历史“治”与“乱”的交替中，总有人能出来力挽狂澜，让文明传承下去，并把它不断推向另一个高峰。中国共产党人的成功不是偶然的，他们身上就集中这种“自我修复”的特殊本领，能够选择正确的指导思想，能够把马克思主义与中国的具体实践相结合。中国共产党成立90多年来，带领中国人民进行了艰苦卓绝的奋斗，用100年的时间，完成了民族独立的中国梦，正努力实现中华民族富强的中国梦。

> 真正的“时代感”和“对现实生活”的把握，应该是一种超越了前人眼光的感知和审美判断，一种从人的基本问题出发切入了生活深沉脉动的发现和感悟，一种穿透生活实在的过去、今天和未来三位一体的关照。
>
> ——王光明

不戚戚于贫贱，不汲汲于富贵。我们必须直面“发展与转型”关，突破传统增长模式束缚，确保增速“换挡”期的中国经济行稳致远；直面“政府与市场”关，划清相互的边界，从根本上转变“万能政府”形象，建设服务型政府；直面“公平与正义”关，努力实现共享共富，促进权利公平、机会公平、规则公平。“实现公平正义，是发展的活力源泉与社会和谐稳定的基础，也是中国在社会转型期必须跨过的关口”。

人因有梦而变得伟大，国因有梦而变得强大。历史长河生生不息，曾经的辉煌，5000年文明的传承，凝结了古人的智慧与梦想，而如今13亿中国人的梦想，将汇集成一股浪潮，成就一个宏大而庄严的中国梦。它需要我们所有人的努力，去共同推动，共同前进，共同实现，共同超越。中国梦，源于所有的中国人，把所有的中国人团结在一起，风雨同舟，荣辱与共。让我们一起为心中的中国梦而加油！让我们从自身做起，努力学习、增长知识、锤炼意志，成为中华民族最有力的建设者；从大局出发，克己奉公、辛勤劳动、万众一心汇集成不可战胜的磅礴力量；反对浪费，反对形式主义、官僚主义，反对享乐主义和奢靡之风；始终谦虚谨慎、艰苦奋斗，始终埋头苦干、锐意进取；贯彻落实十八大精神，以邓小平理论、“三个代表”重要思想和科学发展观为指导，为自己心中的梦而不断奋斗。只有发挥自己的能量、付出辛勤劳动、凝聚广泛智慧，只有实现了每一个人心中的小梦想，才能够汇聚成民族的大梦想。

> 我们可以这样说——青年兴则国家强，青春梦铸就中国梦。

梁启超说过：“少年智则国智，少年富则国富，少年强则国强，少年独立则国独立，少年自由则国自由，少年进步则国进步，少年胜于欧洲，则国胜于欧洲，少年雄于地球,则国雄于地球。"所以,我认为少年心怀梦想,则国充满希望。全会全面深化改革的蓝图即将展开。面对新形势新任务,全面建成小康社会,进而建成富强民主文明和谐的社会主义现代化国家,实现中华民族伟大复兴的中国梦,必须在新的历史起点上全面深化改革,更加注重改革的系统性、整体性、协同性,加快发展社会主义市场经济、民主政治、先进文化、和谐社会、生态文明,不断增强中国特色社会主义道路自信、理论自信、制度自信。

改革创新,情系民生,积聚力量

适应时代潮流,不断深化改革是实现民族富强的强劲动力。深刻的历史教训让我们深刻地知道,闭门造车只会让强大的国家日益衰落。十一届三中全会的改革开放,如春风吹拂大地,改变了中国,影响了世界。改革开放至今的35年里,通过不断的深化改革,在政治、经济、思想、文化等各个方面都发生了翻天覆地的变化。国内生产总值超过52万亿,从改革开放前的第十大经济体跃居于仅次于美国的世界第二大经济体,城镇居民人均可支配收入超过2万元等等。实行家庭联产承包责任制,国有企业股份制改革,实现政企分离,确定私营经济是社会主义公有制经济的重要补充,设立经济特区对外开放14个港口城市。实行农村土地承包责任制,赋予农民长期而有保证的拥有土地所有权。实行价格机制、流通机制、财税体制改革,建立社会主义市场经济体制的基本框架。建设社会主义新农村,取消了实行千余年的农业税。35年,栉风沐雨,一路高歌奋进。改革开放,成为中华大地发展进步的力量源泉。

> 创新是一个民族进步的灵魂,是国家兴旺发达的不竭动力。
>
> ——江泽民

近代维新志士谭嗣同说,"变法则民智,变法则民强,变法则民生"。识时务者为俊杰。历史已经证明并将继续证明,改革开放是党和人民事业大踏步赶上时代的重要法宝,是党和国家保持生机活力的关键,是当代中国最鲜明的特色,也是当代中国共产党人最鲜明的品格。把思想和行动统一到全会精神上来,坚定信心和勇气,凝聚共识和力量,迎接我们的将是可以载入史册的新胜利。十八届三中全会明确提出:改革开放是党在新的时代条件下带领全国各族人民进行的新的伟大革命,是当代中国最鲜明的特色。以马克思列宁主义、毛泽东思想、邓小平理论、"三个代表”重要思想和科学发展观为指导，坚定信心，凝聚共识，统筹谋划，协同推进，坚持社会主义市场经济改革方向，以促进社会公平正义、增进人民福祉为出发点和落脚点，进一步解放思想、解放和发展社会生产力、解放和增强社会活力，坚决破除各方面体制机制弊端。

十八届三中全会一个突出的特点就是倾听群众呼声，聚焦民生问题，回应人民对美好生活的期待，用非常大的篇幅介绍了改善民生的措施，涉及教育、医疗、卫生、就业等人民群众最关心、最直接、最现实的利益问题，旨在通过改革让发展的成果更多更公平地惠及全体人民。与此同时，新一届的中央领导集体率先垂范，深入基层，体察民情、倾听民声、了解民意、解决民困，为群众做了很多好事实事。同时，以解决好群众民生问题作为工作的出发点和落脚点，在全党深入开展以为民务实清廉为主要内容的党的群众路线教育实践活动，着力解决人民群众反映强烈的突出问题。

人民对于美好生活的向往是社会进步的最大动力，改革是对于创造美好生活最大的支撑。毫无疑问，凝聚团结一心、自强不息的精神力量，是实现梦想的必然选择。全面深化改革，必须立足于我国长期处于社会主义初级阶段这个最大实际，坚持“发展仍是解决我国所有问题的关键”这一重大战略判断，始终以经济建设为中心，发挥经济体制改革牵引作用，推动经济社会持续健康发展。只有国家物质力量和精神力量都增强，全国各族人民物质生活和精神生活都改善，中国特色社会主义事业才能顺利向前推进。胸怀大局、把握大势、着眼大事，时代呼唤宣传思想工作因势而谋、应势而动、顺势而为，为精神补钙，为发展鼓劲，积聚全社会团结奋进的正能量。

勇于负责，敢于担当，乐于奉献

位卑未敢忘忧国。历史的接力棒传到我们手中，我们所需要的，就是以强烈的使命感，敢于啃硬骨头，敢于涉险滩，以更大决心冲破思想观念的障碍、突破利益固化的藩篱，不断解决前进道路上的问题和挑战。牢固树立责任意识，牢记对民族的责任、对人民的责任、对党的责任，勇于负责，敢于担当，坚持服务大局、改革创新、统筹协调、突出重点。大力实施民生工程。不断加强理论学习，强化业务能力与素质的锻炼，深入一线，掌握第一手资料，踏实下基层、察民情、解民忧，走村串户，把好事做好、做实。要清正廉洁，克己奉公。在保障和改善民生上取得新成效，在加强和创新社会管理上取得新进展，在改进和提升服务水平上有新的提高。按照“照镜子、正衣冠、洗洗澡、治治病”的总要求，肯干事、能干事、干成事，更加注重改进作风，做到求真务实、廉洁高效，切实增强政治意识、机遇意识和服务意识，牢记“八项规定”，注意自身形象，常修从政之德，常知贪腐之害，常怀律己之心。做到身可危而志不可夺；君子爱财，取之有道；富不傲物，贫不易志。从平时抓起，从点滴做起，做到依法行政，清白做人。以更加饱满的热情、更加务实的作风、更具创新的思路，全面落实各项工作任务。

“士不可以不弘毅。任重而道远，仁以为己任，不亦重乎？死而后已，不亦远乎？”党员、基层干部，必须有大局意识。大局意识就是坚定小局服从大局，进一步强化党的思想主导，牢固树立大局意识，不出现无大局、无组织、无原则的事。

面对人民群众过上更好生活的殷切期待，面对浩浩荡荡的时代潮流，我们不能有丝毫懈怠，不能有丝毫自满。改革发展的最强音已经奏响，人们将会拥有更大的希望、幸福和收获，国家将会更加繁荣富强。为了汇聚起实现中国梦的磅礴正能量，我们要紧密团结在以习近平同志为总书记的党中央周围，戮力同心，埋头苦干，攻坚克难，锐意进取，不断把中国特色社会主义事业推向前进，为实现中华民族的伟大复兴而不懈奋斗！

目 录

中国梦:一个古老民族的百年畅想

梦想承载希望、成就未来,是一个国家、民族奋然前行的精神火炬。“实现中华民族伟大复兴,就是中华民族近代以来最伟大的梦想。”中国梦,是中华民族这一古老民族的百年畅想。

中国梦,遵从的是“国家好,民族好,大家才会好”的历史逻辑,目标是实现国家富强、民族振兴、人民幸福。正确理解中国梦,既要有历史的回望、现实的观照,也要有未来的视角、国际的视野。由此才能深切体会到,中国梦是国家的梦、民族的梦,归根到底是人民的梦;追求和平、发展、合作、共赢的中国梦,不仅造福中国人民,也将造福世界人民。

“三个必须”:实现中国梦必须走中国道路。实现中国梦必须弘扬中国精神。实现中国梦必须凝聚中国力量。

“三个自信”:全国各族人民一定要增强对中国特色社会主义的理论自信、道路自信、制度自信。

从纵向维度上看,中国梦连接过去、现在与未来;从横向维度上看,中国梦连接国家、社会与个人。百余年来,中国人一直祈盼祖国强大起来,早日实现国家富强之梦,唯有强大的祖国才是中国人民昂首阔步的坚强后盾。中国梦是民族振兴的梦,几千年来,血脉相连的炎黄子孙无不希冀中华民族昂首屹立于世界民族之林。中国梦是人民幸福的梦,只有人民幸福安康、乐业安居,中国才会真正成为强盛的中国、美丽的中国、温馨的中国！

1932年，东北短跑名将刘长春代表中国出征美国洛杉矶奥运会，这是奥运会历史上首次出现中国选手的身影！此时正值抗日战争期间，刘长春不仅是一名参赛代表，他更是个人与国家命运紧密相连的鲜明代表。他当时拒绝代表日本扶植的伪满洲国参加奥运会，因此在前往参赛的途中一路遭到日本关东军的追杀，最终是在张学良将军的资助下才得以抵达美国，参加了奥运会！时隔76年后，2008年中国第一次成功举办了第29届奥运会，这是一次中国人民全民支持和全民参与的盛会。北京奥运会上，中国选手创造了51金、21银、28铜，奖牌总数共100枚的优异成绩，在奥运会历史上首次位居金牌榜首位，几十位奥运冠军让五星红旗一次又一次升起，让国歌一次又一次奏响。从最初“一个人的奥林匹克”，到如今全民支持和参与的北京奥运会，这其中蕴藏了太多的辛酸，太多的祈盼，太多的努力！这两次奥运会的鲜明对比让我们深刻地体会到，在任何时候，国家的命运与个人命运都是紧密相连，无可剥离的！

国家、民族、个人，谁也离不开谁。个人有梦想，民族也有梦想，国家也有梦想。这梦想不是空想，这梦想有实实在在的载体和内容。无论是个人梦想，民族梦想，还是国家梦想，所诠释的都是奋斗的过程和美好的结果！正如习近平总书记所说，生活在我们伟大祖国和伟大时代的中国人民，共同享有人生出彩的机会，共同享有梦想成真的机会，共同享有同祖国和时代一起成长与进步的机会。有梦想，有机会，有奋斗，一切美好的东西都能够创造出来。

强大和富裕的国家

建设强大和富裕的国家是我们的梦想。马克思主义认为：生产物质生活本身是一切历史的第一前提，生产力是人类社会发展的最终决定力量，是人类历史的基础。中国梦把“国家富强”放在第一位，首先是因为，国家富强是实现中国梦的根本保证，是国家综合实力的展示，是硬实力和软实力的总和。对于当代中国而言，就是要把中国建成社会主义现代化强国，使中华民族更加坚强有力地自立于世界民族之林，具体是将国家建设成为经济、文化、科技和军事强国，进入先进发达国家行列，有效维护中华民族的尊严，实现祖国和平统一，不受任何列强霸权欺凌。因此，

"中国梦"就是"强国梦"!

从"小康之家"到"全面小康"

1979年12月6日,前来访华的日本首相大平正芳向邓小平发问:"中国根据自己独自的立场提出了宏伟的现代化计划,要把中国建设成为伟大的社会主义国家。中国将来会是什么样的情况,整个现代化的蓝图是如何构想的?"在片刻沉思之后,邓小平说道:"我们要实现的四个现代化,是中国式的四个现代化,不是像你们那样的现代化概念,而是小康之家。"[①]这是邓小平首次用"小康"这个概念来描述中国的发展前景。此后他多次用"小康"概念阐释中国的现代化建设过程。

1984年3月25日,邓小平在会见日本首相中曾根康弘时说:"这几年一直摆在我们脑子里的问题是,我们提出的到本世纪末翻两番的目标能不能实现,会不会落空?从提出到现在,五年过去了。从这五年看起来,这个目标不会落空。翻两番,国民生产总值人均达到八百美元,就是到本世纪末在中国建立一个小康社会。这个

> 人民民主不断扩大。人民民主是我们党始终高扬的旗帜。当前和今后一个时期,推进政治体制改革、加强政治建设,总的就是要在党的领导下,发展更加广泛、更加充分、更加健全的人民民主,使民主制度更加完善、民主形式更加丰富,人民积极性、主动性、创造性进一步发挥;更加注重发挥法治在国家治理和社会管理中的重要作用,维护国家法制统一、尊严、权威,实现依法治国基本方略全面落实,法治政府基本建成,司法公信力不断提高,人权得到切实尊重和保障。

> 全面建设小康社会的时间定位,就是21世纪的前20年。根据党的十五大提出的到2010年、建党100周年和新中国成立100年的发展目标,我们要在21世纪头20年,集中力量,全面建设惠及十几亿人口或更高水平的小康社会。这就实现现代化建设第三步战略目标必经的承上启下的关键阶段。经过这个阶段的建设,再继续奋斗几十年,到21世纪中叶基本实现现代化,把我国建设成富强民主文明的社会主义国家。

①《邓小平文选》第2卷,人民出版社1993年版,第237页。

小康社会，叫做中国式的现代化。翻两番、小康社会、中国式的现代化，这些都是我们的新概念。”①

1986年，邓小平在谈话中指出，我们的国家是有希望的。我们的目标，第一步是到2000年建立一个小康社会。所谓小康社会，就是虽然不富裕但日子好过。我们是社会主义国家，国民收入分配要使所有的人都得益，没有太富的人，也没有太穷的人，所以日子普遍好过。更重要的是，那是我们可以进入国民生产总值达到1万亿美元以上的国家的行列，这样的国家不多。国家总的力量大了，那时办事就不像现在这样困难了。可以说，从20世纪80年代中期开始，“小康社会”这个新词逐渐为中国人民所熟悉，也慢慢融进了中国人民的奋斗过程和日常生活之中。

此后，根据邓小平的论述，中国共产党对什么是中国的小康社会，如何全面建设小康社会进行了探索。党的十五大报告指出：“我们党在改革开放初期提出的20世纪末达到小康的目标，能够如期实现。在中国这样一个十多亿人口的国家，进入和建设小康社会，是一件有伟大意义的事情。这将为国家长治久安打下新的基础，为更加有力地推进社会主义现代化创造新的起点。”②党的十六大根据全面开创有中国特色社会主义新局面的要求，在深刻分析党和国家面临的新形势新任务的基础上，明确提出了全面建设小康社会的奋斗目标，“纵观全局，21世纪前20年，对我国来说，是一个必须紧紧抓住并且可以大有作为的重要战略机遇期。根据十五大提出的到2010年、建党100周年和新中国成立100年的发展目标，我们要在本世纪头20年，集中力量，全面建设惠及十几亿人口的更高水平的小康社会，使经济更加发展、民主更加健

人民生活水平全面提高。在经济发展基础上使人民物质文化生活水平全面提高，是改革开放和社会主义现代化的根本目的，是扩大消费、促进经济发展的根本动力，也是保持社会稳定、促进社会和谐的重要保证，体现了人民群众对美好生活的新期待。

①《邓小平文选》第3卷，人民出版社1993年版，第54页。

②《高举邓小平理论伟大旗帜，把建设有中国特色社会主义事业全面推向二十一世纪》，刊《人民日报》1997年9月22日。

全、科教更加进步、文化更加繁荣、社会更加和谐、人民生活更加殷实”①。党的十七大报告提出了全面建设小康社会的新要求，具有鲜明的时代特征和针对性。比如，报告提出在结构优化、提高效益、降低消耗、保护环境的基础上，实现人均国内生产总值到2020年比2000年翻两番。党的十八大报告明确提出到2020年全面建成小康社会要努力实现的新要求，这与十七大报告中“为夺取全面建设小康社会新胜利而奋斗”的表述相比发生了细微而重大的变化——从“建设”到“建成”，虽然只是一字之变，却是中国共产党对全国各族人民的郑重承诺，体现了我们党对发展中国特色社会主义的坚定决心和信心；表明了未来十年中国发展的基础条件、目标任务、历史方位与以前有所不同，中国特色社会主义现代化事业进入新阶段。

在党的十六大和十七大确立的全面建设小康社会目标的基础上，根据我国经济社会发展的实际，党的十八大进一步提出了更加明确的政策导向、更加具有针对性的发展目标、更加顺应民意的新要求，通过“五位一体”的总体布局，确保2020年全面建成小康社会的目标实现。

> 文化软实力显著增强。文化实力和竞争力是国家富强、民族振兴的重要标志。我们要全面建成的小康社会、建设的现代化，是物质文明和精神文明全面发展的小康社会和社会主义现代化。无论是推动经济社会发展，还是改善民生、促进社会和谐，都必须推动社会主义文化大发展大繁荣，提高国家文化软实力，发挥文化引领风尚、教育人民、服务社会、推动发展的作用。

综上可见，全面建成小康社会既坚持了我们对共产主义远大理想的向往，又符合我国社会主义初级阶段的基本国情，是远大理想和现阶段历史任务的结合点。只有如期完成全面建设小康社会的任务，并推动国家稳定发展和健康发展，才能建成社会主义现代化强国。全面建成小康社会的奋斗目标的提出符合党心、民心，符合时代潮流，对于我们从新的历史起点出发，抓住和用好重要战略机遇期，继续加快推进社会主义现代化，完成时代赋予的崇高使命，具有重大意义。

①《全面建设小康社会，开创中国特色社会主义事业新局面》，刊《人民日报》2002年11月18日。

扭住经济建设不放才能建成强大富裕的国家

20世纪50年代中期至70年代中期，西方国家趁着第二次技术革命浪潮实现了经济的迅速飞跃，而我国却在探索建设现代化国家的进程中不断出错。一些周边国家和地区在20世纪50年代还和中国站在同一起跑线上，后来纷纷实现了经济腾飞，把中国远远地抛在了后面。所以，"文革"结束后，不少中国领导人出国访问，看到了中国和世界发达国家之间的巨大差距。邓小平指出，中国同世界发达国家相比，经济上的差距不只是10年，可能是20年、30年，有些方面甚至可能是50年。由此，中国共产党逐渐意识到之所以出现这一局面，和以往忽视经济建设密切相关。所以，在"文化大革命"结束后不久，在党内多数人支持的情况下，提出要尽快把工作中心转移到社会主义现代化建设上来。1978年12月召开了党的十一届三中全会，这次会议在全党确立了经济建设为中心的政治路线，重新确立了实事求是思想路线，被中国人视为中国改革开放的起点，视为中国走向复兴的出发点。

经过30多年的探索奋斗，在中国共产党带领和全国各族人民的共同努力下，中国日益发展成为世界第二大经济体。从国际比较的视角看，1978年，中国人均GDP只有127美元，而美国人均9687美元，是中国的76倍，联邦德国是中国的81倍，日本是中国的66倍。1978年，中国的国民生产总值只占世界的1%，外贸进出口总额为206.4亿美元，不到世界贸易总额的8‰。中国在世界190多个国家排序中和著名的贫穷国家扎伊尔并列，无疑也是一个标准穷国。在随后从1978年到2008年的30年中，中国的GDP年均增长率高达9.8%。2009年，中国人均GDP达到3000多美元，两亿人口脱离了贫困线，积累了世界第一的外汇储备。2010年，中国在经济总量上首次超过了世界经济强国日本，成为世界第二大经济体。中国创造出了让世界惊呼的经济发展奇迹，即所谓的"中国速度"。

> 中国共产党全国代表大会文件对这一条政治路线作出了明确的表达："以经济建设为中心，坚持四项基本原则，坚持改革开放，自力更生，艰苦创业，把中国建设成为富强民主文明的社会主义现代化国家。"简称"一个中心，两个基本点"的基本路线。它成为指导中国发展的总纲，无论谁、无论在何种情势下都不能偏离。

经过持续30年的经济高速发展,中国成为世界第二大经济体,这离不开技术的进步和人才的支撑。邓小平认为,科技是第一生产力,教育是国家发展的百年大计。20世纪90年代,中共中央制定了科教兴国战略,把科技教育发展提升到国家战略的高度,这有益于我国的迅速发展。2010年6月,我国又颁布了《国家中长期教育改革和发展规划纲要(2010—2020)》,部署规划了中国教育未来十年的发展。在党的领导下,中国公民的受教育人数多达数亿,其中大学毕业人数将近1亿,受教育年限平均达到8年以上。这给中国经济发展提供了源源不断的高素质劳动力,为众多行业培养了大量有知识、有文化的公民。

中国共产党在加强教育的同时,也十分重视发展科技事业。数据显示,中国通过加强教育,培训了大量的科技人才,截至2005年底,中国科技人才资源总量已达到4246万人,仅次于欧盟5400万人的科技人力资源数量,比美国的4200万人还多,如果只计算单一国家,中国的科技人力资源总量无疑是世界第一。

20世纪80年代,我国制定了许多重点科技攻关计划,例如"火炬计划"(一项发展中国高新技术产业的指导性计划,以实现科技成果商品化、产业化、国际化为目标)、"星火计划"(中国第一个依靠科学技术促进农村经济发展的计划)以及"863计划"(中国高技术研究发展计划)等。这些计划执行的结果是长征系列运载火箭、杂交水稻、高性能计算机等科技成果,这使全社会科技水平显著提高,有效促进了一批高新技术产业的迅速崛起。

江泽民继承和发展了邓小平的"科学技术是第一生产力"的战略思想,提出要全面贯彻落实"科学技术是第一生产力"这一思想,实施科教兴国战略。在这一时期,中国在纳米科学等领域取得了一批原创性成果;基础软件从无到有,逐步打破跨国公司的垄断;载人航天、"中国芯"、基因组研究等一系列科技成果,为推动经济、社会发展和改善人民生活提供了有力的支持,显著增强了中国的综合国力和国际竞争力。胡锦涛于2006年明确提出建设创新型国家的任务,计划通过采取一系列措施,到2020年使中国的自主创新能力显著增强,进入创新型国家行列。2006年2月,国家颁布了《国家中长期科学和技术发展规划纲要(2006—2020)》,对未来的科技发展布局进行了整体规划。

综上可见,祖国繁荣昌盛,建设强大和富裕的国家是我们的梦想。正如习近平总书记在谈到中国梦的发展目标时指出:"我坚信,到中国共产党成立100年时全面建成小康社会的目标一定能实现,到新中国成立100年时建成富强民主文明和谐的社会主义现代化国家的目标一定能实现,中华民族伟大复兴的梦想一定能实现。”这三个“一定能实现”全面揭示了中国梦所指向的三大战略目标。

团结和振兴的民族

回顾历史,自鸦片战争以来的170多年,中华民族历经苦难无数,但实现民族复兴是中华民族近代以来不变的梦想。中华民族曾经在西方列强的凌辱下进行不屈的抗争,曾经在新中国一穷二白的烂摊子上描绘蓝图,曾经面对过奋斗征程中的坎坷与挫折,也曾经历了考验生存能力的巨大自然灾害！这些磨难不会给任何民族以讨价还价的丁点儿机会。任何民族面对这些磨难也许只有两种选择:要么被打垮,要么就奋起！什么样的民族才能在磨难面前不被打垮,反而奋起呢？唯有紧密团结和振兴自我的民族。

民族意识觉醒是中华民族团结和振兴的前提

民族复兴的梦想体现了中华民族的整体利益,凝聚了几代中国人的夙愿,是无数中华儿女的殷切期盼。中华民族世代传承的家国情怀和文化胸怀,凝聚和增强了中华民族的凝聚力和向心力,培育了中华民族自立自强和反抗压迫的精神和不断学习、不断前进的精神,无论在民族兴旺发达的时期,还是在民族危难之际,都总能激励人们觉醒、探索和奋斗。当代中国已成为世界第二大经济体,经济实力、综合国力、人民生活水平和国际影响力都已今非昔比,距离民族复兴的目标从来没有像今天这样接近。生活在这个时代,是幸运的;为这个梦想奋斗,是光荣的。正如江泽民在庆祝中国共产党成立80周年大会上指出:“从十九世纪中叶到二十世纪中叶的一百年间,中国人民的一切奋斗,都是为了实现祖国的独立和民族的解放,彻底结束民族屈辱的历史。这个历史伟业,我们已经完成了。从二十世纪中叶到二十一世纪中叶的一百年间,中国人民的一切奋斗,是为了实现祖国的富强、人民的富裕和民族的复兴。这个历史伟业,我们党领导全国人民已经奋斗了五十年,取得了巨大的进展,再经过五十年的奋斗,也必将胜利完成。”因此,中华民族的团结和振兴是实现中国梦的不竭动力,其实质是创造中华民族更高程度的乃至从未有过的兴盛状态。

在外国列强入侵中国之前,中华民族的民族意识不十分强烈,在中华大地自由生存,处于自在阶段。费孝通认为,中华民族"作为一个自觉的民族实体,是在近百年来中国和西方列强对抗中出现的,但作为一个自在的民族实体,则是在几千年的历史过程中形成的"。随着外国列强的入侵,各族人民奋起反抗外国的侵略,中国进入了生死存亡的关头,在共同的反侵略战斗中,中华民族的整体民族意识加强,因而进入了民族自觉的阶段。从鸦片战争到新中国成立,中华民族经历了四次民族意识觉醒的历程:鸦片战争后国人近代民族意识开始萌发,甲午中日战争以后,中华民族的民族意识逐渐觉醒,到五四运动期间民族意识进一步升华,抗日战争期间民族意识实现全面高涨。

第一,"开眼看世界"。在鸦片战争爆发以前,清政府一直推行闭关锁国政策,中国人缺乏对世界的了解,固守传统的"天朝上国"和"夷夏之辩"等观念,根本不知道所谓的"蛮夷之邦"与欧美资本主义国家的区别。鸦片战争失败以后,惨痛的教训惊醒了沉睡的中国人,他们不得不开眼看世界,开始思考中国与世界的关系问题。在先进的知识分子阶层中,开始破除传统的"夷夏之辩"观念,客观地认识到西方国家的"长技"比中国先进很多,这严重威胁到中国的国家安全,西方国家也越来越成为中国安全的劲敌。林则徐奉旨到广州查禁鸦片,初至广州他首先物色人才采访"夷情",编辑《四洲志》叙述世界大势,这标志着近代国人"开眼看世界"的第一步。魏源在《海国图志叙》中提出了"师夷长技以制夷"的著名论断,他曾这样说:"夷之长技三:一战舰,二火器,三养兵练兵之法。"他认为我们要正视西方国家具有先进于中国的"长技";中国要积极主动学习西方,只有学习并掌握这些长技,我们才能抵制西方国家的侵略,维护国家的安全独立。随后,冯桂芬又提出了中国"四不如夷"的观点:"人无弃材不如夷,地无遗利不如夷,君民不隔不如夷,名实必符不如夷",进一步认识到西方国家在人才任用、经济发展、社会制度等方面的优越之

> 早年参加同盟会的革命者吴玉章曾回忆说:"我还记得甲午战败的消息传到我家乡的时候,我和我的二哥曾经痛哭不止。……这真是空前未有的亡国条约!它使全中国都为之震动。从前我国还只是被西方大国打败过,现在竟被东方小国打败了,而且失败得那样惨,条约又订得那样苛刻,这是多么大的耻辱啊!"

处，发展了魏源等人的“师夷制夷”思想。这样，国人的思想开始动摇，束缚了中国人千百年之久的“夷夏之辩”观念开始改变，头脑中开始酝酿一种新的民族观念。

第二，“吾国四千年大梦之唤醒”。1894 年，中日甲午战争的爆发标志着帝国主义列强侵略中国达到了一个新的阶段。英、俄、德、法、美、日等列强在丧权辱国的《马关条约》签订以后，纷纷划分“势力范围”，掠夺在华权利，强租土地，中华民族陷入了空前严重的民族危机。梁启超视此为中国人民族意识普遍觉醒的开端，他说：“吾国四千余年大梦之唤醒，实自甲午战败割台湾，偿二百兆以后始也。”民族危机意识的强化、新的民族观念的形成等，都标志着民族意识的普遍觉醒。

孙中山于 1894 年 11 月在檀香山成立了兴中会，此时他的民族主义思想开始发端，提出“驱除鞑虏，恢复中华，创立合众政府”的口号。在《香港兴中会章程》中，孙中山指出：“方今强邻环列，虎视鹰瞵，久垂涎我中华五金之富、物产之繁。蚕食鲸吞，已效尤于踵接；瓜分豆剖，实堪虑于目前。”

1895年，中日《马关条约》的签订直接导致了以救亡图存、挽救民族危机为主旋律的维新运动。《马关条约》签订后不久，严复即撰《救亡决论》一文，发出了救亡的时代最强音。康有为、梁启超等维新派发动“公车上书”，痛陈当前民族危机的严重性，表现出强烈的民族忧患意识，这些都有效地启蒙了国人的爱国救亡思想。

戊戌变法运动虽然失败了，但是中国人民救亡图存的斗争没有停止，反而再一次走向新的高潮，以更大的规模、更磅礴的气势展开，其标志性事件是义和团运动和革命派发起的广州起义。义和团运动打出“扶清灭洋”的旗号，试图以“笼统排外”的方式抵制列强的侵

> 陈独秀尖锐地指出：“这回欧洲和会，只讲强权不讲公理，英、法、意、日各国硬用强权拥护他们的伦敦密约，硬把中国的青岛送给日本交换他们的利益，另外还有种种不讲公理的举动，不但我们心中不平，就是威尔逊总统也未免有些纳闷。”
>
> 李大钊揭露了巴黎和会的真面目：“这回欧战完了，我们可曾作梦，说什么人道、平和得了胜利，以后的世界或者不是强盗世界了，或者有点人的世界的彩色了。谁知道这些名辞，都只是强盗政府的假招牌。我们且看巴黎会议所决议的事，那一件有一丝一毫人道、正义、平和、光明的影子！那一件不是拿着弱小民族的自由、权利，作几大强盗国家的牺牲。”

略，以挽救民族危机；广州起义则是要用民主革命的手段推翻清王朝统治，走革命建国的道路，重新建立民族国家。二者虽然在思路上截然不同，但是他们的共同目的都是要谋求民族的解放和独立。

第三，“打倒军阀除列强”。辛亥革命以后，帝国主义列强对中国的侵略非但没有减弱，反而更加疯狂地入侵和掠夺。1915 年，日本提出灭亡中国的“二十一条”；英国在西藏煽动“独立”，以谋取更大的侵华利益；沙俄策动蒙古王公制造分裂活动。1918 年，巴黎和会再次暴露了帝国主义列强的侵略本质和军阀政府的卖国嘴脸。中国在巴黎和会上的外交失败，导致了五四运动的爆发，标志着国人民族意识得到了历史性的升华。为了抗议帝国主义列强利用巴黎和会对中国权益的侵害和北洋政府的卖国行径，爱国学生、民众高呼“外争国权，内惩国贼”的口号，纷纷走上街头游行示威，表达了中国人民坚决反帝爱国的正义之声。

五四运动之前，部分国人对于帝国主义列强的认识比较模糊，甚至认为第一次世界大战是“公理”与“强权”之争。五四运动前后，各国列强在“一战”及巴黎和会中的丑恶表现，逐渐暴露了帝国主义列强的蛮横行径与霸道嘴脸，以陈独秀、李大钊等为代表的先进中国人主张坚决反对帝国主义侵略、维护祖国尊严、争取民族独立。瞿秋白在谈到五四运动对国民民族意识提升的重大意义时说：“中国民族几十年受剥削，到今日才感受殖民地化的况味。帝国主义压迫的切骨的痛苦，触醒了空泛的民主主义的噩梦。学生运动的引子，山东问题，本来就包括在这里。工业先进国的现代问题就是资本主义，在殖民地上就是帝国主义，所以学生运动倏然一变而倾向于社会主义，就是这个原因。”

第四，“把我们的血肉筑成我们新的长城”。1931 年“九一八”事变爆发，日本帝国主义吞并了东北三省，把侵略矛头直接指向全中国。1937 年 7 月 7 日卢沟桥事变爆发，日军发动了旨在灭亡中国的全面侵华战争，民族危机空前严重，中华民族“处在生死存亡的关头”。为了抗击日本帝国主义的入侵，挽救民族危亡，出于民族大义，中国共产党

> 郭沫若认为：“复兴民族是要复兴我们中华民族的精神。我们中华民族的精神是什么？一，富于创造力；二，富于同化力；三，富于反侵略性。……现在是我们民族复兴的时候，我们的民族精神渐渐地苏活转来了。我们应该尽量地发挥我们的创造力、同化力和反侵略性。”

旗帜鲜明地提出了“停止内战、一致抗日”的主张，有效促成了西安事变的和平解决，这为抗日民族统一战线的形成奠定了基础。1937 年 7 月 8 日，中共中央在《中国共产党为日军进攻卢沟桥通电》中呼吁：“平津危急！华北危急！中华民族危急！只有全民族实行抗战，才是我们的出路！”号召“全中国同胞、政府与军队团结起来，筑成民族统一战线的坚固的长城，抵抗日寇的侵掠！”

在抗日民族统一战线的感召之下，所有的爱国人士都把拯救民族、保卫祖国和反抗日寇侵略，作为自己的首要任务，义无反顾地投入到伟大的抗日战争之中，全体国民的民族意识空前高涨，爆发出了强烈的爱国激情，中华民族的凝聚力、向心力发挥到了最佳状态，这成为支持中国持久抗战的巨大精神源泉。几千年来，中国人所怀抱的观念是“天下”，是“家族”，近代西方的民族意识和国家观念，始终没有打入我们老百姓的骨髓里。直到现在，敌顽攻进来的巨炮和重弹，轰醒了我们的民族意识，南北数千里燃烧的战线，才激起了我们的全面抗御、同仇敌忾的精神，我们从亡国灭种的危机中，开始觉悟了中国民族的整体性和不可分性。生则同生，死则同死，存则同存，亡则同亡，这是民族自觉史的开端，是真正的新中国国家的序幕。

民族复兴意识伴随着民族意识的高涨也逐步走向觉醒。一时间，中国各抗战党派团体、各界人士的共同心声和讨论热点都是“民族复兴”。中国共产党和进步人士对此进行了深刻的探讨。例如：民族复兴的先决条件与精神基础、民族复兴的紧迫性与重要性、民族复兴的途径和前景等，这些都成了当时国民密切关注的问题，这有利于鼓舞民心、推动全民抗战。有人认为，虽然日本帝国主义侵华给中国带来了空前严重的民族危机，但也迫使沉睡的国人猛醒，纷纷奋起拯救祖国，寻求民族复兴之路。几千年来的中华民族曾遭遇多少次的压迫，翻过来曾演出多少次的复兴，以这样悠久健全的民族精神，说是今后没有复兴性，这是万无此理；我们要自觉自信，中华民族的复兴，是必然的可能。大部分中国人认为，在当前的历史条件下，实现民族复兴的主要办法应当是弘扬民族历史传统、发展民族文化教育、振奋民族精神、激励民族气节、表彰民族英雄等。

综上可见，近代中国，西方列强对中华民族发动了野蛮的侵略，以武力打开了中国的大门，给中国人民带来了巨大的历史灾难。在深重的民族危机中，中国人民开始反思祖国和民族的前途与命运，使民族意识日益强烈、民族自觉不断升华，这标志着中华民族的觉醒。民族意识的觉醒最终成为催生和助长近代中国民族解放运动的精神动力,捍卫了祖国的独立和民族的尊严,书写了可歌可泣的历史篇章。

中华民族伟大复兴与百年梦想

从旧民主主义革命到新民主主义革命,我们积累了大量的经验和教训。1949年10月1日中华人民共和国的成立是中国历史上一个具有伟大意义的里程碑,也是中华五千年历史中一个具有伟大意义的里程碑,它标志着近代中国反帝反封建斗争的最后胜利,民族独立和解放的历史任务终于完成了。至此,鸦片战争以来的半殖民地半封建社会结束了,两千多年的封建专制制度结束了,极少数压迫者、剥削者统治广大劳动人民的历史结束了,国家四分五裂、征战不已和人民生活贫困、生灵涂炭的局面结束了,中国可能走向资本主义世界体系的发展趋势中止了,一个独立的、统一的、人民当家做主的新中国屹立于世界民族之林。这开启了民族复兴的新的伟大征程,这条道路充满了艰辛和曲折,但团结而振奋的民族在中国共产党的领导下坚定不移地前进。

经过三大改造,社会主义基本制度建立起来了。我国对农业、手工业和资本主义工商业生产资料私有制的社会主义改造,在理论上和实践上丰富和发展了马克思列宁主义的科学社会主义理论,极大地促进了工、农、商业的社会变革和整个国民经济的发展,完成了把生产资料私有制转变为社会主义公有制的任务。政治上社会主义的基本制度在我国初步建立,经济上社会主义计划经济在我国基本确立,为我国的社会主义工业化开辟了道路,从此进入社会主义初级阶段。社会主义建设时期,伟大民族在探索中经历了重大的挫折,甚至一度陷入了十年“文革”的黑暗时期,但这不是永久的停滞,而是“破茧成蝶”的苦痛,社会主义道路有它强大的生命力,中华民族有它内在的脊梁。

“山穷水复疑无路,柳暗花明又一村”。痛定思痛,1978年,党的十一届三中全会召开,提出了一条“对内改革、对外开放”的战略决策,这是中华人民共和国成立以来第一个对外开放的基本国策,长期以来中国对外封闭的情况改变了,中国大陆向世界开放,中国大陆进入了经济高速发展时期。中国的命运随之发生改变,中华民族伟大复兴的康庄大道——中国特色社会主义道路终于逐渐显现出来了,这不仅凝聚着历代中国人的心血和智慧更是历史的必然。

团结而振奋的民族以不屈的精神书写了它波澜壮阔的伟大历史,这并不是结束,伟大梦想还在延续,伟大的胜利还在上演。当下,我们在不断地迫近民族伟大复兴的中国梦,任何时候都没有比现在更让每个中华儿女振奋,任何时候都没有比现在更让我们感到任务巨大。“长风破浪会有时,直挂云帆济沧海”,团结而振奋的伟大民族将以自己坚定的行动向世界证明,一个优秀的民族必将继续书写它的奇迹。

安康和幸福的人民

幸福是指社会个体对其生活状况具有持久性的满意状态,是社会个体的能力与其欲望的相对平衡,是合理需要的正当满足。人民幸福特指一个国家内部人民群众对其整体生存状况的满意状态及其程度。

“人民热爱生活,期盼有更好的教育、更稳定的工作、更满意的收入、更可靠的社会保障、更高水平的医疗卫生服务、更舒适的居住条件、更优美的环境,期盼让孩子们能成长得更好、工作得更好、生活得更好。人民对美好生活的向往,就是我们为之奋斗的目标。”其实中国老百姓所要的幸福简单而朴实,那就是“过上好日子”! 正如党的十八大报告所提出的那样,“学有所教、劳有所得、病有所医、老有所养、住有所居”。

人民幸福是中国梦的归宿

习近平总书记指出:“实现中华民族伟大复兴的中国梦,就是要实现国家富强、民族振兴、人民幸福。”“中国梦归根到底是人民的梦,必须紧紧依靠人民来实现,必须不断为人民造福。”这段话清楚地告诉我们:中华民族伟大复兴中国梦的根本价值追求是人民幸福,不断“为人民造福”是实现中国梦的根本目的。归根结底,中国梦就是为人民造福的梦。

中国梦是国家的梦,是民族的梦,它更是人民的梦。中国革命、建设和改革的实践告诉我们:国家、民族和人民是一个“命运共同体”,中国梦依靠人民,中国梦为了人民,人民是中国梦的主体。中国梦就是要使每个人都共同享有人生出彩的机会,共同享有梦想成真的机会,共同享有同祖国和时代一起成长与进步的机会。国家好、民族好,为的是大家好。为中国梦奋斗,就是为自己的梦奋斗。中国梦的最终落脚点和归宿,就是中国人民生活得更加幸福、更有尊严。

马克思和恩格斯指出:“历史活动是群众的事业。”“行动着的群众”决定着历史的发展。一条被人类社会历史发展反复证明了的、颠扑不破的真理就是:社会物质财富和精神财富的创造者是人民群众,社会变革的决定力量也是人民群众。因此,人民群众是促进社会全面进步和发展最根本的“正能量”。

人民的幸福是由人民自己用双手亲自营造出来的,因此,人民群众通过自己的勤劳、奋斗和积累创造属于自己的幸福生活,在构筑幸福生活的过程中,与国家和民族同呼吸、共命运,实现共和国的繁荣富强,实现中华民族的伟大复兴,也就是最终在个人层面、民族层面和国家层面都实现中国梦这一伟大梦想。纵观中国近现代历史,我们看到,中国近代以来的百年发展史,是中国梦由远及近,从形成到不断完善、发展和实现的历史,就是一部中国人民围绕中国梦进行“寻梦”“扬梦”“追梦”和“筑梦”以及“圆

1980年,著名作曲家谷建芬将作家张枚同的作品《八十年代新一辈》谱曲成广为传唱的歌曲《年轻的朋友来相会》,其中唱道:“年轻的朋友们,今天来相会,荡起小船儿暖风轻轻吹,花儿香鸟儿鸣,春光惹人醉,欢歌笑语绕着彩云飞。亲爱的朋友们,美妙的春光属于谁,属于我,属于你,属于我们八十年代的新一辈。再过二十年我们来相会,伟大的祖国该有多么美,天也新地也新,春光更明媚,城市乡村处处增光辉,啊亲爱的朋友们,创造这奇迹要靠谁,要靠我,要靠你,要靠我们八十年代的新一辈!”

20年之后,谷建芬和张枚同再次合作,于2000年创作了歌曲《二十年后再相会》,歌词中无不流露出中华儿女建设祖国美好未来的澎湃激情:“来不及等待来不及沉醉,噢来不及沉醉,年轻的心迎着太阳,一同把那希望去追,我们和心愿心愿再一次约会。让光阴见证让岁月体会,我们是否无怨无悔。再过二十年我们来相会,那时的山噢那时的水,那时风光一定很美。但愿到那时我们再相会,那时的春噢那时的秋,那时硕果令人心醉。来不及感慨来不及回味,噢来不及回味,多彩的梦满载理想,一同向着未来放飞。我们把蓝图蓝图再一次描绘,让时代检阅让时光评说,我们是否问心无愧。再过二十年我们来相会,那时的天噢那时的地,那时祖国一定更美……”

梦”的发展史。中国人民在创造中国历史、推进世界历史向前发展上发挥了无穷的智慧和力量，这筑造着、推动着和实现着美好的中国梦。13亿中国人的共同愿景是：更满意的收入、更公平的教育、更可靠的社会保障、更优美的生活环境、更民主的权利等，这体现了中国人民对美好生活的向往以及对幸福生活的追求，同时，这也是中国梦的核心价值追求。进入新世纪、新时期以来，每个人都有追梦的权利，每个人都是梦想的筑造者，每个人都渴望改变自己命运，每个人都渴望人生出彩，这种渴望中形成了中国人的“追梦”冲动，在这种冲动的推动之下，形成了汇聚“个体梦”的、恢宏的中国梦。在全面建成小康社会的过程中，13亿人口中的绝大部分人民发挥了重要作用，他们在国家富强、民族振兴进程中释放着“正能量”，他们是中国梦的筑造者。

国家富强、民族振兴和人民幸福是彼此不可分割的内在统一体，其基础和落脚点是人民幸福，也就是说，不论是实现国家富强梦还是实现民族振兴梦，归根结底都是为了实现人民幸福梦。

第一，实现人民幸福是国家富强的根本目的。所谓国家富强，就是指国家的财富充裕、力量强大。国家富强不仅体现在国家的国防实力强大、经济实力雄厚和科技实力先进等上面，也体现在文化创新力、文化软实力和民族凝聚力的强大之上，而实现人民幸福是所有这些富强的目的。国家富强最终是为了提升人民幸福。只有从根本上提升了人民的幸福的国家富强，才是值得我们倡导的、真正的国家富强，即便它会在短期内给一部分群众带来痛苦，否则，人们就应该反思国家富强的基础和途径。同时，人民幸福也可以促进国家富强。在一个幸福的国家里，社会冲突和矛盾较少，人民群众的工作积极性和主动性会更高，这些有助于国家富强的实现。中国共产党强调“代表最广大人民群众的根本利益”，强调“以人为本”，强调“立党为公，执政为民”，强调“情为民所系，权为民所用，利为民所谋”，从这个意义上说，中国共产党把每个中国人的前途命运都与国家和民族的前途命运紧密联系起来，坚持国家好、民族好，大家才会好，这符合真正的国家富强的要求和目标。

第二，实现人民幸福是民族振兴的目的。一个民族振兴的国家，人民群众的幸福度往往较高。在不同的历史时期民族振兴具有不同的内涵，在革命战争年代，民族振兴表现为通过全民族的不懈抗争来实现民族独立和人民解放；在和平建设和改革开放时期，民族振兴表现为在经济、政治、文化、社会和生态各方面的快速发展与进步。今天，我们强调要实现民族振兴，这是指中华民族尽快实现富强民主文明和谐的现代化目标，具体来说就是实现“两个一百年”的宏伟目标，即在中国共产党成立一百年时实现全面建成小康社会，到新中国成立一百年时实现建成富强民主文明和谐的社会主义现代化国家。这“两个一百年”的宏伟目标的实现是为了为每个中国人提供实现自己梦想的有利条件和可靠保障，使人民生活更加幸福。因此，中国特色社会主义应该寻求的民族振兴是以人民幸福为价值旨归的，离开了实现人民幸福就谈不上真正的民族复兴。

第三，中国梦的最高价值目标是人民幸福。一个人民幸福或者比较幸福的国家，会有更高的发展质量，会有更高的公平程度，会有更加平和的社会心态，人民也会更加认同和满意所生活于其中的社会，会更加努力营造和谐的生存生活空间。人民幸福是中国共产党人的崇高价值追求，也是中国特色社会主义现代化建设的一个重要目标。中国共产党把实现人民幸福当作实现中华民族伟大复兴中国梦的重要价值目标，这体现了我们党“立党为公、执政为民”的核心理念，体现了我们党全心全意为人民服务的根本宗旨，也体现了我们党“以人为本”的根本要求。中国梦归根到底是13亿中国人的共同梦想，需要全体中国人共同参与、共同创造和共同享有，唯有如此，中国梦才能拥有其存在基础和发展源泉。

中国梦是“造福人民”的梦

“造福人民”既是实现中国梦的出发点，也是实现中国梦的根本落脚点。实现中国梦的过程就是不断“造福人民”、让人民共享机会的过程。

实现中国梦的主体力量是人民群众。对个体的重视、对个体的幸福和自由的关注，是马克思主义的重要特征。在《德意志意识形态》中，马克思恩格斯宣称，任何人类历史的第一前提，就是“有生命的个人的存在”。在《共产党宣言》里，他们更是把共产主义社会界定为一个自由人的“联合体”，在那里，每个人的自由发展，是一切人自由发展的条件。因此，中国共产党人提出的中国梦，正是继承了马克思主义的这样一种理念。党的十八大报告中“人民”出现了145次，反复强调要解决好人民最关心、最直接、最现实的利益问题，字里行间凸显出执政党为人民造福的庄严承诺。所以，中国梦本质上是人民的梦，它重视个体，普惠于民，它是每一个个体和家庭的幸福梦、富裕梦、安全梦，是公平梦、成功梦、小康梦。实践证明，人民群众是历史的创造者，那么，实现中国梦的主体力量能且只能是人民群众，亿万人民实现自己梦想的过程就是中国梦的实现过程。只有每个人把自己的人生理想最大限度地融入国家富强、民族复兴的伟业之中，每个人把自己的命运前途与国家和民族的命运前途紧密联系起来，大家同心协力为实现中华民族伟大复兴的中国梦不懈奋斗，才能确保中国梦的实现过程不偏离总目标和大方向。中国共产党要坚持立党宗旨，始终把实现好、维护好、发展好人民群众的利益作为党和国家一切工作的出发点与落脚点，依靠人民、造福人民，才能使中国梦获得力量支撑。"依靠人民"同"造福人民"是一个问题的两个方面，它揭示了人民群众是社会发展的实践主体，是推动历史前进的根本力量，无论是在战争年代、改革开放时期，还是在新的历史条件下，都应该遵守这一规律，始终尊重人民的主体地位和创造精神。

为民造福是实现中国梦的根本目的。领导人民实现中国梦的核心力量是中国共产党，实现中国梦的过程也就是我们党和国家不断造福人民、为每个追梦者和圆梦者创造机遇和条件的过程。全心全意为人民服务是我们党的根本宗旨，为民谋利、为民造福是中国共产党人的崇高价值追求，也是实现中国梦的根本目的。"以诚感人者，人亦以诚而应"。党的十八大以来，中央常委的调研足迹遍布贫困地区、山村农户、火车站、棚户区等地。他们来到群众家中，坐在乡亲的炕头，拉着乡亲的手，品尝着乡亲的窝窝头；他们询问粮食够不够吃，过冬的棉被有没有，取暖的煤炭够不够；他们看望八旬老党员，和他们亲切地交谈、详细了解生产生活情况；他们走进菜市场，在摊位前细细了解蔬菜的价格、供应以及销售等情况。在全面建设小康社会的今天，我们党不断为人民造福就体现在持续满足人民群众对美好生活的向往和期待的奋斗过程之中，不断提高人民群众的幸福指数，努力做到让人民群众学有优教、病有良医、老有颐养、住有宜居，保证人民群众生活得更加体面和尊严。从以"为民、务实、清廉"为主旨的"八项规定"到提出以人民幸福为主旨的中国梦，从把人民

> 马克思说："我的幸福就是为人类的幸福而斗争。""人类的天性就是这样的：人们只有为同时代人的完善、为他们的幸福而工作、才能使自己达到完善……历史承认那些为共同目标劳动因而使自己变得高尚的人是伟大人物，经验赞美那些为大多数人带来幸福的人是幸福的人"；"如果我们选择了最能为人类福利而劳动的职业，那么重担就不能把我们压倒，因为这是为大家而献身；那时我们所感到的就不是可怜的、有限的、自私的乐趣，我们的幸福将属于千百万人……"

向往作为“奋斗目标”到深入群众倾听呼声,从在全党广泛开展“群众路线教育实践活动”到中央政治局率先垂范,人们不难发现:在习总书记的郑重宣示里,在党中央的重大决策中,在中央常委的亲民爱民之举上,坚持把“人民”二字高高举过头顶,摆在至高至上位置。“三项规定”“中国梦”“群众路线教育实践活动”三大决策始终将人民作为围绕和贯穿其中的一条主线,三者相辅相成、环环相扣,“八项规定”解决的是取信于民的着力点、切入点问题,展示出求真务实的工作作风。“中国梦”解决的是“实现人民群众过上更好生活的殷切期望”的目标、方向问题,“群众路线教育实践”解决的则是保持党同人民血肉联系的生命线、根本工作路线的问题。为了给托举起“中国梦”和坚持群众路线提供事实引领和内在动力,必须狠抓“八项规定”落实;为了给落实“八项规定”和坚持群众路线提供奋斗目标和正确的方向,必须吹响“中国梦”的强劲号角;为了给落实“八项规定”和实现“中国梦”提供绵绵不绝的坚强支持和保证,必须坚持群众路线。只有坚持三者的辩证统一,才能更好地使我们党始终与人民群众共命运、与时代发展同步伐,就是为了更好地造福于人民,使人民群众有更多机会和更加充分地共享改革发展的成果。

实现中国梦的本质要求是人民“共享”。习近平总书记指出,“生活在我们伟大祖国和伟大时代的人民,共同享有人生出彩的机会,共同享有梦想成真的机会,共同享有同祖国和时代一起成长与进步的机会”。中国梦的本质要求体现在这三个“共享”的统一中。在社会主义条件下,人民民主专政的国家性质和生产资料公有制为主体的基本经济制度,决定了每个中国人在政治地位和经济地位上的平等关系,这种平等关系为每个中国人在共同创造财富的基础上实现共同享有劳动成果、共同享有人生出彩机会、共同享有梦想成真机会提供了制度保证。另外,我们每个人不仅要人生出彩、事业有成,而且还要把美好愿望和崇高理想变成现实,这就必须共同享有同祖国和时代一起成长与进步的机会,我们要把自己的人生理想自觉地融入国家和民族的事业中,自觉做到与祖国同成长,与时代同进步,为实现中华民族伟大复兴贡献智慧和力量。

历代中国共产党人为人民幸福进行了积极探索和深入实践,并且作出了巨大贡献。

以毛泽东为代表的中国共产党人,带领全党全国各族人民建立了新中国,进而建立了社会主义制度,为人民幸福奠定了根本的政治前提和制度基础。正如陕北信天游唱的:东方红、太阳升,中国出了个毛泽东,他为人民谋幸福,他是人民大救星……毛泽东为“中国新民主主义革命的胜利、社会主义革命的成功和社会主义建设的进行，为实现中华民族的独立和振兴、中国人民的解放和幸福，作出了彪炳史册的贡献。”推翻“三座大山”，建立人民当家做主的新中国，赢得了民族独立，维护了中华民族的尊严，以毛泽东为代表的中国共产党人为人民幸福打下了坚实的基础，开创了美好的前景。

邓小平同志曾动情地表白：“我是中国人民的儿子，我深情地爱着我的祖国和人民。”这体现了他对人民群众无比深厚的感情，坚定地“把为人民谋幸福作为毕生奋斗的目标”。在领导中国改革开放和社会主义现代化建设的实践中，邓小平科学地阐述了建设中国特色社会主义的一系列重大理论观点：贫穷不是社会主义，社会主义要消灭贫穷，提高人民的生活水平；社会主义的本质，是解放生产力，发展生产力，消灭剥削，消除两极分化，最终达到共同富裕；要按照统筹兼顾的原则来调动各种利益的相互关系，正确处理人民内部矛盾，调动人民群众的积极性；社会主义发展生产力，成果是属于人民的；凡是对人民有利的事情，无不尽力提倡与实行；等等。他指出：“各项工作都要有助于建设有中国特色的社会主义，都要以是否有助于人民的富裕幸福，是否有助于国家的兴旺发达，作为衡量做得对或不对的标准。”这些论述不乏他关于人民幸福思想的直接表达：第一，人民幸福不是贫穷，而是富裕；第二，人民幸福不是两极分化，而是共同富裕；第三，人民幸福要通过解放和发展生产力才能实现；第四，人民幸福不可能一蹴而就，而需要长期努力奋斗才能最终达到。

> 十二届全国人大一次会议的政府工作报告的很多地方都直接体现了当前党和政府在为人民造福方面所做的努力。例如，3.5%的CPI(居民消费价格指数)涨幅，这个数字虽然高于2012年2.6%的实际涨幅，但在物价上涨压力下，这一预期仍然显示了政府控物价的决心；又如今年的养老金提高10%，这已经是“九连涨”，从中不难看到“以人为本”的发展观念。这些民生问题的求解已经成为了中国梦在现阶段的最重要体现，将使每个中国人对美好幸福生活追求逐步得以实现，并反过来又在每个人梦想实现的汇集中最终实现中国梦。

江泽民反复强调发展是党执政兴国的第一要务，强调要始终代表中国最广大人民的根本利益,始终保持党同人民群众的血肉联系,实现好、维护好、发展好最广大人民的根本利益,强调社会主义物质文明、政治文明、精神文明协调发展和人的全面发展。显而易见,以江泽民为核心的中国共产党人更多关注的是如何提高发展的可持续性和协调性。为此,一定要坚决"消除社会分配不公现象",要"保护合法收入、调节过高收入、严格取缔非法收入",建立和完善"社会保障体系"等。在十六大报告中,明确提出了21世纪头二十年全面建设小康社会的奋斗目标,即让人民能享受到"经济更加发展、民主更加健全、科教更加进步、文化更加繁荣、社会更加和谐、生活更加殷实"的奋斗目标,进一步赋予了人民幸福更加丰富的内涵。

进入新世纪,我国经济社会发展的重心是以改善民生为重点的社会建设,我们党、政府和社会各界达成共识,即"社会建设与人民幸福安康息息相关"。胡锦涛提出科学发展观的战略思想,突出强调人民幸福是经济社会发展的终极价值与终极目标。在科学发展观战略思想的指导下,覆盖城乡居民的社会保障体系正在全面建立,社会管理不断创新。党的十七大报告中指出:"党的一切奋斗和工作都是为了造福人民。"党和国家领导人基于人民群众的幸福理念日益彰显。"幸福"一词在党和国家主要领导人那里高频出现,党的十七届五中全会和"十二五"建设规划都将社会建设和民生建设提上了新高度,所有这些,都使得人民幸福有了更为丰富的新的时代内涵。

十八大以来,党中央提出以实现"两个一百年"为目标的中国梦,更是将"造福人民"提到了执政党肩负的"重大责任"的更高层面。习近平强调:"全党同志的重托,全国各族人民的期望,这是对我们做好工作的巨大鼓舞,也是我们肩上沉沉的担子……我们的责任,就是要团结带领全党全国各族人民,接过历史的接力棒,继续为实现中华民族伟大复兴而努力奋斗,使中华民族更加坚强有力地自立于世界民族之林,为人类作出新的更大的贡献。这个重大的责任,就是对人民的责任。我们的人民是伟大的人民。在漫长的历史进程中,中国人民依靠自己的勤劳、勇敢、智慧,开创了民族和睦共处的美好家园,培育了历久弥新的优秀文化。""责任重于泰山,事业任重道远。我们一定要始终与人民心心相印、与人民同甘共苦、与人民团结奋斗,夙夜在公,努力向历史、向人民交一份合格的答卷。"

中国共产党人之所以为之努力,为之探索,为之奋斗,根本原因是"我们党的根基在人民、血脉在人民、力量在人民。群众在我们心中的分量有多重,我们在群众心里的分量就有多重"!

伟大的梦想寓于伟大的国家

广袤的国土范围

中华民族创造了灿烂的东方文明，以其辉煌的成就屹立于人类文明之林。在世界四大古老文明中，中华文明虽不是最早的，却是唯一没有中断过的。五千年来，中华文明既是勤劳勇敢、自强不息的中国各族人民世世代代艰苦奋斗的结晶，也是凝聚中国各民族团结奋进的无形力量。时至今日，我们依然浸润其中。中华文明伟大辉煌、历久弥新，这是中华民族伟大复兴的精神血脉和动力之源。

地理环境的重要作用

作为人类历史发生和发展的必要前提，地理环境必然影响并制约社会的发展。中华文化源远流长，绚丽多彩。特定的地理环境不仅促进了中国文化的产生，而且对于中国文化的发生、发展以及演变都具有极为重要的制约作用。综览我国广阔多样的疆域地理环境，有助于我们理解中华文明的包容性与多样性。

在全球化迅速发展的现代，地理环境不仅和各个地区、各个国家的人类活动构成了一个复杂的大系统，整个人类社会和整个地球也已经形成了一个十分复杂的更大系统。地理环境不单是人类历史活动的沉默背景和消极的旁观者，它本身就是人类历史创造活动的参与者，是这种活动的对象和材料。人类创造历史的活动总是在一定的空间内进行的，地理环境为人类的社会发展提供了有利的或不利的条件，它自身也在与人类活动的交互作用中改变面貌。

地理环境是人类赖以生存和发展的物质基础，或者说，社会发展的自然环境、自然条件、自然基础，是社会物质生活和社会发展的经常的必要条件之一。它包括在历史上形成的与人类社会生活相互起作用或可能相互起作用的自然条件，如地理位置、地形、气候、土壤、水文、矿藏、植物、动物，等等。地理环境是上述诸方面及其交互作用下形成的复杂系统。

独特而优越的地理环境影响并作用于中华文明和中国传统文化的传承。中华文明与中国传统文化之所以由古至今绵延不绝，独特而优越的地理环境发挥了重要的作用。中华民族在完成最初的开发与定居过程之后形成了一个巨大的、不可替代的政治经济文化中心，这一中心在中华民族生存的独立的地理单元之内处于独一无二的位置，这决定了即便在密切交往的空间范围内，它也不可能被其他兴起的中心或异质文明取代，也就是说，朝代可以更换，但文化传统却能一脉相承。因此，中国不可能像古巴比伦的衰落和古埃及文明的衰亡那样，发生异质文明相继兴起、迭相更替的事情。这一政治经济文化中心在中华民族生存的独立的地理单元内处于核心的位置，从而使各周边少数民族形成内聚的向心力；随着社会的不断发展和生产力的逐渐进步，各周边少数民族与农耕区域的经济发生了愈益密切的联系，于是这种内聚的向心力不断地增强，进而造就了人类历史上绝无仅有的、长期共存的多民族统一体和统一多民族国家。这一政治经济文化中心不仅巨大而且优越，不管进入这一中心的民族拥有多么强大的武力，都无法将人口几十倍、成百倍于自己的原住民驱逐出去，只能最终导致其原有的经济文化面貌发生改变，他们被迫接受和适应原住民的生产、生活方式，同时也必然被那些远高于自身的先进文化所影响。因此，中华文明能够始终沿着自己固有的道路发展，绵延不息，从不中断。

黄河，中国的母亲河，全长约5464公里，流域面积约79.5万平方公里，是中国第二长河，世界第五大长河。它发源于青海省青藏高原的巴颜喀拉山脉北麓的卡日曲，呈“几”字形。最早的人类文明之一就在黄河流域产生的。黄河奔流在中条山与秦岭之间，东行经河南孟津。由这里距黄河30公里处，就是我国著名的都城洛阳。洛阳是中国八大古都之一。从东周起，先后有东汉、曹魏、西晋、北魏、隋朝（炀帝）、唐朝（武周）、后梁、后唐等朝代在此建都，被称为“九朝古都”。与黄河一起被称为“母亲河”的是长江，她位于中国境内，全长6380公里，发源于中国青海省唐古拉山各拉丹东雪山的姜根迪如冰川中，是中国、亚洲第一和世界第三大河流，也是世界上最长的完全在一国境内的河流。其长度仅次于尼罗河及亚马孙河，超过地球半径。是世界第三大流量河流，仅次于亚马孙河及刚果河。从源头青海各拉丹东到湖北宜昌是为长江的上游流域；从宜昌到江西湖口则是长江的中游流域；湖口到上海的长江入海口，是为长江之下游流域。整个长江水系的流域面积达180万平方公里，占中国陆地面积的18.8%。除了黄河、长江，中国还有黑龙江、松花江、牡丹江、海河、淮河、钱塘江、珠江、澜沧江、雅鲁藏布江等等，河流的分支就更多，有汉江、湘江、大渡河、岷江等等。

独特的地理环境构筑独特的文明图景

中国独特的地理环境具有多样性和丰富性的特征，这就为中华民族的诞生和发展提供了丰富的物质条件。也正是这片广袤的土地所特有的环境，使得中华民族的文明历史得以发展、保全和延续。

水作为地理环境中至关重要的因素，对文明的发展有着巨大的影响。在世界文明版图上，印度的印度河和恒河流域、中国的黄河和长江流域、北非的尼罗河流域、西亚的幼发拉底河和底格里斯河流域都是世界文明的起源地，而水成为文明图景中最为鲜活的部分，扮演了母亲一样的角色，所以，人们都亲切地把这些河流称为母亲河。在过去，这些以大河流域为中心的广大平原地区，利用河运和陆上交通之便，进行人流、物流和信息流的交换，应该说比起海运来更为安全和便捷。可以说，海、河及其陆路一方面给人们提供了交通之便，使人们能借此向外拓展；另一方面也为外族入侵者敞开了方便之门。所以，从另一角度看，文明起源地历来也是兵家必争之地，是频繁引发不同种族之间、国家之间以及地区之间战争的发源地和集结点。

有水就有生命，也才能有农业、有村落、有城镇。河流是古代人们交往的最便捷的通道，在中国这种地理条件中，有众多密如蛛网的河流，使它同周围相区隔，又使各个地区间长期进行经济文化交流以至相互融合。

中国有许多著名的名江大川，这些河流的存在有利于农业灌溉，但同时又容易发生水涝，因此需要集中人力物力，在统一的指挥下兴修规模宏大的水利工程，这也促使我国逐渐形成了中央集权的政治制度。因此，可以说水资源的开发利用，推动了中华文明的发展。中国丰富的水资源孕育了伟大的中华民族。

优越的地理环境对农业的产生和发展产生了重要影响。农业是人类最古老的物质生产部门和最早的经济活动。农业经济活动主要是生物再生产的过程，而生物再生产必须依赖一定的自然环境，因而自然环境对农业经济活动的影响以直接影响为主。有时候，地理环境对农业经济活动的影响具有决定性。直到今天，世界不少国家仍然处在农业经济阶段。农业经济虽然是人类经济活动的初始阶段，但最早出现农业经济的地域，特别是农耕文明最早出现的地域，却是人类文明的诞生地。

古代中国优越的农业耕种环境，为农业的发达提供了得天独厚的条件。中国的气候具有夏季高温多雨、冬季寒冷少雨的特点，这种雨热同季的气候特点对农业生产十分有利，冬季作物已收割或停止生长，一般并不需要太多水分，夏季作物生长旺盛，正是需要大量水分的季节。亚欧大陆的亚热带和暖温带的湿润半湿润地区，由于能够为农作物生长提供足够的热量和水分，因而最早兴起了农耕文明。平坦的地形、肥沃的土壤、可以灌溉的河水、温暖的气候、充足的日照，是农业社会的自然基础。亚热带和暖温带的冲积平原、三角洲和盆地，成为农业文明的发祥地，因此，具有条件的中国、埃及、巴比伦和印度成为旧大陆四大文明古国。

独特的气候环境造就了中国的生产方式和生产布局。中国地处亚洲东部，太平洋西岸，东南濒海，其他诸方皆为高山、大漠所隔，形成了一个相对独立的生存空间。中国幅员辽阔，跨纬度较广，距海远近差距较大，加之地势高低不同，地形类型及山脉走向多样，因而气温降水的组合多种多样，形成了多种多样的气候。从气候类型上看，东部属季风气候，西北部属温带大陆性气候，青藏高原属高寒气候。从温度带划分看，有热带、亚热带、暖温带、中温带、寒温带和青藏高原区。从干湿地区划分看，有湿润地区、半湿润地区、半干旱地区、干旱地区之分。而且同一个温度带内，可含有不同的干湿区；同一个干湿地区中又含有不同的温度带。因此，在相同的气候类型中，也会有热量与干湿程度的差异。根据多样的气候类型，我国的农业生产布局分为南方农业、北方农业和西北农业区。南方农业特点是降雨量多，气温高，粮食作物以水稻种植为主。北方农业特点是降雨量少，气温低一些，粮食作物以小麦、玉米为主。西北农业区特点是气候干旱，气温相对低，以小麦、玉米、土豆等粮食为主。具体各地，又各不相同。

地理环境是人类生存发展的首要条件，对人类的政治、经济、军事等各方面的活动都有重大影响。西面的青藏高原、帕米尔高原和天山山脉的阻隔，使我国免受西面外来民族的入侵。虽然北面的少数民族多次南下，甚至建立了像元、清这样全国统一的王朝，但最终都被中原的先进文明所同化。

中国地势西高东低，山地、高原和丘陵约占陆地面积的67%，盆地和平原约占陆地面积的33%。在辽阔的大地上，有雄伟的高原、起伏的山岭、广阔的平原、低缓的丘陵，还有四周群山环抱、中间低平的大小盆地。陆地上的5种基本地形类型，中国均有分布，这为中国工农业的发展提供了多种多样的条件。在中国的国土上，有面积广大的山区，可提供林产、矿产、水能和旅游资源，为改变山区面貌、发展山区经济提供了资源保证，可能更有利于国家的强大和经济的繁荣。致密型领土紧凑，利于国家主权的行使。

地理环境通过生产力影响人类社会，它既间接地影响生产关系和上层建筑等方面，也直接地作用于人们社会生活的诸多方面，这些影响各不相同，但与其他的社会因素的影响交织在一起。统一是中国封建社会历史发展的主流，这不仅是经济发展的要求与结果，也是地理环境产生作用的结果。我国处在“东亚大陆”这一独特的地理位置，这使我国古代历史的发展具有很大的独立性。在此影响下，中国古代文化的发展拥有广阔的空间，呈现出由点到线、由线到面、面与面之间互相联结形成更大的面的发展形态。各地区经济文化的多样化特征，非但没有成为隔绝分离彼此的因素，反而对社会分工产生了重大的意义，有效促进了各地区间的经济文化交流。“东亚大陆”形成了以黄河中下游以及长江中下游为中心的发达的汉族经济文化核心，吸引着周边地区，使整个东亚大陆的文化趋于融合和统一。在这样的地理环境的作用影响之下所形成的经济、文化乃至民族心理，无疑对中华民族的统一发挥了重大的作用。

统一的文明古国

中国既是世界上有悠久历史的文明古国，又是正在实现中华民族伟大复兴的社会主义现代化国家。它是坐落在东亚大陆、濒临太平洋的“负陆面海”，在领土广袤的地区内由多元一体的中华民族，在长达几千年的历史长河演进过程中，共同缔造了统一的伟大国家。

统一是中华民族的优良传统

孙中山先生曾经指出：“中国是一个统一的国家，这一点已牢牢地印在中国历史意识之中。正是这种意识，才使我们作为一个国家被保存下来，尽管它过去遇到了许多破坏的力量。”

走过五千年沧桑岁月，中华民族经历了战和更替、聚散分合、对峙与融汇，但磨难始终未能割断中华民族追求统一这一共同的文化传统。民族认同感一脉相承，而且越是历经磨难，遭遇坎坷，多元一体的中华民族的自我意识和对中华文明的认同感越是增强。千百年来，对国家统一的不懈追求日渐发展成为中华民族高于一切的政治理想和道德情感。“大一统”的思想观念就像一根坚韧的纽带将中国各民族联系、团结在一起，逐渐形成中华民族大家庭，并日见巩固。

中华民族以龙为图腾，自称为龙的传人。龙集鹿角、驼头、蛇身、蜃腹、牛耳、虾眼、马鬣、鲤鳞、鹰爪、虎掌、狮尾于一身，是组成中华民族大家庭多民族图腾的集合体。它既是中华民族大融合、大团结的象征，也是中国大一统思想的集中体现。正是在这种独特的社会政治、经济和文化基础上，炎黄子孙日益融合，华夏文化圈日益扩大，大一统的观念日益深入人心，成为中华民族的优良传统。

作为思想观念的“大一

统”，包含着非常丰富的内涵，并随着历史的演进而发展变化。在地理概念上，它是“国土统一”，“天无二日，土无二王”（《礼记·坊记》）；在政治概念上，它是指全国上下高度一致，“天下若一”，“夙夜匪解，以事一人”，“尊天子，一法度”；在时间概念上，它是指长久统一，千秋万代江山永固。这种以“统一”为理想的政治秩序观念的形成，其根本原因在于人们在现实生活中亲身体验到了分裂割据给国家、民族带来的深重灾难。对战乱的厌恶，对和平的渴望，使得统一既是统治者的政治雄心，客观上也符合广大普通民众的意愿。

对于中华民族来说，统一的思想观念并非一般的政治选择和一时的政治诉求，而是在千百年华夏历史长河的积淀中形成的一种强烈的历史意识，是牢牢植根于中华五千年文明沃土之中的民族情感，是中华民族世代相承的基本社会理念和普遍的价值观，因而，也是中华民族优秀文化传统的核心与精髓。

中华民族统一观的形成不是偶然的，它有着深厚的基础。就地缘特征而言，中华民族世代生息繁衍的华夏大地，位于亚洲东部，太平洋西岸，是一个四周有天然眼隔，区域广大，内部构成体系完整的地理单元，具有广袤性、一体性和相对的封闭性。它西北耸立的帕米尔高原，在古代几乎是难以逾越的地理极限；西南横卧世界最高山脉——喜马拉雅山，成为中国与南亚的天然分界；东临万顷波涛；北部是无边无际的荒漠与冻土。在这个与外部世界相对隔绝、相对独立的空间里，诸夏与四夷共同构成“天下”。多民族内向凝聚，相互依存，休戚与共，很早就形成了中华民族多元一体的生命共同体。

就经济特征而言，在华夏大地，北方游牧民族、狩猎民族和南方农耕民族三大民族分布带以及农牧两大类型经济和文化相互渗透、相互结合，但它的主体部分是以黄河流域、长江流域为中心的农耕文化。以小农经济为主体的自然经济长期居于主导地位。在小农经济下，水利是农业的命脉。小农经济的弱小性与分散性，又使其在严酷的自然灾害以及残酷的社会兼并面前无能为力，难以有效地保护自己。因而迫切要求打破分散割据状态，在全流域建立统一的权威，以集体的力量，抵御自然灾害，统一管理水利灌溉，同时防止大规模土地兼并和社会财富的不合理分配。这是以黄河文明与长江文明为中心的华夏文明中统一思想产生与发展最深刻的经济根源。

就文化特征而言，与西方长于实证思维、个体思维不同，中华先民在认识自然、改造自然的过程中，很早就形成了从整体上、宏观上观察事物的思维方式。习惯于

“仰以观于天文,俯以察于地理”,“通天下之志,成天下之务”,“与天地合其得,与日月合其明,与四时合其序”,强调“天人合一”,“协和万邦”。这种东方整体思维,无疑是孕育中华民族统一观的思维底蕴。

统一多民族国家的形成发展历程

在各民族共同开发祖国疆域的漫长历史中,民族间的聚合贯穿其中。中华大地孕育中华民族,中华各民族的祖先们在不同的地区开发祖国的疆域。形成了多区域、多元化的不平衡发展态势。由于各民族的局部统一,进而在广袤而辽阔的中华大地上形成大地区的统一,最终形成全国统一,在这一进程中,所有的民族都为开拓和缔造祖国的疆域作出了不可磨灭的历史贡献。也就是说,中国的疆域是由中华各民族的先民共同开发的,是由中华各民族共同缔造的。

> 所谓“统一的多民族国家”,包括两层含义:其一,是指由一个或多个民族政权所组成的具有内在联系的统一整体;其二,是指在中国历史发展进程中愈益强化和明显地表现出来的走向统一的趋势。无论从历史渊源或现实发展看,中国作为统一的多民族国家,中华民族作为多民族的统一体,都是一个完整的、不可分割的整体。

毛泽东同志指出:“今天的中国是历史的中国的一个发展。”历经几千年,中华民族始终没有在历史的长河中被湮没,是世界唯一能保留下来的文明古国,现在中华民族这个古老而年轻的民族继续书写着传奇。古老的文明的历代王朝之所以能建立起统一多民族国家,并随着社会的不断进步发展壮大,其原因是多方面的。各民族政治经济文化联系促进了民族融合,这是统一多民族国家形成与发展的社会基础,经济文化联系是政治统一的先导、民族融合的基础;历代统治者大一统观念是统一多民族国家形成与发展思想动力,“大一统”的思想是儒家学者董仲舒为统治者提供的“王道之三纲”的政治纲领,以“春秋大一统”的原则来维护封建的政治统一;中国古代王朝中央集权的政治制度是统一多民族国家形成与发展的政治保障,纵观中国古代历史,各王朝建立后都把加强中央集权放在首位;民族征战是统一的多民族国家形成和发展的主要途径。

从古代起,中华民族的祖先就劳动、生息、繁衍在中华大地上。我们统一的多民族国家,是五千年来特别是秦汉以来的两千多年里,在各民族长期的交往融合中逐步形成和发展的。秦汉时期,不仅基本奠定了以汉族为中心的中原王朝的疆域规模,而且开创了将中华大地上渔猎文明区、游牧文明区和农耕文明区“混而为一”的大一统先河。秦汉陆续在今广西、贵州、云南、海南等地设置郡县,在西北的羌地设护羌校尉,在今新疆地区设置西域都护府,在东北乌桓地区设护乌桓校尉,历史上第一次把这些边疆民族地区纳入到了中央政府的有效治理版图之内。从此,开创了我国大一统的政治格局。

隋唐结束了魏晋南北朝长达300多年的战乱,在民族大迁徙和大融合的基础上,建立起了比汉朝疆域更为广大、民族更为众多的统一格局。唐初实行开明的民族政策,加之国力强大、文化先进,增强了周边民族的向心力和凝聚力,促成了“胡越一家”盛况的出现。这个时期,唐朝先后统一东突厥和西突厥,并设立安西和北庭两个都护府管理军政要务。对其他民族地区,唐朝也都设置了大量的羁縻府、州,有的还直接设置道、府、州,予以有效管辖。唐朝统一领导和治理下的各民族蓬勃发展,促进了唐朝国力的强盛和疆域的扩大。宋朝虽然先后与契丹族的辽朝、女真族的金朝长期并立,但各民族之间的互相联系与交往十分密切。辽、金、西夏、大理等政权大力吸收了汉族中原王朝的统治经验和政治制度,融入大量中原文化的元素,为以后元朝的统一准备了条件。

元朝创设了“行省”制度,现在的内蒙古、新疆、广西、云南、贵州等民族地区,都在行省的管辖之下。设宣政院直接管理西藏,设澎湖巡检司管理澎湖、台湾,同时在云、贵、川、康等民族地区设土司制度,加强了中央对边疆地区的统辖。尤其是元朝首次将蒙古高原和青藏高原完整纳入中原王朝的直属版图,在多民族统一中国的形成和发展史上具有至关重要的地位。清朝取代明朝后,全国各民族的统一得到进一步巩固和发展。在北方,先后统一了蒙古族的漠南蒙古、漠北喀尔喀蒙古和漠西厄鲁特蒙古三部。在新疆和西藏地区,先后平定了准噶尔部、大小和卓等一系列叛乱,维护和巩固了对新疆、西藏地区的统一。同时,为反抗沙俄的侵略,加强了对黑龙江流域少数民族地区的管理。经过康、雍、乾三朝长达140多年的不懈努力,从东北、内蒙古、新疆、西藏至我国南部、东部的整个地区,各民族都统一在祖国版图之内。清朝完成了国家的统一,进一步奠定了多民族国家的疆域,增强了多民族大家庭的团结和中华民族的凝聚力。

1840年鸦片战争以后,西方列强用坚船利炮从沿海地区打开了中国的大门,继而又把侵略的魔爪伸向了我国的边疆民族地区。在亡国灭种的危机面前,中国各民族的命运紧紧地连在了一起。西方列强把中国变为殖民地半殖民地的过程,同时也是中国各民族人民同仇敌忾、共御外侮,争取民族独立和解放、维护国家统一和领土完整的过程。第一次鸦片战争时期,就有汉、蒙古、满、藏、羌、彝、土家等各族军民奔赴前线,共同战斗。第二次鸦片战争时期,天津大沽炮台的满、汉守军和蒙古族骑兵,迎头痛击英法联军。西藏军民在隆吐山战役和江孜战役中,先后给英国侵略者以有力的打击。在中法战争中,壮、彝等族人民坚决反击法国对中国西南的侵略。东北地区的满、汉、达斡尔、鄂温克、赫哲等族人民,西北地区的维吾尔、柯尔克孜、回、蒙古等族人民,先后同沙俄等入侵者进行了坚决的斗争。在新疆各族同胞的大力支援下,左宗棠率领的清军迅速击溃中亚浩罕国阿古柏的侵略,收复了新疆。

之所以说统一是中国历史的主旋律,因为"大一统"的理念植根于中华民族的内心深处,成为人们衡量政治有序、天下有道的主要标志。自秦汉以来,历史上虽然统一与分裂交相更替,但总的来说,统一是中华民族历史发展的主流;割据分裂的局面虽然不时出现,但它始终无法为人们所认可,始终不被承认为正常、合理的政治状态,也始终被中华文化所排拒。即便是在分裂的年代里,追求统一也始终是各族统治者和广大民众的共同政治理念和奋斗目标。如魏晋南北朝时期,群雄并立,但各个政权的统治者大都以统一为己任,并以炎黄之后自居。诸葛亮倡导"还定旧都,汉室可兴",前赵刘渊以黄帝之后自居,后赵石勒赞赏刘邦不封六国之后等均为明证。它从一个侧面说明中华民族宁合不分的愿望是多么强烈而普遍。千百年来,这种以"统一"为"正统"的思想普遍流行,进一步强化了人们认同国家统一的自觉性。

历史的发展历程清晰地表明,自秦汉开创了统一的多民族国家以来,国家发展的主流便始终是统一,各民族都为实现和维护国家的统一作出了重要贡献。

"大一统"——中国历史发展的主旋律

民族之间的交流、融合和统一始终是历代王朝的主题。天下"定于一"的"大一统"的政治文化观念始终是中国历史发展的主旋律。统一作为古老文明中国的主旋律，符合整个中华民族的整体利益，深深地印刻在每个华夏子孙的心中，尽管历经分分合合，但历朝历代的统治者和人民都在不断地追求着民族的统一，在统一中，中华文明得以延续下来。一部中华文明史是一部追求“国家统一”的历史，“国家统一”始终是常态，是不可逆的大趋势和主旋律。

之所以说统一是中国的趋势，首先在于“大一统”思想观念长期以来深入人心，从而使统一成为人们所普遍认同的理想政治秩序。早在先秦时期，中华民族随着内部凝聚力的不断增强，就初步形成了“大一统”观念。《诗经·小雅·北山》云“普天之下，莫非王土；率土之滨，莫非王臣”。而战国时代“九州说”与“五服说”的盛行，则反映出人们的“大一统”观念进一步走向成熟。在春秋战国时期出现这种追求统一的思想趋向不是偶然的，而是有其历史必然性：诸侯争霸，混战绵延，因而人们渴望重新实现政治上的统一，建立起合理合法的政治秩序。“大一统”观念遂逐渐成为人们普遍的政治信仰，并发展成为中国传统文化观念的一个重要内容。

统一的文明古国源远流长、继续书写着她的传奇，中华民族始终屹立在世界的民族之林之中。优秀的民族精神构成了中华民族的永恒灯塔，中华民族在中国人民的勤劳、奋进中延续。古老文明不是历史的倒影，不是历史的缅怀，背负着这种民族的积淀和厚重，中华民族正徜徉在民族伟大复兴的民族之梦之中，更以行动来书写着新的民族传奇。

优秀的思想文化

伟大的中华文明博大精深，源远流长

> 中国古代物质文明和精神文明丰富多彩、灿烂辉煌。古代中国的科学技术长期处于世界领先地位，在天文学、数学、农学、医药学等领域取得过许多卓越成就。造纸术、印刷术、火药、指南针四大发明，更是中华民族奉献给人类的杰出科技成果。中国生产的丝绸、瓷器闻名世界。万里长城、大运河等宏伟工程，堪称世界文明史上的奇迹。古代中国的哲学思想博大精深，典籍文献浩如烟海。

一个文明的失落，预示着一个新的文明的开始。人世间万事万物皆遵循着这一永恒不变的规律。唯其如此，人类文明才可能得到自然的延续，不断地走向新的高度，创造新的社会文明。中国是历史最悠久的文明古国之一。中华文明是世界上持续时间最长的文明，举世公认，中华文明对世界文明的发展有着不可估量的影响。有学者指出，中华民族有“三十万年的民族根系、一万年的文明史、五千年的国家史”。

自古以来，中华民族在中华大地上劳动和生活，各族人民相互团结，相互学习，用自己的勤劳和智慧共同开发了祖国的大好河山，创造了灿烂的中华文化，使中华文化源远流长，使文化的力量深深熔铸在中华民族的生命力、创造力和凝聚力之中。中国，作为四大文明古国之一，有着悠久的文明史。它积累沉淀了几千年的荣辱兴衰，创造过人类历史上的繁荣和辉煌，它是周秦伟业，是两汉文明，是大唐盛世，是宋季富土，是元朝拓疆，是明代兴旺，是康乾胜景。

两河流域的巴比伦文明，北非尼罗河流域的古埃及文明，地中海北岸的古罗马文明，南亚次大陆的古印度文明以及发源于黄河、长江流域的中华文明，这些文明有的衰落了，有的消亡了，有的并入了其他文明，唯有中华文明历经沧桑，饱受磨难，却绵延不绝，历久弥新。

从茹毛饮血的远古时代，到封建文明极度繁荣的明清时代，在这上下五千年的历史进程中，中华民族创造了无数的辉煌与成就，也经历了无数的苦难与挫折，数不清的英雄豪杰、文人志士在历史的长路上留下了他们的足迹。

古代中国的文学艺术高峰迭起，美不胜收。如：瑰丽璀璨的《诗经》、楚辞、汉赋、唐诗、宋词、元曲、明清小说；藏族《格尔萨》史诗、蒙古族《江格尔》史诗、柯尔克孜族《玛纳斯》史诗、维吾尔族《十二木卡姆》套曲；百花竞艳的戏剧艺术，笔墨造化的书法，以神似取胜的水墨绘画，神秘精美的石窟雕塑，气势宏伟的秦陵兵马俑，巧夺天工的宫殿、园林，等等。这些都是中华民族宝贵的历史文化遗产和对人类文明发展作出的贡献。

中华古代文明是古代中国人勤劳、智慧创造的结晶，也是中国各民族各地区文明交融、汇合的产物，又是中外文化交流、融合的结果。中华文明曾传播、辐射、影响到东北亚、东南亚地区及世界其他国家，也曾不断地从世界各国文明中吸取营养来丰富和发展自己。在古代中国的历史上，出现过汉代张骞、班超出使西域，唐代玄奘西行印度取经、鉴真东渡日本传经，明代郑和下西洋等许多伟大壮举和动人佳话。

中国传统文化源远流长、博大精深。在它的长期发展与演进过程中，由于历代人民群众社会实践的推动和思想家们的概括提炼，逐渐发展成为一种高水平的文化形态，它既具有文明与文化的一般共性，更具有鲜明的中国特质。在世界文化之林中，中国传统文化具有独特的优势和强处。这些优势和强处主要表现为以下三个方面：

一是它具有顽强的生命力和深远的凝聚功能。就全世界范围而言，虽然中国古代文化是世界上最古老的文化之一，却不是起源最早的。但在世界所有古老的文化中，唯有中华文化生生不息、绵延不绝，表现出无与伦比的生命延续力。中国传统文化之所以具有如此顽强的生命力，其成因是多方面的。从外部原因说，这是由于与外界相对隔绝的大陆性地域、自给自足的农业经济格局、宗法社会组织结构的相互影响和制约，使中国传统文化形成了一个稳定的生存系统。但主要的原因则是源于内部，即中国传统文化本身所蕴含的多样性的生机力、统一性的同化力、包容性的融合力、伦理性的亲和力、变易性的创造力和民族历史意识的延续力等，构成了中华文化强大的生命力之源。

中华文化在这强大生命力的延续中，又表现出极强的同化力和凝聚功能。中国传统文化具有强烈的认同感和感召力，它代代承传，无时无刻不在制约和影响着炎黄子孙，在广袤的土地上展示了精神文化的共同性，展示了中华民族的文化凝聚力。强大的中华民族凝聚力，既是一种炽热的强烈的民族情感，又是一种自觉意识和冷静的理性思考。它使本民族的每个成员对自己民族、国家的生存和发展，对其前途和历史命运有深刻的认识和崇高的责任感，这激励着人们为民族和国家的强盛努力奋斗、无私奉献。

二是它具有强大的整合功能和鲜明的主体性。中国文化在其发展的历史进程中较早地形成了自己独特的体系，然而它独特却不封闭，相反还具有很强的包容性和融会贯通性，它是一种“多样一体”的文化，既包括中国境内各民族的文化，又借鉴吸收了多种外来文化，同异质文化进行着长期的碰撞激荡、选择融合，在“和而不同”中一步步向前发展。在吸收各种外来文化时，中国传统文化主体具有自觉的主动意识，不是被动地接受，而是主动地影响、改造对象。从历史上看，每当一种外来文化进入中国，大都逐步走向中国化而成为中国文化的一部分。例如，佛教文化传入中国并在隋唐时期达到了鼎盛，经过几百年的改造与吸收，形成了中国化的佛教。中国传统文化完全消化了外来的印度佛教文化，并吸取其思维方法而形成了崭新的学说——宋明理学。对印度佛教如此成功的吸纳，显示了中国传统文化的充分开放性、高度坚韧性和善于消化的能力，表现了中华民族强大而鲜明的主体意识，即以我为主、兼收并蓄，实现了成功的中外文化交流。

三是它具有持久的精神激励性以及动态的延续和创新功能。千百年来，人们受中国传统文化思想观念的潜移默化，思想和行为被业已积淀形成的国民普遍心理因素规范和支配着。这种肇始于过去、融透于现在、直达未来的意识趋势的存在，激发了人民为实现祖国统一、民族昌盛和国家富强而顽强奋斗的，能动地激发着民族自尊心、自信心和自豪感。也正是传统文化中优秀的思想精神，持久地激发着我们民族的活力，形成了可贵的创造力和凝聚力。世界上的文化有很多种，但中国传统文化具有不可比拟的连续性，这一连续性体现在不断创新的变化过程中。中国传统文化富有宇宙创化流衍的信念，实际上就是对人的创造能力的肯定。在创造不息的宇宙精神的感召下，人类能够日新其德、日新其业，创造出富有日新之盛德大业。中国传统文化之所以能高峰迭起、绵延不绝，正是其内蕴着的变革性所产生出的无穷创造力发生作用的结果。

灿烂的思想文化

中国文化博大精深，它弘浩博大，流丽万有；它克明峻德，修道以仁；它克己修身，励志图强；它劝学师圣，慎思明辨；它品德藻神，安本守诚；它阴阳相济，追求神人以和。中华文化之所以能够光辉灿烂，延绵不绝，必有其精神支柱。中国历次盛世辉煌都是在充分融合了各种思想精华的基础上开创的。

中国文化大体来看由三个方面组成，包括思想文化、艺术文化与实用文化。思想文化主要指儒释道三方面。儒家文化尊崇孔子与孟子为代表人物；道家文化以老子和庄子为代表人物；而佛家文化主要是指具有中国特色的禅宗。

思想文化是中国文化最重要的内容表现，它代表中国文化的幽眇境界，代表中国文化的自由精神，因此被看做是中国文化的精神命脉。西方人通常是在人与人、人与自然、人与社会三方面的冲突中建构自己的形象以及本质，中国人却恰恰相反,从把握自己的本真精神,到获得自己的本质特征,这一切都是在人与人、人与自然、人与社会的和谐中实现。可以说,儒家文化、佛家文化、道家文化分别从三个维度形成了中国思想文化:“和谐之境”“慈悲之境”“妙道境界”。和谐、慈悲、妙道分别为儒家文化、佛家文化、道家文化的最高境界。

儒家强调“和”,即和谐、中和,是指中国人意识中的一种人与社会的和谐关系,消除心物对立,讲求心物合一,从而使人与人、人与社会、人与自然、宇宙与生命具有一种和谐之美。由此说来,过犹不及、不偏不倚、仁爱中庸的人格修养即为“中和”,中国文化正是张扬此种精神,使人有行动但不放纵、有正直但不傲慢、有欢乐但不迷狂、有平静但不呆板,最终达到一种均衡稳定、平静和谐、典正优雅之美。

佛家强调“慈悲”,即生命的圆满与慈悲。佛家认为,生命本体与宇宙本体本是圆融一体,在日常生活中贯穿自己对生命的领悟,在待人接物中体现自己的宽博慈悲,才能把握生命本心,直观生命内在,真正具有深切的生命体验,使生命充实、深刻、有意义。

道家之“妙”,是一种化境,一种生命空灵之道,是一种以生命为美为善的精神升华。妙与精神之“虚实”有关,重视物质、把握现实,又超越物质、超越现实,与事物本身的独特性和普遍性相关,由此可以虚实相生,虚实相合,以致玄妙。妙与生命之悟性有关,只有对生命世界达到瞬间感悟,才能获得真正的智慧,才能是人生产生高远的意义,才能超越空间的无限有限,对瞬间永恒加以把握。

儒家文化在中国传统文化中无疑占据着核心地位,它是中国历史文化的重要支柱与基础,对于中华民族的凝聚、团结和进步,对于中国的统一、稳定和发展,发挥了重大作用。同时,儒家文化也是整个人类精神文明的重要组成部分,对于东方文明和世界文明的发展与进步,产生了深远影响,其包含的人生和社会常道,具有超越时空的普遍价值。

中国文化的基本精神来自儒家哲学,来自儒家所提倡的积极有为、奋发向上、宽厚重德的思想态度。儒家推崇“天人合一”的境界,讲究“以德配天”。《易经·象传》中说“天行健,君子以自强不息”,以天体运行无休无止、永远向上的规律,要求人们积极有为,勇于进取。此后,刚健有为、自强不息、修身齐家治国平天下的精神,便一直作为中国传统文化的主导精神激励着中华民族。

以德修身,以识养身,是中华文化特别是儒家文化数千年来一以贯之的内核。士先器识而后文艺,孔子的谆谆教导是历代中国人引以自勉奋进的精神支柱。“富贵不能淫，贫贱不能移，威武不能屈”，“士不可以不弘毅，任重而道远”，这是辉煌灿烂的传统文化的一个注释，它是源远流长的中国梦的一抹基色。

刚健有为、自强不息，是中国人积极人生态度的最集中的理论概括和价值提炼，是中国思想文化的主导精神。这种精神彰显的是中华民族一以贯之的家国情怀和文化胸怀，凝聚、增强了中华民族的向心力，培育了中华民族自立自强、反抗压迫的精神和不断学习、不断前进的精神，不仅在我们民族兴旺发达的时期起着重大作用，更重要的是在民族危难之际，也总是能激励人们起来进行反侵略反压迫的斗争。

思想文化是一个民族的灵魂，如果没有自己的思想文化，这个民族就难以在世界上生存，就谈不上实现伟大的梦想。对中国来说，中国灿烂的思想文化就是中华民族的灵魂，是中国人民创造性的实践和理论的结晶。

强大的民族精神

民族文化最本质、最集中的体现就是民族精神。中华民族的精神是指中华民族传统文化中独有的、延续不断的重要伦理概念、道德理论、思想观念和文化理念，它在中国乃至整个人类文明发展史上一直占据着重要地位。

中华民族在长期的历史发展中形成的伟大民族精神，宛如一条长河，从远古时期的发源，到古代社会的发展，再到近代社会的浴火重生，不断丰富和升华，始终滋养着生长在华夏大地上的人们。各族人民在长期的互相交往和互相学习中，彼此借鉴，取长补短，最终

> 民族精神是民族文化的内核或灵魂。民族精神寄存于民族文化之中，民族文化是民族精神赖以存在的深厚土壤和现实基础，民族精神则是民族文化之精华和要义的凝聚。
>
> 民族精神是民族的基本素质和共同品格。民族精神不是外在于民族民众的，而是内化于民众的心理意识之中，凝固为民众的基本素质和共同品格。
>
> 民族精神是民族的精神支柱，是民族的向心力凝聚力之源。民族精神是民族自豪感和民族自信心。
>
> 民族精神是指一个民族所应具有的积极有为的人生态度，富于生机的创造能力，为民族而骄傲的心理状态和对民族前途充满自信心的乐观主义精神。

形成了“以爱国主义为核心的团结统一、爱好和平、勤劳勇敢、自强不息、爱国爱民、天下为公、奋发进取的民族精神”，具体包含以下几个方面的内容：

第一，忠心报国、成仁取义的献身精神。纵观历史，在国难当头之时苏武饮雪吞毡、岳飞精忠报国、文天祥气贯长虹、戚继光英勇抗倭、陈天华钟鸣狮吼，他们无一不是为国御侮、抗争不屈，展现出了中华民族不畏强暴的浩然正气，令敌人丧胆，被后人永世传颂。从为道德理想而献身到为正义事业、为民族利益和反帝救国而捐躯，中国民族无数仁人志士、英雄豪杰大义凛然、视死如归，表现出崇高的民族气节，将“忠心报国，成仁取义”的献身精神提升到了最高境界。

第二，爱国爱民、天下为公的奉献精神。由于家庭本位的社会结构和礼教文化的传统，中华民族形成了一种群体主义的精神，在此基础上又形成了天下为公、克己奉公的美德。正所谓大道之行天下为公，这种“公”的精神就体现在对社会、对民族的责任感和使命感中。与西方崇尚个人主义不同，自古以来中华民族的崇高理想和追求就是“天下为公”。诸如“天下兴亡，匹夫有责”“先天下之忧而忧，后天下之乐而乐”“鞠躬尽瘁、死而后已”等等，这些都是我们民族精神的精髓，展现出了中华民族博大的胸怀和崇高的志向，是我们的骄傲和自豪。“惩恶扬善，见义勇为的斗争精神”也和这种精神密切相关。纵观历史长河，涌现出无数以天下为己任、为国为民无私奉献的人，一方面，他们善良、正直、助人为乐，能够做到“将心比心”“己所不欲勿施于人”，另一方面，他们鄙弃那些坑国害民、损公肥私、见利忘义的小人，反对极端个人主义，主张惩治贪官污吏，抗击邪恶势力。中国人民善良但不软弱，他们从来不惧怕恶势力，为了维护真理和正义，为了坚持道德和理想，他们勇于牺牲，令国际国内的邪恶势力望而生畏。这就是中华民族的精神情操和浩然正气。

第三，勤劳节俭、艰苦奋斗的创业精神。所谓“俭，德之共也；侈，恶之大也”，勤劳节俭是中华民族最突出的传统美德，光辉灿烂的华夏文明正是中华民族用勤劳的双手打造的。在中国历史上，因个人精神和美德被盛誉赞扬的政治家、思想家和英杰人物数不胜数，他们都倡导勤劳节俭并且能够身体力行。诸葛亮把“静以修身，俭以养德”作为修身之道；朱子将“一粥一饭，当思来之不易；半丝半缕，恒念物力维艰”当作齐家的训言；毛泽东以“厉行节约，勤俭建国”为治国的经验。中国共产党人继承和发扬了中华民族艰苦奋斗的创业精神，他们坚持永不脱离人民群众，勇敢排除千难万险，才最终夺取了中国革命的伟大胜利。毛泽东同志曾反复告诫全党要继续保持艰苦奋斗的作风，教育青年和全体人民勤俭建国、团结奋斗，用自己的双手创造出一个富强的国家。

第四,知难而进、自强不息的进取精神。一个民族最宝贵的精神是民族自尊心、自信心和自豪感,“自强不息”是中华民族的人生信条,凭借知难而进、不屈服于外来压力的民族尊严,中华民族傲然屹立在世界民族之林。“自强不息、奋发进取”是中华民族生存发展的精神支柱,表现了中华民族的崇高气节。这不仅使中华民族长期处于世界领先地位,创造了灿烂的古代文明,而且使中华民族历尽艰难而不衰亡,形成强大的凝聚力和战斗力。正所谓“世上无难事,只要肯攀登”“三军可夺帅,匹夫不可夺志也”,中华民族很好地回答了如何应对艰难险阻,表现出强烈的民族自尊心和自信心。

第五,立志勤学、恪尽职守的敬业精神。俯瞰历史,炎黄子孙立志勤学的事迹和言论俯拾即是。从古时的韦编三绝、墨池洗笔、划粥割齑、悬梁刺股、囊萤映雪、负薪挂角到如今的为中华崛起而读书、为共和国的繁荣昌盛而勤学、为中华民族的伟大复兴而治学等,这种精神感人至深。历史上涌现出很多守职尽责、鞠躬尽瘁做好本职工作的人,他们坚持立志勤学,恪尽职守,在平凡工作中创造出了不平凡的成绩,为国家和社会做出了贡献,他们身上体现出的民族责任感和民族精神,值得我们每一个人学习、继承和发扬。毋庸置疑,一个人在成长和成才的过程中必须培养立志勤学、恪尽职守的精神品质,唯有如此,个人事业的成功、社会的和谐进步、国家的繁荣昌盛才有保证。

第六,团结友爱、同心同德的整体精神。中华民族向来重视整体的利益,鄙弃极端个人主义,它不同于西方伦理道德的重要特点和优点就是整体精神,即要求一切从国家的、整体的利益出发,做到“见利思义”“先义后利”,反对“见利忘义”。在政治上,整体精神表现为维护国家的统一;在文化上,整体精神表现为“和而不同”,兼收并蓄;在伦理价值上,整体精神表现为以顾全大局为价值取向,在关键时刻能够牺牲个人利益保护整体利益;在协调人际关系方面,整体精神表现为“仁者爱人”“礼之用和为贵”的“人和”思想,这对促进国家统一和各族人民团结具有重要的意义。

第七,谦虚谨慎、严己宽人的自律精神。古人云“吾日三省吾身”“慎独”“以人为镜”“见贤思齐,见不贤而内自省也”“躬自厚而薄责与人”“安伦尽份”“反躬自省”等等,这些传统思想构成了一套具有中国特色的道德修养方法,概括起来分为克己内省、慎独自讼、立志有恒、集义养气、改过迁善、身体力行等,这铸造了中华民族兼容并包的品格和宽容自省的精神，推动了中华文明源远流长。

第八，尊师重道、尊重人才的尚贤精神。尊师重道、尊重人才、求贤若渴是中华民族的传统美德，也是中华民族兴旺发达的根本原因之一。《学记》中有言："凡学之道严师为难。师严而后道尊，道尊然后民知敬学。民知敬学方能敬道。"自古就有张良虔诚拜师、徐光启与《几何原本》等，至圣先师孔子更是重道、重教、重师、重才的万世楷模，在这些言论和故事中包括求知之道、做人之道、开智之道、创新之道、强身之道等等。因此，尊师重道、尊重人才无疑是中华民族的优良传统。

中华民族精神深深根植于中华优秀传统文化之中，是中国各族人民共同生活的精神纽带，是推动中华民族走向繁荣强大的精神动力。它集中展现了中国各民族的整体状态，凝聚了中国各族人民共同的价值追求，是中华民族的灿烂精神火炬，是中国自立于世界民族之林的精神基石。在我们的民族精神朝着现代化方向的前进过程中，它必将展现出更恢宏的气魄、更博大的胸怀。

"和合"的民族品格

中国文化的首要价值是"和合"，它体现了中国文化生命的最完善形式，也是中国文化的精髓。"和合"之境是中华民族千百年来追求的理想境界。中华民族讲求"和合"，兼容的文化传统，铸就中国人理性宽容、和谐共存的精神品格。

"和""合"二字均见于甲骨文和金文。和合文化中的"和"，指和谐、和平、祥和；"合"，指结合、融合、合作。所谓和合，是指自然、社会、人我、心灵、文明中诸多元素、要素的相互冲突、融合，与在冲突、融合过程中各元素、要素的优质成分和合为新结构方式、新事物、新生命的总和。宇宙间一切现象都蕴含着和合，一切思维都浸润着和合。在和合的视野中，自然、社会、人我、心灵、文明都是和合，乃至存有的追根究底，也是和合。

"和合"的精神品格

"和合"的精神品格是中国传统思想文化中最富生命力的文化内核和因子。主要体现在三个层面：一是指人与自然的和谐，即"天人和合"；二是指人与人、人与社会的和谐,即“社会和合”;三指人身心的自我和谐,即“自我和合”。

就人和自然而言,“天人和合”旨在承认人与自然的统一性,反对将它们割裂开来。自然是一个和谐整体。孔子说:“天何言哉,四时行焉,百物生焉,天何言哉!”天地的运行是自然而然,道家创始人老子提出“万物负阴而抱阳,冲气以为和”的思想,认为道蕴含着阴阳两个相反方面,万物都包含着阴阳,阴阳互相作用构成和,和是宇宙万物的本质以及天地万物生存的基础。荀子则提出“天地合而万物生,阴阳接而变化起”的观点,把自然界的生成发展变化看作是天地阴阳和合的结果。

“天人合和”强调自然规律与道德法则的内在统一,强调人与自然的和谐统一。提出“齐万物”,人与自然的平等观,形成一种古代生态文明观。其中,自然规律与人类的道德法则具有内在统一性,遵循自然规律的根本要求,是确立道德法则,评价人的行为的是非、善恶的基础。儒家的“与天地合其德”,道家的“道法自然”,墨家的“以天为法”,都是强调“天道”与“人道”合一。

“天人合和”的思想主张“仁者以天地万物为一体”,即尊重生命价值,兼爱宇宙万物。张载把兼爱万物、“民胞物与”作为人类普遍的道德原则。程颢倡导“仁者以天地万物为一体”“物我兼照”“衣养万物”的超我的仁爱观念,是人类生态伦理思想的重要先声,它所高扬的正是“敬畏生命”的伦理精神。

中国传统的“天人合和”思想,是一种追求人类“和自然共存”的生存大智慧。尽管带有某种朴素的直观、顿悟的性质,但毋庸置疑地具有“奇迹般深刻”,是人与自然和谐的重要思想来源。

“社会和合”的思想主张人际关系和谐,人与社会关系的和谐。中国传统文化以人为本位,以和为最高价值,以中为最高的理想追求。在人与人的关系上,主张“以和为贵”,宽和处事,从而创造人际和谐的社会环境。儒家在这方面是极力的倡导者。在传统的和谐思想中,强调每个社会成员要各安其位。孔子说“君子和而不同,小人同而不和”“君子矜而不争,群而不党”,孟子认为“天时不如地利,地利不如人和”,同时还提出“老吾老以及人之老,幼吾幼以及人之幼”,这些都说明了人际和谐的重要性。

同时,以孔子和孟子为代表的儒家思想家们还提出了仁、义、礼、孝、忠等一系列旨在实现“人和”、实现社会和谐的道德准则,提出了建设大同社会的远景理想。在《道德经》中,老子不仅给人们描绘了一个人与人之间“无欲”“无为”“无争”,彼此和谐,宽大为怀,人人“甘其食,美其衣,安其居,乐其俗”的理想社会,而且提出了

"天之道，损有余而力不足。人之道，损不足以丰有余。孰能以有余以奉天下，唯有道者"的观点。老子提出的这些主张，无非是要求人们效法天道，"有余以奉天下"，从而实现社会的相对均衡，人与人之间的和谐相处。所有这些都是对大同社会的经典描述，十分形象地刻画了一个天下和谐、公有、和睦、理想的社会，这种理想的和谐社会是古人一直追求的目标。

"自我和合"在心与身的关系上主张人之身心和谐，保持平和、恬淡的心态，正确处理与欲的关系。也就是说，人们在追求情欲上，在喜怒哀乐上，在追求物质利益上，要掌握中和的原则，要保持平衡谦和的心态。不能贪得无厌，不能把物质追求当作人生的全部追求，更不能见利忘义。这种把生命价值的关怀与道德价值的弘扬有机地结合起来的人生观是值得肯定的一种人生观。老子说："祸莫大于不知足，咎莫大于欲得。"老子认为，过分追逐名利，势必招来灾祸和不幸。他主张人之形体与精神合一。孔子说："富与贵，是人之所欲也。""富而可求，虽执鞭之士，吾亦为之。"但他又强调"欲而不贪"，反对放纵贪欲。在庄子看来，人生的第一要求就是自由。要实现社会中的仁义道德、世俗价值、功名利禄、政教礼法等都是来束缚人、奴役人的。庄子为达到"至人无己，神人无功，圣人无名"的自由境界，明确提出"坐忘""守道""心斋"等修道方法，进而达到人与自身的相协调，使人真正自由、

和亲在中国古代对外交往中是一种经常发生的现象。据《史书》记载，早在周襄王时期，襄王欲伐，故娶狄女为王后，与戎狄郑兵共伐郑。这是历史上较早出现的和亲事件，此后汉、唐、明、清和亲之举不绝于书，尤以汉、唐为著。尽管和亲有的出于被迫，有的出于自愿，但和亲作为一种处理民族关系、缓和国家冲突的重要手段和策略，往往被统治者不断使用。如汉文帝执行和亲政策，将王昭君嫁给呼韩邪单于，称"宁胡阏氏"，不但结束了匈奴多年的分裂和战乱，而且为中原王朝的大一统奠定了基础，昭君出塞的故事也传为佳话。此外，通过和亲加强了和亲双方的交流，使当时相对落后的少数民族必然产生对中原先进制度的向往，促使一些少数民效仿中原的制度。和亲政策其结果在一定程度上有利于人际关系的和谐与社会的稳定，客观上有利于民族间的经济、文化交流及先进技术的传播，有利于民族间的融合，推动着社会不断向前发展。

和谐,成为有自己意志的人。保持人们身心的和谐,这就要求人们在追求欲望以及利益的时候,要坚持中和的原则,永远保持平衡谦和的状态,实现身心的平和。

“和合”的精神品格,是中华文化的重要文化资源和文化宝库。以和谐为核心内容的“和合”思想文化,贯通社会伦理道德、文化心理结构、价值观念、行为方式、思维方式、审美情感等各个方面。从这个方面上说,“和合”思想在人类历史发展中具有重要价值,可形成一种有利于社会全面、协调、可持续发展的文化力,从而为和谐社会、大同世界的构建所涵纳。

悠久的友谊之路

古老的中华民族历来是一个崇尚和平的民族,在其文化性格中,追求和平是最基本的价值取向。自古及今,中国人民都把寻求和平作为一种崇高的社会理想。“孔子的仁爱儒学,墨子的‘非攻’政治思想,孟子的王道思想(非霸权主义思想),孙子的‘不战’战略学,仁爱、忠孝、信义、和平的中华道德和中庸哲学构成中国传统意识形态的主流体系,这个意识形态体系就是古代中国外交政策的灵魂,规定了中国传统外交政策的方向和性质”。[①]

“和合”思想是中国传统文化之精髓和首要价值,是中华民族自我发展和追求和谐生活的精神支柱,“和合”思想是中国古代外交思想的基本理念。“协和万邦”“止戈息武”“亲仁善邻”“以德服人”“兼爱非攻”“以和为贵”等价值理念,是中国传统思想文化中被普遍接受和认同的人文精神,它纵贯中国思想文化发展的全过程,积淀于各个时代、各家各派的思想文化之中,成为中国发展对外关系的重要文化准则。

以“和平”“合作”“信义”为核心的“和合”思想历来是中华民族处理国家间关系时坚持的指导思想,它主张国家间平等相待、互相谦让。在《周礼·山师》中记载有“大国比小国”,至圣先师老子在谈到国家间关系时说“大邦以下小邦,则取小邦;小邦以下大邦,则取大邦”,也就是说,只有大国对小国谦让,才能取得小国的尊重,而小国只有对大国谦下,才能取得大国的容让。战争的暴烈性和破坏性给人民带来了深重的灾难,自古以来大家就痛恨战争,所以各国在处理国家间的矛盾和冲突时,往往显得非常慎重,主张协调合作、避战慎战,强调战争只能是不得已而为之。正如《孙子兵法》中所说的那样:“兵者,国之大事,死生之地,存亡之道,不可不察。”

---

① 陈洁华:《21世纪中国外交战略》,时事出版社2000年版,第64页。

中华民族的祖先一直追求“为天地立心，为生民立命，为往圣继绝学，为万世开太平”的人生理想，其中的“为万世开太平”是中国古代对外交往的一大目标，因此，在国家交往时，主张“近悦远来”“共享太平”。总而言之，中华民族要实现自我发展、追求和谐的生活，必须坚持“和合”思想，以此为出发点的外交理念是弘扬民族精神、顺应时代发展的必然选择。

“和合”思想对中国历代对外交往方式都产生了重要影响。中华文化对其他文化并没有去排斥，而是一直保持一种开放和包容的心态。中国绝大多数王朝在建立之后，都注意止戈息武，强调“协和万邦”，实现“万国咸宁”“天下太平”。特别是鼎盛时期的唐代“贞观之治”、清代“康乾盛世”，中央政府也多实行睦邻友好的政策，而不是向外侵略扩张，谋求霸权。中华文化的发展是不断吸收外来文化以丰富自己的过程，并最终实现与众多外来文化和睦共处、和谐发展。

要达到其乐融融、和谐美好的“大同世界”，必须发扬中华民族“和合”的思想文化传统。追溯历史，中国古代对外交往坚持以“崇和尚合”为基本理念，本着“怀柔远人，和协万邦，厚往薄来，共享天下太平”的宗旨，主张“王道”，会盟制度、和亲政策、朝贡体制等是古代对外交往的主要形式，体现了我国的“和合”思想。像汉、唐等朝代堪称古代史上的“超级大国”，它们之所以强大不是因为搞霸权，恰恰相反，正是因为在处理国家之间关系时坚持“和睦相处”“协合万邦”的精神，致力于和谐国家关系的构建，积极开辟对外交往的友好之路，最终实现了四方来朝、和谐统一，对中华文明的传播和世界文明的进步作出了不可低估的贡献。

伟大的事业源于伟大的梦想

党的十八大提出："到中国共产党成立100周年时全面建成小康社会，国内生产总值和城乡居民收入较2010年翻一番；到新中国成立100周年时，建成富强民主文明和谐的社会主义现代化国家。"这描绘了一幅中国特色社会主义美好未来的画卷，标注出了时间表与路线图。中国梦是中华儿女的共同期盼，体现了中华民族和中国人民的整体利益，这要求我们用勤劳和智慧托起中国梦。

> 我们的祖国，几多辉煌，几多没落，有过一统世界的灿烂年代，也有过被列强铁骑践踏的屈辱历史；有过世界领土第一大国的豪迈，也有过几百万平方公里领土瞬间泯灭的哀伤；有过统领世界的英豪，也有师夷长技的无奈。不过，一切都已经录入了历史。无论是光辉史还是堕落史，一切，都已经成了过去时。虽然我们无法遗忘历史的点点滴滴，但是，或许放眼未来才是更为重要的本真，因为，我有一个中国梦。

百年来的苦难与抗争孕育了中国梦，170多年来，中华民族经历了列强的欺负凌辱、新中国成立初期的一穷二白以及奋斗征程中的各种挫折坎坷，但是这些苦难没有使中国梦破灭，它蕴藏着中华民族深厚的"家国天下"的情怀，凝聚着千百万仁人志士的探索奋斗，更包含着中国走向未来的道路自信、理论自信和制度自信。正所谓国家好，民族好，大家才会好。中国共产党深刻认识到亿万人民的迫切愿望，准确把握历史规律，坚持开拓创新、永不停滞，成功探索出了一条中国特色的社会主义道路。也正是沿着这条中国道路，中华民族从贫困落后走向了文明开放，中国从积贫积弱走向了繁荣富强，中国人民从温饱不济走向了全面小康。历史实践告诉我们，要实现中华民族的伟大复兴，需要一代代中国人的共同努力，只有每个人都把个人的前途命运自觉地与国家和民族的命运联系在一起，中国梦才能实现。

> 没有一个时代没有它的梦，没有一个民族没有它的梦，没有一个人没有自己的梦。只有梦碎之后，不敢再做梦的人。

“雄关漫道真如铁”

近代以后，中华民族遭受的苦难之重、付出的牺牲之大，在世界历史上都是罕见的。正是因为中国人民的心中都始终怀揣着梦想，追逐着梦想，并为之不惜流血牺牲、开拓奋进，中华民族才从深重的苦难中走了出来，构筑了一个又一个彪炳史册的进步里程碑，迎来民族复兴的光明前景。这一梦想体现了中华民族的整体利益，凝聚了几代中国人的夙愿，成为海内外中华儿女的最大共识，成为激励全体人民团结奋进的精神旗帜和高昂旋律。

半殖民地半封建社会的中国梦

回溯中国人民近现代以来的救亡图存、追求民族振兴的抗争历史和奋斗历史，有助于我们了解中国梦的历史渊源。鸦片战争以后，中国沦为半殖民地半封建社会，祖国山河破碎、战乱不已，而封建统治日益腐败和无能，面临列强的步步紧逼，中国人民的生活苦不堪言。民族危机空前严重，救亡图存迫在眉睫，受苦受难的中国人民要争取民族独立、实现国家富强、寻求自身解放、追逐幸福生活，必须进行千辛万苦的探索和不屈不挠的斗争。为了完成这一历史任务，实现中华民族的梦想，中国人民和无数仁人志士前赴后继，不怕牺牲，不怕失败，开展了太平天国运动、戊戌变法、义和团运动等。

鸦片战争的失败是中国历史发展的一个转折点，它使一个泱泱大国暴露了其夜郎自大、闭关自守的腐朽、落后的一面，从而打破了其自欺欺人的美好幻想。猛醒的中国人不得不开始思考“中国向何处去”等关系着亿万人民前途命运的重大问题。此时，清朝封建统治摇摇欲坠，封建统治集团内部的洋务派提出的所谓救亡图存方案，都旨在维护和巩固清朝封建地主阶级统治，例如曾国藩、李鸿章、左宗棠和张之洞等人，他们希望通过学习西方的先进科学技术，实现打败西方侵略者和维护封建统治的目的，他们提出“自强”“求富”的口号，大力兴办近代军事工业，开办企业，建立新式武器装备的陆海军等，但都以失败告终。

中国的农民阶级也积极探索和回答“中国向何处去”以及如何实现美好社会梦想的问题，为此，他们开展了太平天国运动和义和团运动。太平天国运动最初提出建立一个千年太平天国的美好社会，在其制定和颁布的《天朝田亩制度》中提出“凡天下田，天下人同耕”，旨在建立一个“有田同耕，有饭同食，有衣同穿，有钱同使，无处不均匀，无人不饱暖”的理想社会。在《资政新篇》这一带有资本主义色彩的社会改革方案中，它又提出向西方学习，进行经济、政治和文化改革。这“震动了当时的中国和世界”，粉碎了帝国主义瓜分中国的迷梦，但是在中外反动势力的联合绞杀下，太平天国运动和义和团运动最终还是失败了。在一定程度上，它们展现出了中国人民追求自身美好生活的愿望，“表现了中国人民不甘屈服于帝国主义及其走狗的顽强的反抗精神”。

资产阶级维新派也对“中国向何处去”这一问题作了积极的探索和回答，以康有为、梁启超为代表的维新派开展了戊戌维新变法运动。他们希望通过学习西方的文化、科学技术，建立起君主立宪制政体，通过发展资本主义实现国家富强，以慈禧太后为首的顽固派坚决反对他们的主张，戊戌变法最终失败。变法失败证明企图通过自上而下的改良不可能达到救亡图存的目的，这启示我们要引导人们为未来而奋斗必须有一个科学的未来。

孙中山等革命派也积极探索和回答“中国向何处去”这一问题，他们致力于对未来中国的设计，放弃改良的幻想，广泛联合革命力量，发动多次武装起义，领导中国人民通过辛亥革命推翻了清王朝统治，结束了统治中国几千年的君主专制制度，这对推动中国社会进步具有重大意义。但由于资产阶级的软弱性，辛亥革命的成果最终被袁世凯篡夺，后来又被北洋军阀取而代之，各个封建军阀之间连年混战，贻害国家危害人民。辛亥革命也没能改变中国半殖民地半封建的社会性质和中国人民的悲惨命运，这表明建立资产阶级共和国的方案在中国是行不通的。

对近代中国追寻中国梦的反思与追问

第一，历史如何守望。鸦片战争前，中国是清王朝统治下的一个独立的、统一的中央集权的封建国家。在中国封建社会中，以儒家文化为基础的封建思想在中国延续了几千年，由于长期的停滞和故步自封而渐渐失去了生命力。三纲五常、君臣父子、上下尊卑、夷夏之防以及经济上的重农抑商等观念相互交织，日益成了束缚中国进一步发展的强大枷锁，导致一些新的思想与理论无法在中国传播，从而阻碍了中国接受先进的制度与思想。

中国已经走过了封建社会发展的顶峰，在明清以后渐渐没落，而此时，西方可谓百家争鸣。明清两朝实行的闭关锁国的禁海政策，对中华民族的打击无疑是致命的。中国的统治阶层故步自封，仍然沉浸在“天朝上国”的美梦中，陶醉在“康乾盛世”虚幻的泡沫下，直到被人用坚船利炮打开了大门，还不知英吉利国在哪里。

中国的知识分子向来以实现民族振兴为己任，而近代中国落后的社会制度压制了中国人的创新思维。当工业革命在西方发端，快速兴起的资本主义工商业推动科技不断创新，激活人们不断创造的思维时，在世界另一端的中国却仍然停留在更加完善的封建主义社会，清朝的中国人以一种“傲视蛮夷，泱泱大国舍我其谁”的态度与西方进行交往，安于一种“无知的自满状态”。

第二，为什么梦想总是失败。在志士仁人那里，实现民族的振兴，摆脱被动挨打的状态，是他们的崇高理想。各种各样的道路都试验过了，也都失败了。无情的现实教育了人们，必须学会反思，必须走一条符合中国国情的独立自强的民族复兴之路。为什么梦想总是失败？这是古老中国的百年追问。

1840年鸦片战争后，由于帝国主义列强的入侵和末世封建王朝的腐败，有着五千年文明史的中华民族到了最危险的时刻。神州陆沉，山河破碎，人民生活于水深火热之中。然而，在沉沉的暗夜里、在厚厚的冻土下，一粒梦的种子也在深深地植根、悄悄地萌发，这就是民族复兴之梦。

中国是中国人的家园，但国家不强大、民族不兴盛，中国人民即使在自己的国土上也是二等公民。1868年，上海外滩的英租界建立了第一座公园，可公园门口却竖立起“华人与狗不得入内”的牌子。不管后来有些人怎么有意淡化甚至否定那块牌子的存在，但中国人曾经不能在自己的国土上自由出入却是抹杀不了的事实。在日本侵华战争中，中国人更是连基本的生命安全都无法保障，仅仅8年间就伤亡3500万人之多。所有这些不能忘却的记忆背后,是国家的软弱、民族的衰落。皮之不存,毛将焉附?当国家和民族被随意欺侮的时候,作为个体的中国人又能有什么梦想?而那些追寻的梦想为什么都遭到了失败呢?

一是不论是资产阶级改良派还是革命派,他们所追求的,都是保护资产者利益的政治制度,不是实现最广大人民群众利益的制度。二是资产者讲的政治制度梦想是以多党制为基础的,是不同的资本利益集团合法实现自己利益的政治表达,是对广大人民群众的劳动进行合法分利剥削的政治基础。三是缺乏先进政党的领导,没有代表广大人民群众的政党。

历史给人的深刻启示

第一,沉重的苦难酝酿伟大的梦想,中国梦有深刻的历史渊源。上下五千年,巍然屹立东方,中华民族就是这样一个伟大的、厚重的民族。它凭借自己的勤劳、勇敢和智慧,在历史上创造了领先世界的古代文明,在人类文明史上描绘了浓厚的一笔。历史跌宕起伏,曾几何时,中国落伍了,在近代跌入了谷底。1840年鸦片战争开启了中华民族沉痛的灾难史,西方列强纷至沓来,犹如饿狼一般穷凶极恶地蚕食鲸吞中华大地,对华发动了一次次侵略战争,腐朽无能的中国封建统治者一次次妥协就范,中国一步步堕入半殖民地半封建社会的深渊。那时候,中国人被称为"东亚病夫",外国传教士欺男霸女、鱼肉乡里,外国租界享有治外法权,外国军队火烧圆明园、洗劫中国文化珍宝;那时候,几乎所有的资本主义、帝国主义强国都参与了对中国的侵略和掠夺,一次次战争赔款等于用本国的真金白银为侵略本国的国家支付战争费用,一个个丧权辱国的不平等条约把国土分割出去……也正是从那时起,"救亡图存、振兴中华"成为中国无数仁人志士追逐的梦想,为此他们进行了千辛万苦的探索和不屈不挠的抗争,但却一次次地失败了。直到中国共产党诞生,中华民族的逐梦之路才终于发生了根本转折。历史表明,中国梦是一个拥有悠久文化的大国自近代一百多年来历经外敌入侵与种种苦难而形成的伟大梦想,是不满现状的中国人顽强不屈、坚持探索形成的发展道路。中国梦从来不是空穴来风,也从来不是异想天开,它承载的是沉重而艰难的记忆,它代表的是要发愤图强使中国发生翻天覆地变化的现代化梦想,它记录的是近代以来无数仁人志士用鲜血和生命换来的历史经验。实践表明,只有一个现代化的强大中国才能反抗和摆脱西方的霸权和强权,这就不难理解一个曾经落后挨打、任人欺凌的半殖民地半封建国家图自强、谋发展的热切愿望，不难理解中国共产党人重温革命理想、呼唤新时代的崇高信念和理想境界，以及勇于承担、不谋私利、富于牺牲精神的历史使命感和民族责任感，所以，中国梦具有历史必然性。从沉淀了中华民族集体记忆的历史中孕育生长的中国梦，屈辱和苦难是它扎根的土壤，这注定它是深沉的，所以它显得如此动人心魄、撼人心魂。我们要最大限度地凝聚全民族的力量，激励全国人民释放磅礴正能量，齐心协力共圆中国梦。

中国共产党带领中国人民走上了实现中国梦的人间正道。中国共产党自1921年成立起，经历了一次又一次血与火的考验，团结带领全国人民掀起了一场彻底的反帝反封建的民主革命，最终建立了人民当家做主的新中国。新中国成立后，中国共产党又团结带领全国人民在一穷二白的基础上，经过前30年的不懈努力，取得了伟大的成就。改革开放以来，我们总结历史经验和教训，借鉴世界发达国家现代化建设的有益经验，融贯东西，将西方成功经验与中国具体实际相结合，扬长避短，因地制宜，因时制宜，创造性地开辟了中国特色社会主义这条实现中华民族复兴的唯一正确道路。

第二，在探索中开启逐梦之旅。“国家富强，民族振兴，人民幸福”，是近代以来中国人心中不变的梦想。

随着封建王朝的落日辉煌黯然消退，拥有五千年文明历史的中华民族山河飘零。从此，在每一个炎黄子孙心底种下了想挽救民族危亡、改造中国社会的种子，无不“夜阑卧听风吹雨，铁马冰河入梦来”。我们做过救亡图存的“变法梦”，以康有为、梁启超为代表的维新派试图按照英、日等国的模式，在中国实行君主立宪制，但梦断“有心杀贼，无力回天”的六君子的血泊中。我们也做过中体西用的“洋务梦”，我们学习西学、制造洋器，提倡“自强”“求富”，但却穿新鞋走老路，最终梦断甲午海战的炮火中。我们也做过资本主义的“宪政梦”，孙中山提出“五权宪法”以及“军政、训政、宪政”的路线图，领导辛亥革命建立起中华民国，但最终演变成了国家分裂、军阀割据、连年战乱、民不聊生的噩梦。

科学民主的梦我们也做过，尝试过诸如改良主义、自由主义、社会达尔文主义、无政府主义、实用主义、民粹主义、工团主义等各种主义。然而，当人们“把吴钩看了、栏干拍遍”之后，中国的问题依然没有解决，梦醒时分，仍然不知路在何方。中国共产党诞生之后，领导中国人民取得革命的胜利，彻底改变了中国内忧外患、积贫积弱的历史局面，彻底改写了中国人民和中华民族的前途命运，开启了中华民族不断发展壮大、走向伟大复兴的新纪元。

实践证明，马克思列宁主义和中国特色社会主义就像一道历史的阳光，照亮了中国的历史舞台，照亮了中国人前进的道路。

中国人一直有着一个天下大同的梦，渴望道德高尚、物质丰裕、平等平均、天下为公的美好社会，这是中国人最核心的精神信仰。它是共产主义远大理想与中华民族美好追求成功衔接的文化渊源和心理基础，是社会主义成为中国历史发展必然的一脉相承之处。但正像毛泽东同志讲的，“康有为写了《大同书》，他没有也不可能找到一条到达大同的路”。只有中国共产党历尽千辛万苦找到的这条有中国特色社会主义道路，才是实现中国梦的人间正道。

第三，梦想之旅曲折而漫长。回顾历史，1840年鸦片战争后，中国开始了百余年的屈辱。但也就是从那个时候起，民族复兴成为每个中国人的梦想。也可以说，从那一刻起，中国梦就此萌芽，民族复兴的历程就拉开了序幕。

1894年，中山先生最先在《兴中会章程》中提出了“振兴中华”的口号，并为之努力一生。之后，经历了一百多年，几代人不懈地努力，才终于让我们看到了梦想成真的可能。十八大报告在讲建党一百年的目标时强调，现阶段我们的任务是在2020年全面建成小康社会。这是在实现中国梦的过程中一个具有重大意义的阶段性目标。中华民族在追求中国梦的历史进程中，经历了一代又一代的努力，付出了巨大的代价，已经创造了无数的辉煌，正在一步步地接近我们的宏伟目标。

“雄关漫道真如铁”。回首过去，中华民族追求梦想的旅途是这样的曲折和漫长。它是一段屈辱与血泪相伴的历史，也是一部苦难与辉煌铸就的诗篇。近代以来，中华民族所遭受的巨大苦难、所付出的巨大牺牲，在世界历史上也是绝无仅有的。多难兴邦。正是这重重的血泪与苦难，中华民族以其崇高的爱国主义和民族精神创造出让世界惊叹的中国奇迹。没有中国共产党的领导，没有马克思主义科学理论的支撑，我们就不可能跨过“如铁”的“雄关”，迎来璀璨的朝阳。落后就要挨打，近代的血泪历史给了中国人这一深刻的教训。

“人间正道是沧桑”

从朝代更迭到列强入侵，我们不难发现，国人们一直在幻想的摇篮之中自命不凡，我们自封天朝子民，闭关锁国，故步自封。直到被外来者狠狠地踩在脚下，落个丧权辱国的下场之时，才意识到自己过去的闭塞与迷惘。失去了方向与动力的民族是可悲的，唯有在人民大众中普撒梦想的种子，并努力为之奋斗前行，才能真真正正看到华夏大地繁花似锦的繁荣景象。

黄河两岸，长城内外，
炎黄子孙再不能等待。
挽弓持戈，驰骋疆场，
快，内惩国贼，外抗强权，
救我中华万万年。
——《爱国歌》

伟大的转折

“人间正道是沧桑”。近代以来革命志士的奋力抗争为我们探寻正确的道路指引方向，中国共产党的浴血奋战和探索为我们赢得了人民的解放，取得了举世瞩目的成果。现在，我们知道这条正确的道路就是中国特色社会主义。道路决定命运。对于这样一条“人间正道”，我们要倍加珍惜、始终坚持、不断发展，因为它是历经千辛万苦才找到的、筚路蓝缕才开辟出来的。

第一，开天辟地的大事。一百多年间，许多优秀的中华儿女，为了寻求救国救民的真理和道路，进行了前赴后继、英勇顽强的斗争。在这期间，先后出现过许许多多的政治实体，包括各色各类政党，但最终大都退出了历史的舞台。历史证明只有中国共产党，才能担负起领导中国革命走向成功的历史重任。

中国共产党的成立，是开天辟地的大事。尽管她创立时只有几十个人，但却是近代中国先进生产力的代表——中国工人阶级的先锋队。从此，中国共产党为实现民族的独立和人民的解放、国家的富强民主和人民的幸福，开始了艰苦卓绝的探索历程。中国共产党的诞生使中国革命的面貌焕然一新。

中国革命的发展历程并非是一帆风顺的。面对第一次国民革命血雨腥风的严峻考验，共产党人并没有屈服，而是揩干身上的血迹，掩埋好同伴的尸体，走上建立农村革命根据地、领导工农群众武装夺取政权的道路，为推翻国民党政府的反动统治进行了长达十年的土地革命战争。

在环境较为稳定的根据地，国际共产主义的错误指导使得中国共产党内部的“左”倾思想泛滥开来。“左”倾思想的泛滥致使第五次“反围剿”的最终失败，中国工农红军被迫开始了两万五千里长征。在长征途中，中共中央在遵义召开政治局扩大会议，重新确立了毛泽东在中国共产党中的领导地位，同时它也在极其危急的情况下挽救了党和红军，挽救了中国革命。1936年10月，红军胜利会师，终于实现了战略大转移。

在反对帝国主义的斗争中，中国共产党一贯站在争取国家独立、民族解放的最前列。1937年，抗日战争爆发，在民族危亡的紧要关头，中国共产党郑重指出只有全民族团结一致，国共两党共同抗战才是中华民族赢得生存、独立和发展的唯一出路。中国共产党在这样危急的形势下高举抗日救国的大旗，以中流砥柱的气概，成为中国人民抗日救国的重心。

抗日战争胜利以后，中国共产党代表中国人民渴望和平建国的愿望，真诚地希望在国际和平的大背景下实现国内的和平稳定，避免内战的发生，把中国建设成为独立、统一的新民主主义国家。而以蒋介石为首的国民党统治集团，却在美国政府的支持下，企图独霸抗战胜利果实，伺机发动反人民的内战，使中国社会退回到抗战前一党专制独裁的反动统治。

1945年8月，毛泽东亲赴重庆同国民党进行谈判，国共双方代表签订了《双十协定》。但是，国民党在谈判期间派军队向解放区发起进攻。蒋介石妄图一党独裁，于1946年底，下令国民党军队向各解放区大举进攻，悍然发动了反共反人民的全面内战。

第二，美好的蓝图。随着人民解放战争开始转入战略决战阶段，党的工作重心面临由农村向城市的转变，在中国共产党即将成为执政党的历史性时刻，筹备建立新中国的工作直接提上现实的日程。经过充分准备，1949年3月，中共中央在河北平山县西柏坡村召开七届二中全会。

党的七届二中全会确定了党在全国胜利后的基本建国方案。会议指出，中国革命在取得胜利后，中国共产党的重要任务是恢复和发展生产，将中国建设成社会主义工业国，同时这次会议规定了党在政治、经济、外交等方面的基本方针。

在政治上，毛泽东指出："中国革命在全国胜利，并且解决了土地问题以后，中国还存在着两种基本矛盾。第一种是国内的，即工人阶级和资产阶级的矛盾。第二种是国外的，即中国和帝国主义国家的矛盾。"会议在对新中国成立后的基本国情和基本矛盾做了客观分析的基础上，提出要巩固和加强人民民主专政，要强化人民共和国的国家制度来巩固工农联盟的阶级基础和共产党的领导。在经济上，对于国营经济、合作社经济、私人资本主义经济、个体经济和国家资本主义经济这几种新中国经济的主要成分，党的经济政策重点明确为：首先，必须没收官僚资本归国家所有,使其成为社会主义性质的国营经济和国民经济的领导力量。其次,对私人资本主义经济采取既利用又限制的政策。最后,对于农业和手工业经济,要通过积极引导使其实现集体化和现代化。

党的七届二中全会的召开,对于中国革命具有转折性的重大意义。这次会议勾画了新中国的发展蓝图,制定了新中国建设的基本方针,为迎接中国革命的全面胜利,为推动新中国建设事业的全面展开,在理论规划和政治思想上都做好了准备,有着巨大的影响。

第三,走什么样的路。在一个相当长的时间内,学习西方,走资本主义道路,是中国先进分子的共同主张,但终究未能改变中国的命运。从历史发展的规律看,先进的制度必然会取代落后的制度。问题是,近代中国的制度文化背景,使得西方资本主义的发展模式不可复制,资本主义在中国的尝试只能是一种软弱的资本主义。西方的列强来到中国,不可能为中国带来富强、独立和平等,带来的是剥削、压迫和掠夺。西方列强在中国殖民掠夺的过程中,不可能真正地输入西方文明,带给中国人民的是困苦、灾难。毛泽东在《友谊,还是侵略》一文中驳斥了美国艾奇逊之流侵略就是"友谊"的虚假谎言。

在近现代历史发展中,中国曾面临着三种可能的选择:第一种选择是由代表大地主大资产阶级利益的国民党统治集团提出的。他们主张实行大地主大资产阶级专政,使中国继续走半殖民地半封建的老路。第二种选择是由某些中间党派的领袖提出的。他们主张建立真正的资本主义共和国,使中国走上独立自主的资本主义民主道路。第三种选择是由共产党提出的。他们主张建立一个人民当家做主的人民共和国,使中国走上社会主义的民主道路。这三种方案在中国历史的发展中被中国人民用实践证明着。其结果是共产党人的方案赢得了全国人民的支持和拥护,中华人民共和国的成立是真正的众望所归。

中国革命胜利告诉我们,西方的资本主义道路在中国行不通的。新中国成立后,中国人民以前所未有的热忱开始了社会主义建设的探索历程,社会主义改造、第一个五年计划等等,新中国经济建设取得的成就前所未有。以毛泽东为代表的中国共产党人在社会主义建设探索中,提出了许多宝贵的想法,从而丰富了中国社会主义的建设理论。从20世纪50年代后期开始,由于中国共产党建设经验的缺乏和复杂的国际国内形势,"左"的错误不断升级,"以阶级斗争为纲"愈演愈烈,"文革"十年的动乱使得我国社会主义建设遭受了巨大的损失。但新中国成立后的一系列探索和实践，都是我们党对中国式社会主义道路探索的最初尝试，对新时期中国特色社会主义道路的开辟具有重要的启示作用。

道路之争

建设独立、富强、民主的新中国，是中国人多少年来梦寐以求的目标。可是在长时间内，由于反动统治力量远远大于人民革命力量，这种目标只是美好的前景，一直难以实现。怎样建设新中国的问题，并没有立刻被提到现实的议事日程上来。

中国共产党在领导中国人民取得新民主主义革命胜利并开始社会主义建设时，遇到的一个问题就是，中国这样一个贫穷落后的国家能否跨越资本主义“卡夫丁峡谷”，顺利过渡到社会主义。尽管马克思曾指出，东方经济落后的国家有可能跨越资本主义“卡夫丁峡谷”，从亚细亚生产方式直接走向社会主义，但缺乏有力实践。俄国也在社会主义初步建设阶段，尚未跨越资本主义。十月革命之前，俄国是一个军国主义的封建国家，从社会形态上定义它并不属于前资本主义国家。中国跨越资本主义，直接走向社会主义究竟能否实现？毛泽东对新中国成立初期的一穷二白的状况指出：“一张白纸，没有负担，好写最新最美的文字，好画最新最美的图画。”

第一，道路初探。事物发展总是波浪式前进、螺旋式上升，通往中国梦的道路也不是一帆风顺的，“大跃进”和人民公社化运动犯了急于求成的错误。在一个经济文化落后的东方大国实行彻底的民主革命并取得胜利固然不易，把这样的大国穷国建设成社会主义现代化国家更是一件前无古人的伟业。实现伟大的梦想，想要一帆风顺，没有牺牲，不付出代价，是难以想象的。把通往中国梦的道路，把社会主义发展看作是直线地、无波折地向前发展，也是不正确的。事实上，任何新生社会制度的兴起、巩固和发展，都要经过曲折的道路和反复的斗争。

在近代以来，中国长期处于半殖民地半封建社会状态，是一个经济文化极为落后的东方国家。中国的发展方向在哪里？到底能否走向社会主义？1937年，毛泽东在《为争取千百万群众进入抗日民族统一战线而斗争》的报告中，对中国革命的前途问题作出了科学回答。他形象地把中国的新民主主义革命和社会主义建设称作“两篇文章”，这两篇文章的关系是“上篇与下篇，只有上篇做好，下篇才能做好”。

1940年，毛泽东在《新民主主义论》中进一步回答了中国向何处去的问题。他强调，中国“决不能建立欧美式的资本主义社会，也决不能还是半封建社会”，而必须坚持社会主义方向。这个未来的社会主义是个什么样？从政治上讲，就是要建立新民主主义的国家制度；从经济上讲，就是要发展由国营经济为领导力量的，私人经营和合作经营为辅助的综合经济；从文化上说，文化建设的纲领是要建立无产阶级领导的新民主主义文化。

1945年，毛泽东在《论联合政府》中再次强调了这一思想。他指出："只有经过民主主义，才能到达社会主义，这是马克思主义的天经地义。而在中国，为民主主义奋斗的时间还是长期的。"同时强调："我们共产党人根据自己对于马克思主义的社会发展规律的认识，明确地知道，在中国的条件下，在新民主主义的国家制度下，除了国家自己的经济、劳动人民的个体经济和合作社经济之外，一定要让私人资本主义经济在不能操纵国民生计的范围内获得发展的便利，才能有益于社会的向前发展。"在以毛泽东为核心的第一代领导集体的带领下，中国共产党用了7年时间初步建立了社会主义制度，并逐步改变了我国贫穷落后的面貌，实现了国家初步发展，顺利地从新民主主义过渡到社会主义。

第二，走苏联的路。中国共产党一向主张要把马克思主义与中国具体实际相结合，为什么在实践中又模仿了苏联模式？我们知道，在相当长的一个历史时期内，苏联利用高度集权的政治经济体制，保证了经济高速发展，在第三个五年计划结束时，苏联由一个落后的农业国基本上建设成为一个强大的工业国。因为苏联的经济建设的成就和斯大林的影响，二战后，先于新中国成立的其他东欧国家也纷纷采纳了苏联模式，都把苏联模式作为典范。苏联模式确实也是当时世界上唯一可供选择和借鉴的社会主义模式。因而，苏联模式也就成为中国共产党人效法的样板，成为毛泽东所要坚持的"原则性"。效仿苏联也有国际政治斗争的因素。中国只能走社会主义道路，不能走资本主义道路。

新中国成立初期，从苏联那里学来的高度集中的计划经济体制，在恢复国民经济、夺取抗美援朝战争的胜利以及保证重点建设方面发挥了积极作用。1956年，我国基本上完成了对农业、手工业和资本主义工商业的社会主义改造。第一个五年建设计划原定的主要指标大都提前完成了。接下来的1957年是我国经济建设进行得最好的年份之一。到1957年底，第一个五年建设计划的各项指标大都大幅度超额完成。

苏联高度集权的体制模式，随着历史的发展，弊端也在发展，矛盾越来越突出，越来越阻碍社会经济的发展。我国"一五"期间取得了令人瞩目的成绩，但是随着经济发展规模的扩大、经济结构的复杂化，以及发展目标和人民生活要求的多元化，这种体制越来越不适应日趋复杂的社会生产力发展的需要。同时，单一的社会主义公有制的建立，也同现阶段社会生产力发展水平不相适应。比如，中国集中优势资源优先发展重工业，农业、轻工业以及劳动密集型服务业发展不足。用于农业的投资只占国家基本建设投资的7.6%。农业产值增长率在2%~5%，跟世界相比速度不低，但是跟同一时期我国工业增长速度相比就相对落后了。粮棉增产的速度没有达到人们乐观的期望，供应紧张局势一直未能显著缓解，要求农业增产的压力仍然很大。更为严重的是，这种状况导致中国经济社会的两大矛盾：工业与农业之间的矛盾、城市与农村之间的矛盾日益加深。

第三，走自己的路。中国作为一个具有悠久历史和特殊国情的东方大国，无论是革命还是建设，都不可能照抄照搬别国模式。尽管曾经走了一段苏联的路，但坚持从自己的实际出发，探寻适合自己的路的努力却从来没有放弃过。

随着国际形势和国内情况的变化，中国共产党开始冷静思考中国的问题。一是由于党缺乏管理全国经济工作的经验，在经济体制的许多方面照搬苏联做法，在社会主义建设中也出现了诸多矛盾和问题。如片面追求高速度，忽视经济效益；重视重工业，忽视轻工业和农业；重视生产资料的生产，忽视消费资料的生产；实行高度集中的计划管理，地方和企业缺乏积极性；等等。同时，在很多领域和不少实际工作部门，出现了盲目照抄照搬苏联经验的严重情况。二是苏共二十大的召开，揭露和批判了斯大林当政时期在领导苏联社会主义建设中出现的严重错误，以及个人崇拜狂热所造成的严重后果，使我们党看到了苏联模式的一系列深层次弊端，对于社会主义建设中的许多问题，不能不重新思考。三是苏联推行"统一的社会主义式样论"或"社会主义单一模式论"，同马列主义大相径庭，在东欧等一系列社会主义国家遇到了不同程度的抵制。中国共产党对此既肯定了斯大林的功绩和苏联社会主义建设的成就，但同时认为，批判斯大林的错误，对于各国共产党来说，破除对苏联模式的迷信和个人崇拜的狂热，解放被教条主义束缚的正确思想，寻求适合各国实际情况的建设道路有着十分重要的意义。

正是在这样的背景下，中国共产党开始重新审视苏联模式及其成效，试图改变新中国成立初期照抄苏联的做法，并深入思考中国社会主义发展道路问题。

1956年4月4日，毛泽东在中央书记处会议上指出：以前的探索留给我们最重要的教训就是应当做好调查研究，摸清本国基本国情，把马克思列宁主义的基本原理同我国的基本实际结合起来，独立自主的制定我们的路线、方针、政策。1956年5月2日，毛泽东在最高国务会议所作的报告中强调：对于马列主义理论，“我们要学的是属于普遍真理的东西，并且学习一定要与中国实际相结合。如果每句话，包括马克思的话，都要照搬，那就不得了了”，“对于外国的经验，也不能不加分析地一概排斥，或者一概照搬。特别值得注意的是，最近苏联方面暴露了他们在建设社会主义过程中的一些缺点和错误，他们走的弯路，你还想走”？1956年，毛泽东在报告中指出：社会主义制度在中国的具体发展过程和表现形式，不能只是千篇一律的格式。我国是东方的大国，在民主革命的进程中有着自己的特点，在社会主义改造和建设中也有着自己的特点，那么在未来的社会主义建设中也是不同的。

革命道路不能照搬外国，经济建设同样不能照搬外国。历史证明，中国人民有能力自立于世界民族之林，将社会主义事业进行到底。正如邓小平所说：“什么威胁也吓不倒我们。我们这个党就是在威胁中诞生的，在威胁中奋斗出来的，奋斗了二十八年才真正建立了人民共和国。……只要中国社会主义不倒，社会主义在世界将始终站得住。”这正是我们的信念。

回顾五十年的沧桑巨变，我们感慨万千；瞻望未来，我们坚信，中国人民和世界人民必将以气吐虹霓、志逞风雷的英雄气概，夺得社会主义事业的更大胜利！

“长风破浪会有时”

改革开放以来的成就

纵观历史，我们会情难自控地发出骄傲的声音：中华民族是一个伟大的民族，它创造了丰富而辉煌的文明。

中国梦是中国共产党信心与实力的显示。当前的中国是世界第二大经济体，综合国力和国际影响力逐渐增强，国家面貌发生了翻天覆地的变化。天宫交汇、蛟龙潜海、航母入列……中国故事的华丽展开，此时我们对于中国梦的实现有着更为坚定的信心。中国梦汇聚了亿万人民对美好生活的期盼，期盼有更好的教育、更稳定的工作、更可靠的社会保障、更优美的环境。这些期盼，使中国梦的轮廓更为鲜明生动，使中国梦的底色更为多彩，它是党和国家的奋斗目标。

1978年前后的中国，所面对的局面极为困顿。中国将何去何从？中国共产党人又一次面临着历史的选择。通过改革开放初期的探索和思考，邓小平在党的十二大上成竹在胸地指出："把马克思主义的普遍真理同我国的具体实际结合起来，走自己的道路，建设有中国特色的社会主义，这就是我们总结长期历史经验得出的基本结论。"

改革开放前的30年，一个重要的历史功绩就在于，成功避免了中国再次陷入落后挨打的局面，以多场反侵略战争、最基础的国家建设和最必要的外交攻破方式，有效地防范了军事冲突对中国的伤害。新中国最初的历史表明：中国梦要实现，首先要建立在"不挨打"的基础之上。此后，改革开放30多年的伟大进程，中国基本结束了"挨饿"的惨状。中国的GDP年均增长9%，远高于同期世界经济3%左右的年均增长速度。与此同时，中国现已成为世界第一外汇储备大国，通过引进国外的资金、技术和管理经验，进行消化、吸收和再创新，大大提升了中国的生产力水平，缩小了与发达国家的差距，中国经济总量已位居世界第二。越来越多的人预测，中国经济总量将在2020年前后成为世界第一。

作为一个世界人口大国，所面临的形势艰巨复杂，所面临的矛盾和困难也世所罕见。在这样的特殊国情下，进行一场天翻地覆的革命，导引一场全面深刻的社会转型、经济发展方式转变，国家却始终保持着稳定，国民生活水平不断提高，成功应对各种风险考验——这在人类发展历史上是前所未有的。

化困境为机遇，将压力变为动力，在困难中崛起、前行。中国在应对不断变化的新情况、层出不穷的新问题时，进入了科学发展的新时期，提升了治国理政的科学水平，彰显了社会主义的优越性。中国自改革开放以来的快速发展，使中国日益成为世界体系的重要参与者。人们始终记得，上海合作组织和上海精神，这是中国对世界和平和发展的贡献。人们始终记得，中国领导人在联合国千年首脑会议上提出的要建立公正合理的国际政治经济新秩序的主张，在中方的倡导下，安理会五个常任理事国积极协作，五国举行历史性首脑会晤。

近年来，新兴国际组织日渐发展并在国际进程中发挥着作用。聚焦重要国际和地区问题，关乎人民幸福，关乎世界的和平稳定。中国作为最大的发展中国家，作为联合国安理会常任理事国中的一员，一直秉持着和平、发展、合作的理念，在重大问题上坚持客观公正，把中国人民的利益同世界各国人民的利益结合起来，坚定维护全体人类的共同利益，在整个国际社会上树立起负责任的大国形象。

中国的和平发展理念，打破了传统大国的崛起模式，开启了和平崛起、共同发展的新模式。“共同”和“携手”，表明了时代发展决定的国际合作的大势，彰显着中国负责任大国的国际形象。

在国际事务中，中国不断地提醒国际社会要超越国际关系中“零和博弈”的陈旧交往模式，超越冷战、热战思维，超越过去战争和对抗的老路，顺应和平与发展两大时代主题。中国正以积极的态度投入国际事务的建设中并发挥着重要作用。

中国的国际作为，顺应了新兴发展中国家群体性崛起的大趋势，是时代发展的现实体现，是中国改革开放30多年快速发展的必然结果。当前的中国在国际事务中的地位和作用明显增强，成为应对国际金融危机、推动世界经济发展、加强经济全球治理的重要力量。

展望未来

中国崛起，世界瞩目，然而中国崛起的道路和影响却完全有别于以往其他大国。百年前，中国先贤志士曾说过：“中国的强盛不但是要恢复民族的地位，还要对世界负责。”百年后，崛起的中华民族为人类的和谐发展作出了重大贡献。

中国作为最大的发展中国家，始终牢记着自己的属性和职责。中国愿同世界各国一同努力，使21世纪真正成为“人人享有发展的世纪”，中国认真执行联合国千年发展目标，成为全球唯一一个提前实现贫困人口减半目标的国家。同时，中国遵循平等互利的对外援助原则，发挥自身能力积极开展对外援助，以切实行动履行援助承诺，在国际社会赢得了广泛的肯定。

中国的崛起，是中国和平发展所取得的成就的具体体现，也昭示了中国人民为人类文明发展作出卓越贡献。面向未来，中国将是一个改革开放的中国，一个不断繁荣发展的中国，一个和谐稳进的中国，必将为人类文明的发展作出新的贡献。

在我国进入全面建成小康社会决定性阶段，中国共产党的第十八次全国代表大会胜利召开。大会的主题是：高举中国特色社会主义的伟大旗帜，以中国特色社会主义理论体系为指导，解放思想，改革开放，凝聚力量，攻坚克难，坚定不移沿着中国特色社会主义道路前进，为全面建成小康社会而奋斗。从而，为新时期全面深化发展指明了方向。党的十八届三中全会召开，全会客观冷静地分析了当前的形势，全面、系统地阐明了改革的地位、作用、方向、总目标以及各方面制度改革的具体部署等，吹响了新时期全面深化改革的号角，为改革确立了科学的理论指导。十八届三中全会指出："全面深化改革的总目标是完善和发展中国特色社会主义制度，推进国家治理体系和治理能力现代化。"为此，要紧紧围绕6个方面深入推进体制改革，突破重点领域和关键环节的制度屏障，增强改革的"系统性、整体性、协同性"，充分发挥社会主义的制度优势，使改革成果惠及全体人民。全会全面审视了新形势国内外环境，以及我国当代改革开放面临的机遇和挑战，《决定》从16个方面阐述了各个领域改革的具体指导，范围之广，程度之深，前所未有，既承接了先前的改革思想和成果，又以大无畏的精神推进新时期的改革。这预示着中国进入了"全面深化改革"的历史新阶段，顺应时代和人民的要求，沿着社会主义的道路，新时期的改革必将为社会主义建设事业永续前进释放新的动力。

从受苦受难的近代化，到社会主义建设新时期，中国共产党团结带领人民完成和推进了三件大事：完成了新民主主义革命，完成了社会主义革命，进行了改革开放新的伟大革命。这是从根本上改变中国人民和中华民族前途命运的三件大事，从此以后，近代以来中国内忧外患、积贫积弱的悲惨命运得以终结，中国开启了走向伟大复兴、富强民主的新时期，具有五千年悠久文明的中国焕发着新的生机，中华民族伟大复兴展现出新的前景。纵观历史，经历了苦难的近代史，在中国共产党的领导下，伟大、团结、奋进、振奋的中华民族终于重新挺起了民族的脊梁。中华民族是一个极具韧性、极具活力的民族，沉淀着历史的精华，焕发了现代的崭新气息，这个古老而年轻的民族书写着她的传奇。

回顾辉煌成就和历史性进步，展望充满更多机遇和挑战的前进道路，我们更加坚信：在党的领导下，只要我们始终坚持和发展中国特色社会主义，解放思想、改革开放、凝聚力量、攻坚克难，就一定能够实现到2020年全面建成小康社会、到21世纪中叶基本实现社会主义现代化的宏伟目标。

第一，实现中国梦要凝聚中国力量。近代以来中华民族仁人志士的百年求索，90多年来中国共产党人艰苦卓绝的奋斗，60多年来中华人民共和国的实践探索，30多年来改革开放所带来的奋勇开拓，中华民族的伟大复兴终于迎来了曙光，新的中国梦正在酝酿、实现。当前的中国，经济总量已跃升世界第二位，综合国力和国际影响力显著提高，人民生活日益富裕安康，中华民族已然屹立于世界民族之林，向世界宣告中国的崛起。党的十八大提出了"两个一百年"的宏伟目标，描绘了全面建成小康社会的宏伟蓝图，中华民族的百年梦想终于有了实现的可能和希望。

面对未来，要有应对风险与挑战的意识；越是接近胜利的彼岸，越是要注意潜在的危险。根据当前的国内外形势，我国仍处于大有可为的战略机遇期，但影响中国发展的不稳定因素仍在增多。从国际上看，世界正处于大发展、大变革、大调整时期，政治、经济等各个领域的博弈关系错综复杂，国际上一些保守势力不能客观看待中国的繁荣发展，中国威胁论大行其道，对中国进行各种遏制和挤压，所以维护和实现祖国完全统一、维护国家主权和海洋权益的斗争任重而又道远、复杂而又艰巨。从国内看，随着改革开放的深入推进，制约科学发展的体制机制障碍和矛盾日益凸显。从党机体自身看，中国共产党新形势下所面临的考验十分严峻，精神懈怠的危险、能力不足的危险、脱离群众的危险、消极腐败的危险触目惊心。当前更应看到的是我们虽然取得了举世瞩目的成就和历史性的发展，但我国仍处于并将长期处于社会主义初级阶段的基本国情没有变，人民日益增长的物质文化需要同落后的社会生产之间的矛盾这一社会主要矛盾没有变，我国是世界上最大发展中国家的国际地位没有变。因此，我们要对客观现实保持清醒认识，不能骄傲自满，忘乎所以。为了早日实现中国梦，为了真正实现中华民族的伟大复兴，中国共产党和中国人民要奋力拼搏，勇往直前。

实现中华民族的伟大梦想，必须依靠中华民族各族人民的共同努力。“天下兴亡，匹夫有责”，“先天下之忧而忧，后天下之乐而乐”，这些担当与责任告诉我们，家与国紧密相连，每一个人的前途命运都是与国家的前途命运连在一起的。国家富强，民族兴旺，人民才能幸福安康。生活在当今这个时代的中国人是幸福的，能够在中华民族的复兴之际追寻梦想是幸运的，能够为中国梦的实现而献出自己一份力量的中国人民是无限荣耀的。实现中华民族复兴的伟大梦想，必须弘扬求真务实、艰苦奋斗的品格与精神。我们民族宝贵的精神品格在我们党长期的革命、建设和实践中，形成了艰苦奋斗的优良传统和作风。“空谈误国，实干兴邦”的古训，对当下中国的改革和发展，寓意十分深长。梦想的实现要靠行动，而路就在脚下。徒有高谈阔论，而无实践之行，就是对中华民族伟大梦想的亵渎和背叛。

“长风破浪会有时”。放眼未来，我们对实现中华民族的伟大梦想有着坚定的信心。对于中国梦，要把宏伟蓝图变成锦绣篇章，我们还有很长的路要走，我们还要为之付出艰苦的努力。实干方能兴邦，方能驶进万里碧波的沧海，实现百年中国梦。

第二，实现中国梦要弘扬中国精神。中国梦照亮了人们奋发进取的现实愿景。改革开放以来，我们总结历史经验，不断艰辛探索，终于找到了正确的道路，推动了国家的发展，取得了令世界惊叹的成就。这条道路就是中国特色社会主义。沿着这条道路前进，中华民族伟大复兴展现出光明的前景。中国梦，是对我们共同坚守的国家富强、民族振兴、人民幸福的理想信念的呼应，国家的强劲发展态势是它的现实支撑，所以它才如此强烈，如此激动人心、振奋人心。

梦在前方，路在脚下，通往理想的道路没有坦途。中国梦不是抽象的、空洞的，实现中国梦必须走好中国道路，弘扬中国精神，凝聚中国力量，必须顽强奋斗，艰苦奋斗，不懈奋斗。回首过去，正是靠一代又一代人的接力奋斗，我们党才干成了三件大事，我们国家才有了沧海桑田般的变化，我们民族才巍然屹立于世界东方。现在，我们比历史上任何时期都更接近梦想实现的目标，比历史上任何时期都更有信心、有能力实现这个目标。把一个拥有13亿人口规模的发展中大国带入现代化，实现民族复兴，这在人类发展史上还从来没有过。我们知道，要把蓝图变为现实，还有很长的路要走，需要我们付出长期艰苦的努力。唯有脚踏实地、埋头苦干，才能把我们带入梦想的新天地。

习近平总书记指出："生活总是充满希望的，成功总是属于积极进取、不懈追求的人们。我们在前进的道路上，还会遇到各种风险和挑战。让老百姓过上更加幸福的生活，还有大量工作要做。我们要谦虚谨慎、艰苦奋斗，共同谱写伟大祖国发展的时代新篇章。"

由计划经济体制向市场经济体制的转变，是改革开放新的突破，它打开了我国经济、政治、文化、社会全面发展的崭新局面。通过改革开放，我国综合国力大幅度跃升，人民生活总体上实现了由温饱到小康的历史性跨越，我国社会长期保持安定团结、政通人和，国际影响力和民族凝聚力大大增强。

我们的先辈已经用他们的鲜血和生命，为实现中华民族的伟大复兴铺就了一条中国特色发展的道路。回顾百年以来，在毛泽东同志开创的中华民族独立解放的道路上，多少仁人志士，多少父老乡亲，赴汤蹈火，前仆后继，为民族独立解放的梦想献身；在邓小平同志开拓的中华民族走向改革开放和富强的道路上，多少人民群众特别是农民和工人为国家富强和民族复兴的梦想牺牲了个人和家庭的利益。

面对党情、民情、国情、世情的变化，我们既不能盲目乐观，急于求成，也绝不能消极等待，空谈抱怨，坐失良机。执政党必须时刻牢记肩负的重任和向人民做出的承诺，一切从实际出发，脚踏实地，包容差异性和多样性，激发社会创造活力，最大限度地调动广大人民群众的积极性，战胜各种严峻挑战和困难，薄积厚发，创造新的奇迹。我们全体国民必须正视现实,充分认识未来将会遇到的困难和风险,继续发扬精诚团结、艰苦奋斗、不折不挠的精神,聚精会神,朝着既定的目标和方向,努力为实现中华民族伟大复兴的中国梦不懈奋斗。

第三,实现中国梦要解决中国当前问题。改革开放以来的中国经济始终保持着较高的发展速度,2000年中国经济总量排名世界第七位,之后中国在2010年又超越日本成为世界第二大经济体。日本东京大学社会科学研究所客座教授袁钢名对此感同身受:"我第一次去日本的时候,中国经济总量只有日本的十分之一,大家切磋更多的还是日本经济。随着中国经济的发展,日本同行中研究中国经济的越来越多,我作为一名学者感到自豪。"美国摩根大通银行首席经济学家布鲁斯·卡斯曼说:"这对于全球经济而言是一个里程碑。让人印象深刻的是,中国在一个对于很多国家而言相对困难的时候仍能保持良好的经济增速。"

中国的经济发展在取得令人瞩目的成就的同时,也存在着一些急需解决的问题,例如贫富差距和地区差距的不断扩大、收入分配体系的不完善等等。中国共产党在进行区域试点中寻求解决问题的办法。中共中央在2010年10月审议通过的十二五规划,明确指出党和政府未来五年的工作要适应国内外的新形势新变化,顺应全国各族人民的新期待,加快转变经济发展方式,全面深化改革,保障和改善民生,推动社会和谐发展,为全面建成小康社会奠定坚实的基础。每一阶段国家制定的发展规划,都明确了未来中国发展的具体方向,这是中国经济能够平稳较快发展的主要原因。

纵观历史,我们会情不自禁地陷入无尽的沉思:中华民族是一个古老的民族,也是一个和平的民族,更是一个苦难的民族。

中华民族是一个古老的民族。神州大地和世界上其他许多地方一样,很早就出现了人类。人类以群而居,形成人群。然而,人群的出现并不代表民族的形成。民族的认同,是以相近或相同的语言文字和文明核心为依据的。中华民族主要使用汉语言文字。这是世界上现存的最古老的语言文字。千百年来,它不断地继承和演化,形成和发展了中华文明,也保证了中华民族的同一性和连续性。而当今活跃在世界上的重要民族,包括美利坚民族、俄罗斯民族、德意志民族、法兰西民族等,与中华民族相比,顶多不过是稚气未脱的小孩而已。

中华民族是一个和平的民族。中华儿女向来爱好和平。这种民族性正是中华文明的体现。纵观世界,主要存在着三种文明:以神为核心的信仰文明(犹太、阿拉伯和印度文明）、以理性为核心的西方文明和以道德伦理为核心的中华文明。中华文明与其他两种文明相比，重要的区别就是对宗教信仰的淡化和对人伦关系的重视。在中国历史上，很难找到因为宗教矛盾而产生的争端或战争，但是在其他地方，宗教矛盾成为争端或战争的极其重要的原因或借口。因而，中华文明更加具有包容性，“和谐”“和为贵”“海纳百川”等思想，正是中华文明的精髓所在。也正是这样，中华儿女是非常易于和平共处的。

中华民族是一个苦难的民族。虽然中华民族爱好和平，但是由于封建君主和侵略者的贪婪和残酷，中华儿女长期挣扎在战争的火海里。人类历史上发生过无数战争，如果以死亡人数的多少为依据进行排名，我们将会得到令人震惊和心痛的发现，排在最前列的，除了一次大战和二次大战等极少数世界性的战争外，其他都是发生在古代中国的暴力冲突，包括东汉末年战争、安史之乱、南宋末年战争、明末战争等。到了近代，自从西方人用洋枪洋炮攻破中国人安宁的城墙后，侵略就如洪水猛兽一样汹涌而至。鸦片战争、第二次鸦片战争、中法战争、甲午战争、八国联军侵略、抗日战争——一阵猛于一阵，一波高于一波，饱受苦难的中华民族已经被逼到生死存亡的边缘。

“万里长城永不倒，千里黄河水滔滔！”哪怕是在最危险最艰苦最黑暗的时刻，中华儿女始终没有放弃梦想和奋斗。无论是在神州大地还是海外，无论是在农村还是城市，无论是军人还是学生，无论是工人还是农民，无论富有还是贫穷，无论得志还是潦倒，所有中华儿女始终拥有一个共同的梦想：中华民族的独立自由。

以孙中山、毛泽东为代表的伟人们，以关天培、邓世昌、杨靖宇、赵一曼、黄梅兴、谢晋元为代表的英雄们，以及数也数不清的中华儿女，为了实现中华民族的独立自由，为了实现伟大的中国梦，抛头颅，洒热血，赴汤蹈火，前仆后继。

一泓又一泓珍贵的热血涌出来了，一个又一个宝贵的生命倒下来了，一颗又一颗高贵的灵魂升起来了。中华民族，百折不挠；炎黄子孙，浴血重生。经过无数人艰苦卓绝的奋斗，中国人民站起来了，中华儿女受人凌辱、任人宰割的时代永不复返了，中国梦终于要实现了。这是多么振奋精神、鼓舞人心的现实！

> 每个人的发展是一切人的发展的前提。
>
> ——马克思

然而，冷酷的事实使我们不得不冷静下来，认真思考面临的严峻形势：由于种种原因，虽然中国人民站起来了，可是站得还不够稳；虽然中国发展了，可是还不够强大；虽然中华民族的前景变得光明了，可是仍然荆棘满地，豺狼挡道。

此时此刻，我们不得不清醒地认识到，中国梦必须有一个新的内涵；此时此刻，我们一定要向全世界发出最强悍的声音：

中华民族是一个古老的民族，但绝不是一个衰弱的民族；

中华民族是一个和平的民族，但绝不是一个软弱的民族；

中华民族是一个苦难的民族，但绝不是一个懦弱的民族！

如今中国梦的内涵就是中华民族的伟大复兴。

中国梦就是富强之梦；

中国梦就是振兴之梦；

中国梦就是幸福之梦！

它凝聚着无数先人真诚的祝愿，它寄托着无数后人热情的希望，它就是整个中华民族不可替代、无法消失的灵魂。

头可断，躯可缺，心中梦，永不灭！

有志者，事竟成。只要亿万中华儿女携起手来，共同努力，中国一定会变得更加富强、和谐和美好，中国梦必然成为活生生的现实。

中国梦，一个无比伟大的梦！

满怀信心走好中国道路

习近平总书记在第十二届全国人民代表大会第一次会议上的讲话中指出，实现中国梦必须走中国道路，必须弘扬中国精神，必须凝聚中国力量。要始终坚持实现中华民族伟大复兴中国梦的正确方向，就必须坚定不移地走中国特色社会主义道路；而要寻求实现中华民族伟大复兴中国梦的强大精神动力，就要坚定不移地弘扬以爱国主义为核心的民族精神和以改革创新为核心的时代精神；坚定不移地聚集各族人民大团结的力量，是实现中华民族伟大复兴中国梦的坚强保证。"道路""精神"和"力量"相辅相成、相互作用、相互促进，共同构成实现中国梦的有力支柱。

中国道路、中国精神、中国力量，就是实现中国梦的根本保障。面对时代发展的大趋势，面对让中国人民过上幸福

革命先烈澎湃曾经说："中国共产党所追求的社会主义是科学社会主义，而不是别的什么社会主义。"

澎湃在文中对当时社会上流传的对社会主义的误解、污蔑——作了澄清，并对反对科学社会主义者进行了有力驳斥。并且指出：既然我们"有不得不实行社会革命之决心，我们就应当赶快觉悟！""互相团结！互相联络！互相扶助而为之！"只要"我们赶快觉悟！我们赶快结合！我们赶快进行！'新社会'就必将早日出现在'我们的眼前'！"这表达了一个革命者对革命必胜的信心，以及对革命需要实际行动的深刻认识。

生活的共同期待，我们不能有丝毫自满，不能有丝毫懈怠。我们要更加紧密地团结一切可以团结的力量，让中国梦汇聚起磅礴的社会正能量，埋头苦干，攻坚克难，锐意进取，继续把中国特色社会主义事业推向前进。

2012年11月17日，十八届中央政治局第一次集体学习，习近平总书记发表了《紧紧围绕坚持和发展中国特色社会主义，学习宣传贯彻党的十八大精神》的重要讲话。他强调，坚持和发展中国特色社会主义是贯穿党的建设和国家发展的一条主线，因为中国特色社会主义道路是实现中国现代化建设的必由之路，是实现中国人民幸福的必由之路。

改革开放30多年的实践反复证明，中国特色社会主义道路是党领导全国各族人民在艰难险阻中奋斗探索出来的一条成功之路，是经过实践检验的切合中国实际的强国之路。中国特色社会主义理论体系是引导中国特色社会主义事业取得巨大成功的科学理论，是指导我们全面建成小康社会、实现中华民族伟大复兴中国梦的科学理论。中国特色社会主义制度是在我国长期社会主义建设和改革开放实践过程中逐步建立并逐步健全完善的，它的优越性已经被历史和现实取得的辉煌成就所反复证实。中国特色社会主义道路、制度和理论统一于中国特色社会主义的旗帜下，统一于中国特色社会主义伟大事业中。对这样的道路、制度和理论我们必须充满自信。

中国道路为实现中国梦扬帆起航引领方向。在改革开放30多年的伟大实践中，在中华人民共和国成立60多年的持续探索中，在对近代以来170多年中华民族发展历程的深刻总结中，在对中华民族5000多年悠久文明的传承中，我们走出一条引领当代中国发展进步的正确道路，这就是中国特色社会主义道路。这条道路来之不易，必须倍加珍惜。新中国成立60多年特别是改革开放30多年的实践已经无可辩驳地证明：中国现在走的这条路是成功的、正确的。我们看不到世界上还有哪个与中国有可比性的国家比中国发展得更好、更成功；相反，我们在当今世界看到了很多可以从反面或者侧面证明中国的路走对了的事实。我们有充分的理由坚定

> 命运引发梦想，道路决定命运，只有社会主义能够救中国，只有中国特色社会主义能够发展中国，扎根于中国道路之中的中国梦，真正改变了近代以来中华民族的历史命运。

自己的道路自信、理论自信、制度自信,而没有任何理由重走封闭僵化的老路或改旗易帜的邪路。

道路与中国道路

道路:一个有中国文化味的概念

熟悉中国近现代史的人都知道,中国共产党特别重视道路问题。党在幼年时期吃过党内教条主义和共产国际瞎指挥的亏,是毛泽东从中国实际出发,找到了同列宁领导的十月革命不一样的农村包围城市、最后夺取全国政权的道路,才赢得了中国革命的胜利。邓小平提出的改革开放和中国特色社会主义道路,使中国在经济社会发展中取得了举世瞩目的成就。因此,中国共产党在自己的权威文件中常说:"道路关乎国家前途、民族命运、人民幸福。"

中共十八大报告的主题是:"坚定不移沿着中国特色社会主义道路前进,为全面建成小康社会而奋斗"。要了解中国政治,首先要了解"道路"在中国人心目中的地位。

今天我们常讲的"中国道路",指的是"中国特色社会主义道路"。这里的"道路",在英文中一般被译为"path"或者"road",有时还被译为"way"。这样的译文,大体上是可以的。但是,从文化的角度来研究的话,这样的译法是可以讨论的,因为"path"或者"road"都没有准确地反映出中国人所讲的"道路"的深刻含义。中国人所讲的"道路",是由"tao"(道)和"path"或"road"(路)两个字构成的,指的是符合"道"的路。

在中国哲学史上,"道"(tao)这一范畴是由中国古代杰出的思想家老子提出的。由于"道"是老子哲学思想的核心思想,在历史上,具有这一核心思想的代表人物就被称为"道家"(Taoism)。后来,以孔子为代表的儒家和其他各家各派思想家都接受了"道"这一概念,并作了他们自己的理解和解释。因此,"道"在中国哲学或中国文化中,有极其深远的影响,具有重要的地位。以老子为代表的道家所讲的"道",具有深刻的内涵。在中国文化中,它已成为"天人合一"的宇宙本原或普遍规律性的代名词。在老子之前,人们对生成万物的根源只推论到"天",至于天还没有根源,并没有触及。到了老子,开始推究天的来源,提出了“道”。老子说:“有物混成,先天地生,寂兮廖兮,独立而不改,周行而不殆,可以为天下母,吾不知其名,字之曰道。”(《老子》二十五章)也就是说,他认为天地万物都由道而生。道生成万物之后,又作为天地万物存在的根源而蕴含于天地万物自身之中,成为天地万物自强不息发展的普遍规律。这种规律是客观存在的,但又是视之不见、听之不闻的,即所谓“道可道,非常道”。它是需要人们在实践中不断去体认的。尽管老子的这一思想非常深奥,但他却告诉我们两个重要的道理:一是在这个世界上,做事不能随心所欲,做人不能自由放任,都要按照规律去做;二是由于对规律的认识是一个长期探索的过程,做事做人都要不懈进取,谦虚谨慎。

当代中国,对一些人来讲是一个充满希望的起点,对一些人来讲是一个永远难解之谜,对另一些人来讲则是一个莫名的恐惧。希望,神秘,恐惧,来自对中国快速发展的各种解读,更来自对当代中国政治走向的各种理解。我们要走的道路是人们对希望更充满信心,用探索来取代神秘,把恐惧留给历史。

中国道路具有深刻内涵

了解了“道路”是一个非常有中国文化味的概念这一点,对于我们在这里讨论“中国道路”非常有好处。第一,我们在讨论“中国道路”时,不能先验地以世界上别的国家所走过的路及其形成的价值观和制度为标准,来评判中国的事情;第二,我们不能以模式化的思维方式,急于给中国实践、中国经验下看似很神气但很可能会凝固僵化的结论。

我们应该以一种理性的求索精神,通过对中国的历史和现实、理论和实践,包括经验和教训,进行客观的回顾和总结,来分析中国社会内在的发展规律及其要求,研究中国所走过的路是否为合“道”之路,以及怎样继续在“道”的求索中,完善和发展中国走向富强、民主、文明、和谐的社会主义现代化之路。

同样的道路,今天我们提出要为实现民族复兴的中国梦而奋斗,也要这样研究中国的“道”和合“道”之路。党的十八大后,习近平总书记不仅提出“实现中华民族伟大复兴,就是中华民族近代以来最伟大的梦想”,而且,他强调指出:“实现中国梦必须走中国道路。这就是中国特色社会主

> 路漫漫其修远兮,吾将上下而求索。
>
> ——屈原

义道路。”

不同的政治理念和世界观孕育着不同的梦想。鸦片战争之后的中国和中国人民遭受了无数的血泪屈辱并进行了不屈的抗争，这无一不和近代以来西方列强的入侵相互关联着。对于这种入侵，我们如何看待，这是理清中国近代以来的道路之争的关键所在。从西化的观点出发，西方列强的入侵虽然带来了血性残酷的剥削，但其带来的现代工业文明则客观推动了历史的发展，西化是不可阻挡的历史趋势；但秉持马克思主义相关观点的人认为，西方列强入侵所输入的工业文明不能使被侵略国真正享受现代文明成果，也不可能使其真正走上独立自强的道路，这种入侵不仅是野蛮的，也是资本主义衰落的预兆和社会主义兴起的标志。针对英国对印度的入侵，马克思指出：“印度人失掉了他们的旧世界而没有获得一个新世界，这就使他们现在所遭受的灾难具有一种特殊的悲惨色彩，使不列颠统治下的印度斯坦同它的一切古老传统，同它过去的全部历史，断绝了联系。”[①]这一观点催生了封建落后国家有可能跨越资本主义“卡夫丁峡谷”思想的雏形。列宁根据国际局势的判断，认为资本主义已进入帝国主义阶段，出于对殖民地资源的依赖，这种争夺所带来的矛盾不可调节，“当世界上其他地方已经瓜分完毕的时候，争夺这些半附属国的斗争也就必然特别尖锐起来”的形势，不仅论证了帝国主义是现代战争的根源，而且只有社会主义才是殖民地半殖民地获得解放的出路。[②]毛泽东依据中国新民主主义革命的实践经验，确立了未来中国新民主主义国家的建设方向，并郑重指出：“西方资产阶级的文明，资产阶级的民主主义，资产阶级共和国的方案，在中国人民的心目中，一起破了产。”[③]

> 中华民族是具有非凡创造力的民族，我们创造了伟大的中华文明，我们也能够继续拓展和走好适合中国国情的发展道路。全国各族人民一定要增强对中国特色社会主义的理论自信、道路自信、制度自信，坚定不移沿着正确的中国道路奋勇前进。
>
> ——习近平

从理论上讲，资本主义道路在中国行不通、社会主义现代化道路成为中国和中

①《马克思恩格斯选集》第1卷，人民出版社1995年版，第762页。

②《列宁选集》第2卷，人民出版社1995年版，第845页。

③《毛泽东选集》第4卷，人民出版社1991年版，第1471页。

国人民的必然选择，是因为在资本主义发展到帝国主义阶段以后，对于后发展国家，尤其如中国这样的发展中国家，由于没有形成统一的世界市场，没有形成自己的势力范围，没有形成世界范围的“核心—边缘”结构等等，这些初始条件的丧失使得后发展国家丧失了自由竞争的机会，那么独立自由地融入世界体系对于后发展国家来说可能性太低。

从现实情况来看，在资本主义主导的世界格局中，资本主义国家之间和国家内部之间的矛盾错综复杂，当历史性矛盾和共时性矛盾共同出现，这种发展的恶果必然影响到后发展国家，那么后发展国家的发展屡屡受挫。另一方面，资本主义在拥有强大的政治经济资源的基础上发挥其宣传优势，宣扬发展中国家的落后是因为制度的不先进落后，这种扭曲的言论使某些发展中国家开始接受西化，加剧了发展中国家的混乱。选择西方资本主义的经济发展模式和政治发展道路，只能是一条死路。因为这种选择带给中国的是严重的恶果——国家分裂、国内政局混乱、国际依附性增强。因此，中国现代化之路必然是在中国共产党的领导下开辟的道路。依据近代中国的国情，政治独立和民族解放是最为紧要的事情，在取得民族独立的条件下发展经济和进行国家建设，在内部持续发展、和谐稳定的条件下走出国门，走向世界，增强世界竞争力和影响力。在承认历史发展的客观规律性的基础上自觉利用客观规律，形成更多的社会认同，凝聚更多的力量，从而领导中华民族伟大复兴的实现，这奠定了中国特色社会主义形成的历史基础和理论前提，也凝聚了中国梦的圆梦力量。离开了中国共产党的领导，中华民族距离走向复兴的伟大梦想只会渐行渐远。因此，是否从根本上坚持中国共产党的领导，是判定中国梦社会性的基本标准。

近现代的历史告诉中国人民，只有社会主义才能救中国。但在一个经济文化十分落后的国家如何建设社会主义，对于中国共产党来说却是一个崭新的课题。90多年来，中国共产党和中国人民通过艰辛的探索实践，开辟了中国特色社会主义道路，形成了中国特色社会主义理论体系，建立了中国特色社会主义制度，为中国梦奠定了坚实的基础，破解了这一难题。中国特色社会主义立足于中国具体国情，结合时代的发展要求，以科学社会主义的基本原理为理论依据的基础上加以创新。通过改革开放，它初步解决了在社会主义制度基础上解放和发展生产力的难题；通过坚持走共同富裕、和平发展的道路，它有利于应对错综复杂的国内矛盾和国际形势；在社会主义市场经济条件下坚持中国特色社会主义有助于中国道路的形成。

中国共产党开辟的中国特色社会主义道路，是把马克思主义的普遍真理同中国的具体实际结合起来，独立自主探索出来的道路，它是推进我国社会主义现代化建设的必由之路，是实现人民幸福的必由之路，是近代以来中国历史发展所选择的道路。中国特色社会主义道路是包含着诸多具体道路的一条道路。具体来说，中国特色社会主义道路是在中国共产党领导下，立足于基本国情，以经济建设为中心，坚持四项基本原则，坚持改革开放，解放和发展社会生产力，巩固和完善社会主义制度，建设社会主义市场经济、社会主义民主政治、社会主义先进文化、社会主义和谐社会，建设富强民主文明和谐的社会主义现代化国家。中国特色社会主义道路的表述揭示了中国特色社会主义的领导力量、历史方位、基本路线、历史任务、总体布局和奋斗目标，是对改革开放30多年来我们党在社会主义建设方面的实践和认识的科学总结。

中国道路的开辟是历史与逻辑相统一

开辟中国道路的历史过程

中国特色社会主义道路，是怎么开辟的呢？这要追溯到中国的“文化大革命”，追溯到“文化大革命”后的拨乱反正和全面改革。

“文化大革命”这场没有任何革命意义的“革命”，将党和国家的建设拖入泥沼之中寸步难行，人们的思想也随着运动的开展走向了混乱。结束了十年“文革”的中国，是回到过去继续坚持“以阶级斗争为纲”，走封闭僵化的老路，还是接受西化，走改旗易帜的邪路，还是独辟蹊径，探索出一条符合中国国情的、能够实现社会主义发展的新路。中国共

> 一位历史学家说过：历史不应该仅是消除偏见，它还应该孕育热情。我们回顾近代以来的历史，不光是要正本清源，还在于在对历史的回味中，激发我们放飞梦想的热情和勇气，增强中国特色社会主义的道路自信、理论自信、制度自信，更坚定地沿着我们选择的道路毅然前行。

产党和中国人民面临着向何处去的艰难抉择。

在这个重要的历史抉择面前，以邓小平为代表的一批共产党人敢于承担重任，解放思想，领导全党进行拨乱反正。1978年底，党的十一届三中全会的召开，标志着中国共产党人在新的时代条件下的觉醒。从党的思想路线破题，首先是破除“两个凡是”错误思想的禁锢，领导和支持真理标准问题大讨论，重新确立了党的实事求是的思想路线；其次果断摒弃“以阶级斗争为纲”的错误方针，开始了全党工作重点由阶级斗争到经济建设的战略转移，在这次大会上，四项基本原则被提出，改革开放的推行，党的政治路线也正式确立；最后是大规模地平反冤假错案，在解放大批老干部的同时，提出党员干部的“四化”标准，形成了新的组织路线来推动社会主义现代化建设。此外，还对毛泽东的历史地位和功过是非做了科学评判。在此基础上，党在十一届六中全会上通过了《中共中央关于建国以来党的若干历史问题的决议》，真正地完成了党在指导思想上的拨乱反正。

以邓小平为核心的党的第二代中央领导集体在十一届三中全会时正式形成。党的第二代领导集体在领导全党完成工作重点转移后，提出了改革开放的历史性决策，开启了中国社会主义现代化建设的新时期，在新的历史起点上开辟了中国特色社会主义道路。

> 在农村推行家庭联产承包责任制，起初的目的仅仅在于解决农民的温饱问题。农村改革也确实调动了农民的生产积极性，迅速解放了长期被压抑的农村生产力，扭转了农业生产长期徘徊不前的局面，农业连年喜获丰收。1984年，全国粮食总产8070亿斤，人均800斤。长期困扰中国人民的温饱问题，短短几年就基本解决了。

中国共产党和中国人民是如何在实践中探索并开辟中国特色社会主义道路的？通过对历史实践经验的总结，以邓小平为核心的第二代领导集体的探索有两个起点：一是农村实行的家庭联产承包责任制，另一个是深圳、珠海、汕头、厦门四个经济特区的设立。

在此之前，我们对农村实行家庭联产承包责任制的改革关注较多，对于设立四个经济特区的重要性则重视不足。这与我国特定时期的国情密切相关。一直以来我国就是一个农业大国，农村区域广阔，农村人口在人口总数中占有较大比重；加之受苏联模式的影响，实行计划经济体制，以工业和重工业为建设重点，农业为国民经济的基础产业建设做出了巨大贡献，但也在发展中受到了诸多限制；我国农村地区经济文化落后，物质生活匮乏，贫困人口已占了很大比重，生活水平急需提高。在这样的形势下，农村的改革意义重大，涉及改革发展的全局。但是我们也应看到，受历史发展的影响，我国的农村经济从总体上无法完全摆脱自然经济和半自然经济的状态，农村的小农经济即使通过改革得以发展，也无法达到现代社会化的生产力的发展要求。我国要实现现代化必须达到生产力的发展标准，这就要求我们必须对我国的经济结构进行战略性的调整，对生产力进行现代化的改造，使生产关系与生产力相适应。通过借鉴、吸收国外的先进技术和管理经验，通过自身的艰苦奋斗和创新发展，生产力的现代化可以实现。对此，在改革开放初期邓小平就提出："要引进国际上的先进技术、先进设备，作为我们发展的起点。"后来针对利用外资的问题，他说："利用外资是一个很大的政策，我认为应该坚持。"这就为实现生产力的现代化提供了一个新的发展思路，在不断地对外开放中建设我们的社会主义。这个观点的提出具有重要的创新意义，直到今天，它依旧是我们发展生产，进行技术创新的指导思想。但在当时的历史条件下，很少有人认识到它的重要性，更多的人仅仅把它看做是建设社会主义的一种方法、一种手段。邓小平的经济建设思路，首先在四个经济特区的创办上得以体现。1979年7月，中共中央、国务院同意在广东深圳、珠海、汕头和福建厦门试办出口特区；1980年5月，决定将这四个出口特区改为经济特区。邓小平把这些特区看作是了解世界的一个"窗口"，能够带来知识、技术，能够更好地走向世界；另一方面这些经济特区又是一个基地，能够带动现代经济的发展，能够培养更多的优秀人才。结果证明，创办经济特区的决策是正确的。

从实践中考察改革开放以来中国现代化建设的探索历程，我们可知，四个经济特区的建立和家庭联产承包责任制的实行一样，是开辟中国特色社会主义道路、建立中国特色社会主义理论体系的发端。邓小平领导的改革开放和建设中国特色社会主义的两个探索，是实践的起点，它影响着社会主义现代化建设的始终，也形成了中国特色社会主义的两个历史特点：

一是要以中国基本国情为出发点，推进中国的全面改革，建设中国特色社会主义。邓小平强调社会主义建设要实事求是，要秉持一切从实际出发，就是要从我们最大的实际，也就是从中国社会主义初级阶段的基本国情出发。这就要承认当前我们不发达甚至落后的现状，不能重蹈覆辙，犯急于求成、超越规律的错误。但承认落后的状况，并非固守落后不愿改变，而是要改变落后的现状，实现更好地发展。因此邓小平指出，中国的社会主义建设要从中国实际出发，要实行改革开放，最终的目的是社会主义的发展。从中国实际出发和改革发展的实施，最典型的就是农村实行家庭联产承包责任制的实践。对中国特色社会主义形成和发展的进程和经验进行总结，可以认识到以中国基本国情为出发点，推进中国的全面改革，建设中国特色社会主义是这一伟大实践的重要特点。

二是要把握国际局势，在参与经济全球化的过程中，独立自主地建设中国特色社会主义。从开始的四个经济特区的建立，到后来相继开放的十四个沿海城市，再到长江三角洲、珠江三角洲、闽东南地区、环渤海地区开辟的专属经济开放区，批准海南省并成为经济特区，开发开放上海浦东，这些实践成为社会主义建设的崭新探索，最终形成了独具中国特色的社会主义道路。随着实践的不断深入，我们越来越深刻地认识到，改革和开放是相互促进、相互关联的辩证关系。特别是在扩大对外开放的过程中，我们越来越深刻地认识到社会主义市场经济实行的重要意义，另一方面，我们认识到社会主义市场经济体制的建立有助于我国对外开放水平的提高。

时至今日，我们可以看出，邓小平提出对外开放的决策，一方面是出于中国实现社会主义现代化的迫切需要，另一方面则是在看到了我们有对外开放的可能和条件的基础上，对世界经济发展的走向的准确把握。邓小平在最初提出对外开放的时候就说过："我们现在要实现四个现代化，有好多条件，毛泽东同志在世的时候没有，现在有了。中央如果不根据现在的条件思考问题、下决心，很多问题就提不出来、解决不了。""经过几年的努力，有了今天这样的、比过去好得多的国际条件，使我们能够吸收国际先进技术和经营管理经验，吸收他们的资金。这是毛泽东同志在世的时候所没有的条件。"确实，新一轮的经济全球化自20世纪70年代后就迅速发展。邓小平提出的对外开放政策，正是抓住了这一难得的发展机遇，为中国跨越式发展的实现创造了条件。

20世纪90年代中期，经济全球化的迅猛发展成为世界经济发展的鲜明特征，但这一时期反全球化的潮流也出现并在不断发展。1999年11月30日，世界贸易组织第三届部长会议召开时，会场外来自世界各地的反全球化人士集会抗议并发生暴力冲突，标志着世界范围反全球化的正式开始。现在，作为全球化代表的世界经济论坛和反全球化的世界社会论坛依然在对抗着。全球化与反全球化的浪潮再次将一道难题摆在了中国共产党面前，我们到底是参与经济全球化，还是参与反全球化？

以江泽民为核心的党中央对此问题进行了研究。江泽民认为："经济全球化，是社会生产力发展的客观要求和必然结果，有利于生产要素在全球范围内的优化配置，带来了新的发展机遇。""同时也应看到，经济全球化是一把双刃剑。""经济全球化不仅加剧着发达国家之间、发展中国家之间、发达国家与发展中国家之间在资金、技术、市场和资源方面的竞争，也加剧着一些国家内部的贫富矛盾，引发社会冲突。"这表明，江泽民认为参与经济全球化与坚持独立自主的和平外交政策对于维护我国的经济安全是必要的，不可偏废其一。

从对外开放政策的提出到中国正式加入WTO并参与经济全球化，我国在经济全球化的浪潮中开始独立自主地走出了一条建设独具中国特色的社会主义发展道路。这条道路不是通过军事扩张或集团对抗等霸权主义形式来增强我国的国际影响力，而是要在世界市场的竞争中达到互利、双赢，所以中国的发展道路是和平崛起的发展道路。也就是说，和平发展、互利共赢是中国特色社会主义道路形成和发展中的又一重要特点。

强调对这两个历史特点的研究把握，就是要在明晰国际国内形势的内在关系的基础上把握正确的发展方向，在正确处理好国际国内条件的相互转化中充分利用当前的发展机遇，在国际国内资源优势的互补格局中创造优先发展的条件，在国际国内因素的综合影响下掌控发展大局。

改革开放以来的具体实践所积累的丰富经验，有助于深化对社会主义的再认识。党中央自党的十一届三中全会以来，在总结实践经验的基础上，不断进行理论总结和理论概括，不断推进理论创新，不断完善和发展我们对社会主义的科学认识。关于新中国成立以来党的历史经验的总结，党在十一届六中全会上对当前我国要解决的社会主要矛盾和工作中心、现代化建设的步骤和阶段、社会主义生产关系的变革和完善、正确处理一定范围内存在的阶级斗争、社会主义民主和精神文明建设等基本问题，作了基本概述，认为这是自党的十一届三中全会以来在立足我国基本国情的基础上探索正确的社会主义道路的关键点。

经过拨乱反正，在进一步探索改革开放和社会主义现代化建设的过程中，邓小平开始思考一个关系到国之根本的问题，即中国究竟应该建设一个什么样的社会主义。中共十二大的召开，昭示着自中国开启改革开放以来，中国的社会主义现代化建设进入了新阶段。邓小平在中共十二大开幕词中提出了"走自己的道路，建设有中国特色的社会主义"这一重要论断,而这一结论的得出来自于中国的实践经验。党的十二大提出的新论断表明中共自十一届三中全会以来,全党和全国人民在以邓小平为核心的党的第二代中央集体的领导下实现了真正意义上的拨乱反正,这是新中国成立以来具有深远意义的伟大历史转折。在中国推行全面改革的实践中提出的"走中国特色社会主义道路"这一科学命题,开辟了独具中国特色的社会主义发展道路。

中国特色社会主义建设事业的辉煌成就是中国共产党及中国人民通过艰辛努力取得的。1978年之前,我们对中国社会主义建设事业的探索是极其艰难困苦的;中共十一届三中全会之后,我们走过的道路也是很不平坦的。所不同的是,十一届三中全会前的艰辛,主要表现为探索的曲折性,党和人民为此付出了沉重的代价;十一届三中全会后的探索,中国共产党和中国人民在改革开放和创新发展中所面对考验的艰巨性和复杂性前所未有。

开辟中国道路的逻辑

回顾中国共产党对改革开放和市场经济的艰辛探索,我们面临着许多困难和考验。

第一次考验是结束了"文化大革命"以后,中国处在关于未来的道路如何选择的重大历史关头。是继续坚持"两个凡是"的观点,坚持无产阶级革命论和"以阶级斗争为纲"走过去的老路,还是不再拥护中国共产党的领导,接受资产阶级的发展模式,走改旗易帜的邪路?在历史抉择的关键时刻,邓小平认为这两种道路都是不可取的,是应该否定的。之后他发表了《解放思想,实事求是,团结一致向前看》这篇宣言书,推动了马克思主义中国化的理论发展,这篇报告也标志着解放思想、实事求是的思想路线的重新确立,它为以经济建设为中心的基本路线的制定奠定了基础,社会主义现代化建设道路重新开辟了。中共十二大提出了"走自己的道路,建设有中国特色的社会主义"的主题任务,以邓小平为代表的中国共产党人在中国社会主义现代化建设的探索中不断地总结经验,特别是对改革开放以来的新经验的总结思考,苏联模式对中国的影响以及苏联解体对中国的经验教训,从而对中国特色社会主义道路进行了进一步的探索。党的十二届三中全会,突破了传统观念,不再将计划经济和市场经济对立看待,认为社会主义社会也可以发展社会主义商品经济;但在改革开放的推进过程中,我们仍要坚持四项基本原则,坚持中国共产党的领导,旗帜鲜明地反对资产阶级自由化。之后中共十三大则完整系统地阐述了社会主义初级阶段理论,制定了党在社会主义初级阶段的“一个中心、两个基本点”的基本路线。

20世纪80年代末90年代初,党经受了第二次考验,即国际国内政治风波的重要考验。当时的中国作为社会主义国家,是听之任之,让资产阶级自由化思想任意泛滥,让苏联解体、东欧剧变的“多米诺效应”在中国继续发挥作用,最终改旗易帜,还是将改革开放这一政策看成西方对中国和平演变的潜在危险,是通过经济领域的变革来引进和发展资本主义的手段?在这一历史抉择的关键时刻,邓小平再次果断地排除了来自右的和“左”的干扰,并针对中国改革开放的继续推进发表了著名的南方讲话,这篇讲话的发布意味着改革开放和现代化建设新阶段的到来。邓小平在这篇南方讲话中强调发展才是硬道理,要坚持党的基本路线一百年不动摇,特别是针对大众疑问的市场经济的性质归属问题的回答,为社会主义市场经济条件下解放和发展生产力的探索之路指明了方向。

以江泽民为核心的党的第三代领导集体,在深入反思苏联解体、东欧剧变的经验教训,在深入总结我国社会主义现代化建设和改革开放以来的经验教训的基础上,进一步深化了对中国特色社会主义道路的认识。党的十四大,肯定了邓小平理论对于中国特色社会主义建设道路的重要作用和指导意义,正式确立了建立社会主义市场经济体制的改革目标。针对经济建设快速发展,精神建设严重滞后的现状,以江泽民为核心的党的第三代领导集体指出,要在加快物质文明建设的同时,着力加强政治文明建设、精神文明建设和党的建设,形成发展的社会主义局面。这种新布局有助于中国特色社会主义事业的全面发展,也是对中国特色社会主义道路的深入认识。

邓小平去世以后,党和国家面临着第三次考验。这次中国面临着举什么旗、走什么路的重大问题。当时的中国,改革开放和社会发展处于关键时期,经济体制改革进入攻坚阶段,在这样一个关键的时期,我们是退回到计划经济的老路上去,还是从“私有化”中找出路?我们将如何抉择?以江泽民为核心的党第三代领导集体,坚定信心,顶住了来自各方的压力和舆论,满怀信心、坚定不移地在总结前人经验的基础上继续对中国特色社会主义道路进行探索。中共十五大上,把邓小平理论作为党的指导思想写进了党章,表明我们中国特色社会主义的基本方向和原则的坚定;这次大会上,党在社会主义初级阶段的基本纲领正式制定,明确指出,在社会主义初级阶段,我国将实行以公有制为主体、多种所有制经济共同发展的基本经济制度,同时强调对于公有制要全面认识,公有制的实现形式可以而且应当是多样化的,顺应时代发展的趋势,加入世界贸易组织,积极参与经济全球化的战略决策等等。解放思想,实事求是,继续坚定四项基本原则,继续对中国特色社会主义道路进行探索,是我党的一贯追求。

在世纪之交,我们面临着第四次考验,面临国际国内新变化,如何抓住战略机遇期,调动一切可以调动的积极因素,开拓进取,全面建设小康社会是我国的当前任务。随着时代的发展,党的历史方位也发生变化,我们不能封闭自守、墨守成规,不能因为社会环境的变化而随波逐流,改变党的性质和宗旨。在历史抉择的关键时刻,以江泽民为核心的党的第三代领导集体面对社会上出现的错误思想和思潮,提出了始终代表中国先进生产力的发展要求,始终代表中国先进文化的前进方向,始终代表中国最广大人民的根本利益的“三个代表”重要思想,之后党的十六大将“三个代表”重要思想作为党必须长期坚持的指导思想写进了党章;同时,报告中指出,随着时代发展出现的新社会阶层和社会团体,他们是推进社会主义现代化建设的生力军,而对于经济社会发展中不同阶层、不同方面群众的利益诉求,我们更要牢记党的宗旨,协调好各方利益,维护社会的和谐稳定,从而不断巩固党的阶级基础、扩大党的群众基础,实现完成全面建设小康社会的历史目标。

进入新世纪新阶段后,我们党和人民面临着国际国内、经济、自然和社会的全面考验。进入21世纪以来,中国经济社会发展在取得巨大成就的同时,也出现了新的阶段性特征。我国处于发展的黄金机遇期,也处于矛盾凸显期,面对社会主义现代化事业建设中出现的问题和矛盾,是继续沿用改革开放前的老办法,还是引入西方模式和制度来解决问题?面对未来的发展,我们要怎样选择发展道路,这是新时期历史发展带给中国共产党的发展难题。以胡锦涛为代表的第四代领导集体在党的十六大上指出:面对新形势、新挑战,我们要高举中国特色社会主义伟大旗帜,以邓小平理论和“三个代表”重要思想为指导,深入贯彻落实科学发展观,继续解放思想,坚持改革开放,推动科学发展,促进社会和谐,为夺取全面建设小康社会新胜利而奋斗。

党的十六大以来,以胡锦涛为代表的第四代领导集体,对新时期以来我国出现的新特点、新变化进行了深入分析,在对我国社会主义现代化道路的探索经验进行了认真总结的基础上,坚持以邓小平理论和“三个代表”重要思想为指导,借鉴国外的先进成果和经验，继续对中国特色社会主义道路进行探索。之后在党的十六届三中全会上提出了我国今后的发展应当是以人为本，全面协调可持续地科学发展；党的十六届四中全会提出了构建社会主义和谐社会的新设想，至此，发展社会主义市场经济、社会主义民主政治、社会主义先进文化和构建和谐社会，构成了社会主义现代化事业的总体布局。在对社会主义建设布局有着整体把握的基础上，中共十七大对中国特色社会主义道路与中国特色社会主义伟大旗帜的关系，中国特色社会主义道路与中国特色社会主义理论体系的关系，作了系统论述。

> 我们党能够在新时期开创出中国特色社会主义道路，其理论基础是对马克思列宁主义、毛泽东思想的科学继承，其时代背景是对国际形势和时代特征的科学把握，其历史根据是对国内外建设社会主义正反两方面经验的科学总结，其现实根据是对我国改革开放和社会主义现代化建设的生动实践、对最广大人民共同愿望的科学认识。
>
> ——胡锦涛

在中国特色社会主义道路的探索过程中，党和人民经历了五次关乎国家前途命运的重大考验，回顾三十多年的历史并进行总结，我国关于特色社会主义道路的实践探索是合乎规律的不断发展的。当时中国社会的主要矛盾，要求我们必须解放和发展社会生产力，所以有了解放思想和改革开放的战略决策。要进一步解放和发展生产力，必须深化改革开放，建立社会主义市场经济体制，确保社会主义市场经济的生机和活力。面对改革开放以来出现的新变化、新情况，要协调各方利益，坚持科学发展，维护社会稳定，坚持以人为本，将各方力量凝聚团结在一起，从而巩固党的执政基础，推动社会主义现代化的发展，实现社会的和谐稳定。

中国共产党就是在遇到难题、解决难题和经验总结中不断探索着，不断开拓进取着。

回顾历史，党在探索中国特色社会主义道路过程中所经受的困难和考验，使我们看清社会主义改革和发展推进的艰辛困苦，但改革开放以来所取得的成就也向世人证明党所领导和推进的改革是正确的，它自身具有内在的逻辑性。这种内在关联的逻辑性不能在现有的书本中直接找到，而是在社会主义实践中不断地遇到问题、解决问题的过程中形成的，这是一个发展的过程，这种逻辑性也在与时俱进地发展着。

简而言之，是合“道”之路。尖锐地提出：什么叫社会主义？他比资本主义好在哪里？每个人平均六百几十斤粮食，好多人饭都不够吃，28年只搞了2300万吨钢，能叫社会主义优越性吗？这一连串的“问号”，实际上也是发出了重新探索“什么是社会主义、怎样建设社会主义”的强有力的信号。

> 概括地说，中国道路，就是这样一条从中国实际出发，合乎中国历史辩证法的国家富强、人民幸福之路。

在十一届三中全会召开前几个月，邓小平同志就说过：“从总的状况来说，我们国家的体制，包括机构体制等，基本上是从苏联来的，是一种落后的东西……有好多体制问题要重新考虑。”1985年会见外宾时，又说：“中国过去就是犯了性急的错误。我们特别希望你们注意中国不成功的经验。外国的经验可以借鉴，但是绝对不能照搬。”他认为：“旧的那一套经过几十年的实践证明是不成功的。过去我们搬用别国的模式，结果阻碍了生产力的发展，在思想上导致僵化，妨碍人民和基层积极性的发挥。”在党的十二大开幕词里，邓小平同志说：照抄照搬别国经验、别国模式，从来不能得到成功。“必须把马克思主义的普遍真理同我国的具体实际结合起来，走自己的道路，建设有中国特色的社会主义”。十三大前后他也几次谈到，搞社会主义不能照搬别国做法、别国模式。1988年，他在会见外宾时谈道：“在中国建设社会主义这样的事，马克思的本本上找不出来，列宁的本本上也找不出来，每个国家都有自己的情况，各自的经历也不同，所以要独立思考。”改革社会主义旧模式，反对搬用别国模式，并不等于社会主义没有模式。实际上，邓小平已然否定了对别国模式的照搬照抄，他一直在思考如何构建符合中国基本实际的社会主义新模式。那么“中国自己的模式”是个什么样子呢？他认为，首要的一个根本问题就是要搞清楚什么是社会主义、怎样建设社会主义。我国社

> 每个国家的基础不同，历史不同，所处的环境不同，左邻右舍不同，还有其他许多不同。别人的经验可以参考，但是不能照搬。过去我们中国照搬别人的，吃了很大苦头。中国只能搞中国的社会主义。
>
> ——邓小平

会主义在改革开放前所遭受的曲折历程,归根到底就在于对这个问题没有完全搞清楚;改革开放以来在前进中遇到的一些犹疑和困惑,归根到底也在于对这个问题没有完全搞清楚。邓小平同志指出:"过去耽误太多,特别是'文化大革命'的十年,自己找麻烦,自己遭灾,不过教训总结起来很有益处。现在的方针政策,就是对'文化大革命'进行总结的结果。最根本的一条经验教训,就是要弄清什么叫社会主义和共产主义,怎样搞社会主义。搞社会主义必须根据本国的实际。"

中国道路的意义

十一届三中全会是新中国成立以来党的历史上具有深远意义的伟大转折。党在思想、政治、组织等领域的全面拨乱反正,是从这次全会开始的;伟大的社会主义改革开放,是由这次全会揭开序幕的;建设有中国特色社会主义的新道路,是以这次全会为起点开辟的;当代中国的马克思主义——邓小平理论,是在这次全会前后开始逐步形成和发展起来的。十一届三中全会是一个光辉的标志,它表明中国从此进入了社会主义事业发展的新时期。从此,中国走上了一条建设有中国特色社会主义的正确道路。

实现中国梦必须坚持中国道路

实现中国梦必须走中国道路。一个国家和民族选择什么样的发展道路,直接关系着这个国家和民族的前途命运。中国特色社会主义道路,是中国共产党人在带领全国人民推进社会主义现代化建设过程中,把马克思科学社会主义基本原理同当代中国的具体实际与时代特征相结合而形成的一条道路。当下的中国,要想早日实现中国梦,就必须坚定不移走好中国特色社会主义道路。

在中华民族5000多年悠久文明的传承中,近代以来170多年中华民族对发展历程的深刻总结,中华人民共和国成立60多年的持续探索,改革开放30多年的伟大实践形成了中国特色社会主义道路。中国特色社会主义,凝聚着中国共产党人的理想和追求,是无数仁人志士的牺牲所换来的。它是党和人民经过新中国成立以来的艰苦奋斗所创造的辉煌成就,凝结着实现中华民族伟大复兴这个近代以来中华民族的百年梦想,也包含着中国共产党和中国人民对未来发展的美好希冀。

必须毫不动摇地坚持改革方向。改革开放是一场深刻革命，要确保改革的顺利推行必须坚持正确方向、沿着正确的道路前进。在方向问题上，我们必须保持十分清醒的头脑，坚定不移地走中国特色社会主义道路，不断推动社会主义制度的自我完善和发展。

这些年来，我们之所以能够在国际风云变幻中站稳脚跟，我们之所以能够经受住亚洲金融危机和"非典"疫情等一次又一次严峻考验，我们之所以能够战胜各种困难和风险使现代化建设的航船始终沿着正确的方向破浪前进，就是因为通过改革开放，我们找到了中国特色社会主义发展道路，全党全国各族人民在这条道路上团结奋进，为中国特色社会主义伟大事业奠定了坚实的物质基础，凝聚起了强大的精神力量。

习近平强调，党的十八大精神的主旨归结为一点就是要坚持和发展中国特色社会主义。中国特色社会主义，是马克思主义理论与中国实际相结合的产物，是立足于中国国情、反映人民诉求、适应时代发展新趋势的科学社会主义，是全面建成小康社会、实现中华民族伟大复兴的必由之路。

党的十八大报告充分肯定了独立自主走自己的路，强调实施创新驱动发展战略，走中国特色自主创新道路；强调包容互鉴，尊重和维护各国人民自主选择社会制度和发展道路的权利；强调走和平发展道路，坚定奉行独立自主的和平外交政策，坚决维护国家主权、安全、发展利益，决不屈服于任何外来压力，坚持根据事情本身的是非曲直决定自己的立场和政策，秉持公道，伸张正义。

中国道路是实现中国特色社会主义的根本途径。坚持走中国特色社会主义道路是创造人民美好生活、实现伟大中国梦的必由之路，这条道路具有深厚的历史渊源和广泛的现实基础。中国道路是对 30 多年改革开放伟大实践的理论概括，是对 60 多年共和国持续探索的经验总结，是对 170 多年民族复兴历程的认识升华，是对 5000 多年中华文明的历史传承。党的十八大对中国道路重要前提、基本路线、根本任务、总体布局和战略目标的明确界定，深刻揭示了中国特色社会主义道路的内涵和关键。中国特色社会主义道路既反映了我国的基本国情，具有鲜明的民族特色，又吸收世界优秀文明成果，具有巨大的国际影响。实践是衡量社会道路是否科学，是否正确的根本标准，中国特色社会主义道路的开辟取得了世界瞩目的成就，实现了现代化与社会主义的有机结合，为人类的现代化提供了别样范本，是一条不同于西方的全新的现代化道路，是人类文明与时代精神相结合的产物。

旗帜指引方向，道路决定前途

道路问题是关系党的事业兴衰成败的首要问题，找到一条正确的道路极其不易，道路决定党和国家的命运，道路就是党的生命。

回顾历史，中国特色社会主义道路的形成来之不易，所以我们必须倍加珍惜，坚定不移走下去。一个国家采取何种制度和政体，要看这个国家的具体国情和具体情况。一个国家的发展道路是否正确，只有这个国家的人民才最有发言权。近代以来的中国积贫积弱，任人欺凌，中国的仁人志士对于各种主义和思潮都进行了大胆尝试，结果是资本主义道路在中国失败了，改良主义、自由主义、社会达尔文主义、无政府主义、实用主义、民粹主义等等，这些思潮最终都无法实行，这些都无法给中国正确的指引，真正解决中国的问题。以毛泽东为代表的中国共产党人在马克思主义理论的指导下引导中国人民走出了漫漫长夜，建立了新中国，开始了中国社会主义建设，中国快速发展起来了。但西方的反华势力并未因为中国的崛起而弱化，反而越演越烈。东欧剧变以来，唱衰中国的舆论在国际上不绝于耳，“中国崩溃论”“中国威胁论”从未中断。与舆论相反的是，中国不但没有崩溃，反而综合国力与日俱增，人民生活水平不断提高，发展越来越好。历史和现实都告诉我们，中国社会主义道路是历史和人民的选择。近代以来的历史和新民主主义革命的胜利告诉人们，只有社会主义才能救中国，只有中国特色社会主义才能发展中国。

特色是事物独特风格和内在优势的体现。当代中国的鲜明特色，不同于传统的中国，不同于当代世界的其他国家，而是指当下正在发展的中国独有的特征和品格。改革开放这个鲜明特色，最深刻地反映着中国特色社会主义这个当代中国的制度优势、社会本质。

> 改革开放只有始终坚持社会主义方向，才能充分发挥中国特色社会主义的独特优势。

中国改革开放的鲜明特征是在与西方的资本主义的竞争比较中形成的。当代世界的改革，是由新科技革命引发的经济社会快速发展形成的时代潮流。中国作为发展中国家与西方发达国家在新一轮经济竞争中处于同一起跑线。西方资本主义国家虽拥有市场经济运作经验丰富、国际规则优先便利、垄断全球市场的强大支撑等有利条件，但却存在深陷金融危机、财政困境、党派之争及高福利难以为继等问题中。中国坚持把马克思主义基本原理与中国具体实际相结合,走改革开放道路,35年来创造了举世瞩目的发展成就。相比于西方发达国家的困境,中国的改革开放日益展现出国家战略的长远优势、执政决策的高效优势、善于吸纳的融合优势等鲜明特色。

改革开放成为当今中国最鲜明的特色,根本原因在于中国始终坚持了社会主义的基本原则。20世纪70年代以来,改革浪潮几乎席卷世界所有国家,不少国家以改革起步,却深陷发展危机,甚至改旗易帜。中国改革开放也并非一帆风顺,但最终突破重围取得胜利,有多方面原因,最根本的是我们始终坚持社会主义方向。社会主义的根本任务是解放和发展生产力。市场经济最大优势是有效配置资源、激发社会活力。中国改革开放始终坚持社会主义方向,走中国特色社会主义道路,把社会主义与市场有机结合起来,使社会主义公有制优越性与市场经济的活力充分发挥,因而当代中国既有发展效率又有创新活力,从而独具特色。

中国特色社会主义是改革开放必须牢牢把握的正确方向。党的十一届三中全会开启了中国改革开放的大幕,也开辟了中国特色社会主义道路。35年来,改革开放的每一步,都是为了推进中国特色社会主义的发展,推动中国特色社会主义制度的完善。中国特色社会主义既是改革开放最主要的成果,也是改革开放取得巨大成功的制度保障和根本原因。只承认中国改革开放的成就,却有意回避成就背后的制度原因,既不符合逻辑,也不符合事实。当代中国的改革开放是有方向、有原则、有立场的,这就是始终坚持中国特色社会主义。党的十八届三中全会旗帜鲜明地宣示了改革的根本性质和正确方向,只有坚持高举旗帜,把握总目标,不断完善和发展中国特色社会主义制度,实现国家治理体系和治理能力现代化,才能保证当代中国改革开放顺利推进、蹄疾步稳。

走好中国道路的方法

坚定理想信念

在新民民主主义革命时期,毛泽东就鲜明地指出要加强对马克思主义和共产主义的思想理论宣传,加紧学习马克思列宁主义,将社会公平正义作为共产主义的价值追求,提出了消灭封建主义和官僚资本主义的剥削制度,消除生产关系上的不平等,实现权利平等的观念。在赢得全国胜利的前夕,毛泽东又告诫全党,要始终保持谦虚、谨慎、不骄、不躁的作风,继续保持艰苦奋斗的作风,这样才能跳出旧政权兴亡更替的历史周期律,才能真正地带领人民开辟一条新民主主义革命的新路。以邓小平为核心的党的第二代领导集体也十分重视理想信念的重要作用。"要树立共产主义的远大理想,人穷志不短,越到困难时,越要有志气"。理想信念就是战斗力,就是凝聚力,没有坚定的理想信念,就没有一切。社会主义的优越性使得社会主义可以更好地发展社会主义生产力,可以更好地消灭剥削和压迫,实现社会的公平正义,所以我们要始终坚持社会主义。

21世纪以来,党的领导集体对事关社会主义本质内涵的核心问题的认识越来越深刻,越来越完善。"三个代表"重要思想和科学发展观成为全党的指导思想的同时,社会主义核心价值体系的建设也提上了日程,和谐与富强、民主、文明一样成为社会建设的核心要素。社会主义核心价值体系的构建对于鉴定共产党人的理想信念,对于中国人民价值观的形成有着重要的意义与作用,是我国精神文明建设的重要内容。

在新的发展时期,面对更为复杂的国际国内形势,"富强、民主、文明、和谐"作为现代化建设的目标,以社会主义核心价值观的形式出现在十八大报告中。中国梦的提出也不仅仅是执政目标的具体表现,也是与社会主义核心价值观相统一的理想共识。社会主义核心价值观与国家、社会、个人三个层面的追求和中国梦的实质是契合的,这种共识的达成能够激发民众奋发有为的热情,凝聚民众的创造智慧,发挥精神力量,推动新一轮改革的进行。

解放和发展生产力

邓小平认为新中国成立以来实行的计划经济体制严重束缚了生产力的发展,对于当时的中国引进市场的力量来解放和发展生产力是必要的。

> 市场的力量究竟有多大,用美国加州大学伯克利分校经济学家布拉德·德隆的话说,人类97%的财富是在过去的250年里创造的。在地球资源没有变多的情况下,他认为这是市场的魔力带来的。

社会主义也可以实行市场经济,这是我国经过多年理论探索和建设实践形成的成果。由于深受苏联的社会主义政治经济学理论影响，中国在过去很长一个时期内，认为计划经济等于社会主义，而商品经济等于资本主义。受这种传统观念的束缚，一些“左”的做法使经济发展的路子越走越窄，实践再次向理论提出挑战。毛泽东在20世纪50年代末60年代初第一次阐释了社会主义商品经济和资本主义商品经济的本质区别，解决了社会主义商品生产存在的条件、范围、作用等重要理论问题。陈云在1979年3月8日的《计划与市场》提纲中，进一步深入研究了社会主义社会计划与市场的关系问题，明确提出，社会主义制度下还必须有市场调节，社会主义计划经济可以与市场调节相结合，而且必须与市场调节相结合，计划经济和市场调节二者同时并存于整个社会主义时期，计划经济为主，市场调节为辅等重要思想。与此同时，我国理论界也开始注意到商品经济与价值规律在社会主义经济发展中的具体作用。比如，社会主义的发展究竟要不要市场，关于社会主义经济中的价值规律的讨论，关于价格机制的讨论，都涉及了社会主义经济中的市场规律。但是，由于当时种种历史条件的限制，对于这一问题的认识从总体上来说没有超出传统计划经济的理论范畴。

党的十一届三中全会以后，中国在经济体制转轨过程中遇到的核心问题还是如何认识和处理计划与市场的关系。邓小平深刻分析世界经济发展历史和新变化、新情况，提出了社会主义也可以实行市场经济的观点，为中国特色社会主义市场经济理论的创立做出了贡献。邓小平在1979年指出：“说市场经济只存在于资本主义社会，只有资本主义的市场经济，这肯定是不正确的。社会主义为什么不可以搞市场经济，这个不能说是资本主义。”“社会主义也可以搞资本主义经济。”[①]把市场经济和社会主义结合在一起，承认和肯定了计划经济体制为主体下社会主义市场经济的必要性，对于理论探索和改革开放的推进起到了重要作用。

党在1984年十二届三中全会通过的《中共中央关于经济体制改革的决定》中提出了社会主义市场经济是“公有制基础上的有计划的商品经济”的重要论断。邓小平同志认为这个决定是“马克思主义基本原理和中国特色社会主义实践相结合的政治经济学”[②]，能把这个决定称之为“纲领性文件”。1985年，邓小平又鲜明地指出：“社会主义和市场经济之间根本不存在矛盾。”“多年经验表明，要发展生产力，靠过去的经济体制不能解决问题。所以，我们吸收资本主义中一些有用的方法

①《邓小平文选》第2卷，人民出版社1993年版，第236页。

②《邓小平文选》第3卷，人民出版社1993年版，第83页。

来发展生产力。现在看得很清楚，实行对外开放政策，搞计划经济和市场经济相结合，进行一系列的体制改革，这个路子是对的。”①1987年，邓小平同志在十三大召开前又进一步指出：“计划和市场都是方法嘛。只要对发展生产力有好处，就可以利用。它为社会主义服务，就是社会主义；为资本主义服务，就是资本主义。”②

党的十三大报告明确了社会主义经济体制应该是计划与市场相统一的体制，强调计划与市场对于社会发展的作用是相当的，不应再提倡以计划经济为主。十三届四中全会以后，提出建立适应有计划的商品经济发展的计划经济与市场调节相结合的经济体制和运行机制。1990年底，邓小平强调指出：“我们必须从理论上搞懂，资本主义与社会主义的区分不在于是计划还是市场这样的问题。社会主义也有市场经济，资本主义也有计划控制。不搞市场，连世界上的信息都不知道，是自甘

市场的魔力在中国共产党的驾驭下得到了充分发挥，中国经济体制改革取得巨大成就，世界银行副行长林毅夫在十几年前就将其称之为“中国奇迹”。从总体上看，市场推动了中国这样一个人口众多、贫穷落后的发展中大国，以世界上罕见的速度快速发展起来，1979年到2007年，国内生产总值从2165亿美元增加到3万多亿美元，年均增长9.8%，远高于世界上同期3%左右的水平。中国经济总量占世界经济份额也有明显提升，从1978年的1.8%增至2007年的6%。中国财政收入则增加了40多倍。2010年，中国成为世界上的第二大财政收入国，仅次于美国。主要产品产量大幅增加，粮食、棉花等主要农产品和百余种工业产品产量位居世界第一。对外经贸方面，从1979年到2007年，中国对外贸易额从108亿美元增加到21738亿美元，位居世界第三；累计吸收外国直接投资7745亿美元，吸引外资规模连续14年居发展中国家首位。城镇家庭的恩格尔系数从1979年的57.5%降至2007年的36.3%，农户居民家庭从67.7%降至43.1%。农户贫困人口从2.5亿减少到2000多万。联合国和世界银行认为，在近25年全人类取得的扶贫事业成就中，三分之二的成就应该归功于中国。

①《邓小平文选》第3卷，人民出版社1993年版，第148-149页。

②《邓小平文选》第3卷，人民出版社1993年版，第203页。

落后。”[①]

邓小平同志在1992年的南方讲话中进一步指出：“计划多一点还是市场多一点，不是社会主义与资本主义的本质区别。计划经济不等于社会主义，资本主义也有计划；市场经济不等于资本主义，社会主义也有市场。计划和市场都是经济手段。”[②]究竟社会主义可不可以实行市场经济这一长期争论的问题，在这时有了一个清晰、透彻的答案，随着这一问题的解答，阻碍我们前行的思想束缚解除，计划经济不再成为判定社会主义性质的基本特征，市场经济不再只属于资本主义，我们对于计划经济和市场的关系问题有了全新的认识。

在1992年北京召开的党的十四大上，江泽民同志代表十三届中央委员会作了《加快改革开放和现代化建设步伐，夺取有中国特色社会主义事业的更大胜利》的报告。报告总结了改革开放以来的建设经验，对于党在实践过程中形成的基本理论、基本路线和一系列战略决策做了总结。报告把14年的伟大实践所引起的广阔而深刻的变革称之为一场新的革命。这场新的革命的实质和目的，是要从根本上改变束缚生产力发展的经济体制，建立充满生机和活力的社会主义市场经济新体制，同时相应地改革政治体制和其他各方面体制，以实现中国的社会主义现代化。

建立社会主义市场经济体制是我国经济建设的目标。我国要建立的社会主义市场经济体制，是要使市场在社会主义国家宏观调控下对资源配置起基础性的作用，使经济活动遵循价值规律的要求，适应供求关系的变化；通过价格杠杆和竞争机制的功能，把资源配置到效率较好的环节上去，并给企业以压力和动力，实现优胜劣汰；运用市场对各种经济信号反应比较灵敏的优点，促进生产和需求的及时调整。同时，也要看到市场有其自身的弱点和消极方面，必须加强和改善国家对经济的宏观调控。要大力发展全国的统一市场，进一步扩大市场的作用，并依据客观规律的要求，运用好经济政策、经济法规、计划指导和必要的行政管理，引导市场健康发展。

社会主义市场经济体制是同社会主义基本制度结合在一起的。在所有制结构上，以公有制为主体，个体经济、私营经济、外贸经济为补充，多种经济成分长期共同发展，不同经济成分还可以自愿实行多种形式的联合经营。国有企业、集体企业和其他企业都能够进入市场，且通过平等竞争发挥国有企业的主导作用。在分配

①《邓小平文选》第3卷，人民出版社1993年版，第364页。

②《邓小平文选》第3卷，人民出版社1993年版，第373页。

制度上，以按劳分配为主体，其他分配方式为补充，兼顾效率与公平。运用包括市场在内的各种调节手段，既鼓励先进、促进效率、合理拉开收入差距，又防止两极分化，逐步实现共同富裕。在宏观调控上，我们社会主义国家能够把人民的当前利益与长远利益、局部利益与整体利益结合起来，更好地发挥计划与市场两种手段的优势。

党的十四大首次明确了我国经济体制改革的目标是建立社会主义市场经济体制和实现这个目标的步骤，在理论上表明社会主义市场经济体制的目标模式已经基本确立，解决了关系社会主义现代化建设全局的重大问题。以邓小平同志1992年初重要谈话和党的十四大为标志，我国改革开放和现代化建设事业进入了一个新的发展阶段。

邓小平反思说："我们总结了几十年搞社会主义的经验。社会主义是什么，马克思主义是什么，过去我们并没有完全搞清楚。马克思主义的另一个名词就是共产主义。……要实现共产主义，一定要完成社会主义阶段的任务。社会主义的任务很多，但根本一条就是发展生产力，在发展生产力的基础上体现出优于资本主义，为实现共产主义创造物质基础。我们在一个长时期里忽视了发展社会主义社会的生产力。……社会主义究竟是个什么样子，苏联搞了很多年，也并没有完全搞清楚。可能列宁的思路比较好，搞了新经济政策，但是后来苏联的模式僵化了。"[①] 邓小平提出了一个根本问题，单一所有制不能带来生产力的快速发展。反思的结果是进行经济体制改革，发挥非公有制经济作用，改变单一公有制布局。

正确引导非公体制

在城市出现个体经济，应该说是就业压力逼出来的。20世纪70年代末80年代初，中国面临的就业压力很大。当时，城镇待业人口高达2000万人，既有回城的知识青年，也有新增劳动力。当时中国"大批人无事干、大量事没人干"，吃饭难、做衣难、修理难的问题得不到解决。党和政府不

> 中国社会主义市场经济体制的建立过程，伴随着农村改革、国有企业改革和民营企业的兴起，它们合理推动了中国生产力的解放和发展。

① 《邓小平文选》第3卷，人民出版社1993年版，第137-139页。

得已想了一个办法:广开门路、自谋职业。北京天安门南边有条前门大街,街道办人员组织回城知青在前门大街上卖起了大碗茶,两分钱一碗,竟十分畅销。当年的知青合作社,已变成今天的大碗茶商贸公司,"大碗茶"走进了北京奥运会、上海世博会,有几十位国家元首到大碗茶公司参观品茗、拍照留念。

农村出现个体经济,是在农村改革大背景下出现的。随着农村改革的推进,农村个体经济以及社队企业获得较快发展。个体经济与乡镇企业的蓬勃发展与城市国有企业改革的困境形成了明显的对比。

1984年中共中央和国务院出台文件,将社队企业更名为乡镇企业,将其明确定性,乡镇企业是推动国民经济发展的一支重要力量,是市场经济下国营企业的重要组成部分。同时,中央财政也放宽了政策条件,给予地方政府一定的自主权用以推动地方经济发展,而地方经济的发展水平也正式纳入了干部考核的标准中,这都增加了地方政府和地方人民的热情。此后,农村青壮年劳动力开始向非农业产业转移并迅速增加,从1978年的2800万增加到2003年的1.76亿。20世纪90年代中期,乡镇企业的工业产值在国民经济中占有重要比重。乡镇企业的发展一方面为农村的剩余劳动力找到了相适的就业岗位,提高了企业效益,从而增强了乡镇企业的市场竞争力,另一方面它的发展为国家创造了大量的财政收入,是国营经济的重要补充。正如邓小平所说,乡镇企业的发展是出乎意料,是异军突起。乡镇企业的发展对于中国经济的崛起发挥了至关重要的作用。

随着城乡个体经济的出现,1980年8月,中央召开全国劳动就业工作会议,提出鼓励和支持个体经济适当发展。随后,不少城市恢复了个体工商业的登记发放工作。1982年召开的十二大肯定了个体经济的不可缺少的补充地位。

个体经济做大了,雇佣的人数多了,就慢慢变成私营企业了。如何看待走市场的私营企业呢? 1987年1月,中共中央通过《把农村改革引向深入》的文件,认为"几年来,农村私人企业有了一定程度的发展",肯定它是社会主义经济的一种补充形式,管理方针定位于"允许存在,加强管理,兴利抑弊"。1987年党的十三大报告指出:"私营经济一定程度的发展,有利于促进生产,活跃市场,扩大就业,更好地满足人民多方面的生活需求,是公有制经济必要的和有益的补充。"1988年,国务院颁布《私营企业暂行条例》,私营企业终于有了法律地位。1992年党的十四大进一步明确多种经济成分长期共同发展,淡化了其补充作用的配角地位。这个时候非公有制经济发展十分迅速。

1997年，党的十五大把公有制为主体、多种经济成分共同发展确定为社会主义初级阶段的基本经济制度。2002年，党的十六大更是往前走了一大步，明确提出优秀私营企业主可以入党。2007年，党的十七大明确表示“毫不动摇地鼓励、支持、引导非公有制经济发展”，此时表明各种所有制经济平等竞争、相互促进的新局面基本形成，这为如何认识私营经济画上了一个圆满句号。

为进一步推动私营经济等非公有制经济的发展，2005年2月22日，国务院批准《关于鼓励支持和引导个体私营等非公有制经济发展的若干意见》，被称为“非公有制经济三十六条”。这是新中国成立以来第一部以促进非公有制经济发展为主题的中央文件，为非公有制经济发展扩大了空间。2005年年底，国家发改委与国务院法制办联合下发通知，重点对现行规章、规范性文件及其他文件在市场准入、财税金融支持、社会服务、权益保护和政府监管等方面与《若干意见》不一致的规定进行清理。同时，促进非公有制经济发展的法律保障也日趋完善。

2010年5月，国务院又出台的“新三十六条”(《关于鼓励和引导民间投资健康发展的若干意见》)，明确鼓励和引导民间资本进入法律法规未明确禁止准入的行业和领域，大大拓展了非公经济发展的空间。

发扬艰苦奋斗的实干精神

“空谈误国，实干兴邦”，这大概是习近平总书记讲得最多的一句话。我们的国家，我们的民族，从积贫积弱一步一步走到今天的发展繁荣，靠的就是一代又一代人的顽强拼搏，靠的就是中华民族自强不息的奋斗精神。功崇唯志，业广唯勤；梦在前方，路在脚下。中华民族的伟大复兴，犹如东方一轮喷薄欲出的红日、秋日大地即将收获的硕果、万里航船就要抵达的彼岸，必将在党和人民的团结奋斗中梦想成真！

> 只有顽强奋斗、艰苦奋斗、不懈奋斗，才能迎来梦想成真的时刻。

实现中国梦需要顽强奋斗。我们的事业前无古人，通往梦想的道路并不平坦。越往前走，问题会越多，考验也越大。经济转型、社会转轨，改革遭遇险滩、制度尚待完善，思想多元、文明多样等等，党自身也面临诸多危险和考验。像一位外国学者讲的，没有哪一个国家曾经面临过这样一系列的挑战，没有哪本教科书可以指导中国。我们唯有顽强奋斗，发挥历史的主动性和创造性，逢山开路，遇河架桥，敢啃硬骨头，敢涉险滩，敢于战胜前进道路上的一切艰难险阻，才能夺取具有新的历史特点的伟大斗争的胜利。

缔造中国梦，实现美好幸福生活，关键在于实干。空谈误国，实干兴邦。只有坚持行动第一、实干第一，才能为中国梦照进现实打下坚实基础，提供根本保障。离开了实干，中华民族伟大复兴只能停留在梦中，美好幸福生活也只能停留在虚幻之中。经过新中国成立后60多年的艰苦奋斗，我们今天比历史上任何时期都更接近中华民族伟大复兴的目标，比历史上任何时期都更接近我们所梦想的美好幸福生活。但我们应当充分认识到民族复兴的伟大梦想和人民盼望的美好幸福生活，不会在一夜之间成就，其实现过程也不会一帆风顺，必须准备进行具有许多新的历史特点的伟大斗争，可能会遇到巨大的阻力，遭受巨大的压力，需要蹚过深水区、踏过地雷阵。另外，我们虽然已经取得了经济社会发展的巨大成就，但中国总体上看仍处于并将长期处于社会主义初级阶段，这个基本国情仍然没有发生根本性的改变。作为最大的发展中国家，我们与世界发达国家在很多方面仍然存在着相当程度的差距。这就要求我们每一个中国人，特别是中国共产党人，应当脚踏实地，出实策、鼓实劲、办实事，夙夜在公，勤勉工作，杜绝追求表面文章不讲实际效果的形式主义，一步一个脚印地描绘蓝图、实现梦想、缔造幸福。

> 如果斗争只是在机会绝对有利的条件下才着手进行，那么创造世界历史未免就太容易了。
>
> ——马克思

空谈误国，实干兴邦。求实之心重一分，虚假之心就轻一分。求实就是一切从实际出发，真正摸清实际情况，真正了解群众愿望，做到耳聪目明、心中有数，拿出解决实际问题的办法和措施，真心为群众办实事、做好事、解难事。弄虚则不同，搞形式主义，做表面文章，看似轰轰烈烈，实则虚胖囊肿，既浪费人力物力，又败坏社会风气，影响事业发展。

把中国梦变成现实，还有很长的路，需要付出长期艰巨的努力。历史告诉我们，中华民族之所以迎来复兴的曙光，靠的就是一代又一代人的艰辛奋斗和埋头苦干。空谈误国，实干兴邦。把一个拥有13亿人口规模的发展中大国带入现代化、实现民族复兴，这在人类发展史上还从来没有过。和平崛起的烦恼，经济社会双转型的压力，发展所面临的矛盾、问题和挑战，迫切要求我们党承前启后、继往开来，迫切要求党员干部求真务实、艰苦奋斗，迫切要求每一个人在各自岗位上付出更多的辛劳。中国人的命运掌握在自己手里，中国人的美好生活要靠自己创造。

奋斗是成就事业的基石，唯有奋斗才能踏进梦想之门。如果纸上谈兵而不真抓实干，再好的梦想也难以成真。要坚持实干为先、落实为要，把中央的部署和要求转化为一项项具体措施，把人民群众的愿望变成一件件实事好事，以实际行动推动中华民族伟大复兴的大业。

强国，唯有改革开放；兴邦，唯有真抓实干。只要我们继承和发扬改革先行者敢为天下先的精神状态，永葆改革开放的勇气、开拓创新的锐气、攻坚克难的志气、奋发有为的朝气，同心协力攻坚克难，脚踏实地埋头苦干，就一定能再创改革开放、科学发展的新业绩。

敢啃硬骨头、敢于涉险滩，要坚持科学发展。要按照科学发展观的要求，坚决破除任何妨碍实现科学发展的体制机制障碍，切实转变发展方式，突破发展瓶颈，提升发展质量，拓展发展空间。

敢啃硬骨头、敢于涉险滩，要勇于冲破思想观念的障碍。“实践发展永无止境，解放思想永无止境，改革开放永无止境，停顿和倒退没有出路。”坚定不移地把改革开放推向前进，是我们必须坚持的正确方向。改革遇到的“硬骨头”和“险滩”躲不开也绕不过，只有不断解放思想，才能为解决问题、克服困难形成新思路、创造新条件、找到新办法。

> 改革也是一场深刻革命，没有一点儿闯的精神、“冒”的勇气，就不可能成功。直面艰难困苦，敢于迎难而上，是我们党的光荣传统，也是我们的事业不断取得胜利的重要原因。

敢啃硬骨头、敢于涉险滩，要勇于突破利益固化的藩篱。改革开放最终是为了让全体人民生活得更加幸福美好。坚持以科学发展观为指导，推进收入分配制度改革，让改革发展成果更多更公平地惠及全体人民，是维护公平正义的需要，也是全面建成小康社会的题中之意。

中华民族伟大复兴召唤着我们，人民对美好生活的向往激励着我们。让我们进一步解放思想,勇于攻坚克难,奋力把改革开放伟大事业不断推向前进。

妥善处理好几对关系

如何实现中国梦?习近平总书记在新一届中央政治局常委同中外记者见面时讲得十分清楚,实现中华民族的伟大复兴是全党同志的重托、全国人民的期望,是党的领导集体的重担、责任和使命。面对这一责任和使命,党要团结和带领全党和全国各族人民,接过历史的接力棒,继往开来,继续解放思想,坚持改革开放,不断解放和发展社会生产力,努力服务群众,造福百姓,坚定不移走共同富裕的道路。中国共产党作为久经考验的执政党,是实现中国梦的主导核心,在逐梦过程中要正确处理好以下几对关系。

> 如果放弃和否定了党的正确领导,放弃和否定了中国特色社会主义的理论指导,放弃和否定了中国特色社会主义的基本制度,那么实现中国梦只是一句空话。

首先,要处理好理想信念和实际行动之间的关系。理想即梦,但理想并非白日梦,并非空想,而是需要实干的依托。习近平总书记在提出中国梦的同时,首先提出的告诫就是“空谈误国,实干兴邦”。他鲜明地指出:“每个人都有理想和追求,都有自己的梦想。现在,大家都在讨论中国梦,我以为,实现中华民族伟大复兴,就是中华民族近代以来最伟大的梦想。这个梦想,凝聚了几代中国人的夙愿,体现了中华民族和中国人民的整体利益,是每一个中华儿女的共同期盼。历史告诉我们,每个人的前途命运都与国家和民族的前途命运紧密相连。国家好,民族好,大家才会好。实现中华民族伟大复兴是一项光荣而艰巨的事业,需要一代又一代中国人共同为之努力。空谈误国,实干兴邦。我们这一代共产党人一定要承前启后、继往开来,把我们的党建设好,团结全体中华儿女把我们国家建设好,把我们民族发展好,继续朝着中华民族伟大复兴的目标奋勇前进。”①

应该讲,历史的铁的定律已经证明,“空谈误国,实干兴邦”,这是治国理政的重要结论。如战国时期的赵括,理论上只会夸夸其谈,纸上谈兵,个人的错误造成了赵军40万军队的覆没,赵国从此一蹶不振直至灭亡;魏晋时代,王羲之把以清谈为风尚的风流名士贬为“叙谈废务,浮文妨要,恐非当今所宜”,明末顾炎武把这段历

①《在参观〈复兴之路〉展览时的重要讲话》,刊《人民日报》2012年11月30日。

史教训总结为“清谈误国”。习近平总书记对于这些历史典故和经验烂熟于胸,他曾在许多场合多次告诫我们要牢记此类误国之鉴。在参观《复兴之路》展览时,他的讲话把这一历史教训同现实中的中国梦联系起来,引人深思。因为,理想与实干是辩证统一的关系。作为我们的理想,中国梦是合“理”之想,是建立在实践和现实基础之上的,这种“理”是从实际出发、来自实践、应用于实践和自觉接受实践检验的实“理”,是我们所要之“理”,必然也是我们理想之“理”。作为我们的理想,中国梦是合理之“想”,这种“想”不仅为“干”凝聚愿望和动力,更要靠“实干”变为现实。理性地对待“理”与“实”、“想”与“干”之间的辩证关系,就是遵循理想信念与实际行动的辩证逻辑。

理想过于超前,或者脱离实际,那么再好的理想也只能成为空想。中华民族伟大复兴的中国梦向人民群众展示了美好的愿景,目的在于凝聚共识,激励人民的积极性和创造性,推动社会主义事业永续前进。但如果这一梦想高高悬起,远离了人们对现实生活的期望,那梦想也只能成为空洞乏味的口号,更谈不上激起民族的自信和自为。简言之,中国梦是以实践为基础的科学理想,只有通过坚定不移的实干,才能变为生活中的现实。

其次,要处理好改革与发展之间的关系。倡导实干精神,核心就是实实在在的行为付出,就要实实在在推动改革,实实在在谋求发展。为此,我们要正确解决好改革与发展的关系问题。改革问题上,停滞倒退没有出路,不坚持正确的方向改革也会偏离社会主义指向,改革由问题倒逼产生,改革最终也是为社会主义发展而扫清阻力和障碍,释放前进的动力。我们要按照“改革是动力,发展是目标,稳定是前提”这一论断来处理改革与发展的关系。改革开放历经30多年,我们获得了丰富的经验,其中一条重要的经验是:改革必须探索适应我国国情的经济体制和各方面体制的实现形式,实事求是地推进。改革必须立足于我国社会主义初级阶段的这一实际,必须以破解发展中的难题为目标。

当前,改革进入了攻坚阶段,难度和风险加大。一个主要的目标就是要加快转变经济发展方式,推进科学发展。因此,无论是改革的顶层设计,还是“摸着石头过河”,我们都必须立足于我国当前社会发展阶段的实际特别是时代的发展要求。记得当年邓小平在针对党内外关于“傻子瓜子”等问题时,高瞻远瞩,牢牢抓住了发展这一大局,来处理改革难题。这是我们无法丢弃的宝贵经验和财富。只有实事求是,一切从实际出发,紧紧围绕着发展的任务和要求来推进改革,才能一步一步地实现我们期盼已久的中国梦。

最后要处理好机遇与挑战之间的关系。如何正确分析和应对复杂的国内外形势，敢于迎接挑战，善于抓住机遇，这是关于改革成败的大问题。党的十八大报告中指出，要紧紧抓住新时期这一重要战略机遇期，全面建成小康社会。这就从根本上揭示了抓住机遇、加快发展自身的过程，实际就是圆梦的过程。但是，机遇不会从天而降，它总是与挑战并存，抓住更大的机遇，就意味着要迎接更大的挑战和考验。因此，我们在全面深化推进改革开放、实现中国梦的过程中，必须正确处理好机遇与挑战之间的关系。

历史已经告诉我们并将继续告诉我们，世界上没有任何一个国家和民族能够阻挡中国梦的实现，除非中华民族自身停滞不前。在改革开放的伟大进程中，在实现中国梦的伟大历程中，我们只有正确分析和解决好机遇与挑战等问题，才能在伟大成就的面前不盲目陶醉，才能在各种挑战面前不盲目悲观。为此，只有紧紧抓住我们身处的可以大有作为的战略机遇期，勇敢应对各种挑战，中国梦这一美好的希望才能逐渐转化为美好的现实。

总之，实现中国梦，正如党的十八大报告指出的，我们要遵循改革开放的内在逻辑，把"全面建成小康社会"与"全面深化改革开放"作为一个统一的问题加以考虑，以改革开放这一动力源来圆我们的民族复兴之梦。

高举旗帜弘扬中国精神

我们要用中国梦坚定理想信念，构筑精神支柱，凝聚思想共识。要在展望中国梦的壮丽前景中统一思想。

中国精神是民族精神与时代精神的统一，中国精神为实现中国梦凝心聚力。民族精神是一个民族生生不息、薪火相传的精神血脉。在五千多年的历史长河中，中华民族形成了团结统一、爱好和平、勤劳勇敢、自强不息的民族精神，我们党领导人民在长期奋斗中不断丰富以爱国主义为核心的民族精神。在当代中国，爱国主义同社会主义是紧密结合的，高扬爱国主义、社会主义旗帜，能最大限度地凝聚和动员全民族的力量，为振兴中华而奋斗。创新是民族进步的灵魂，全民族的创造精神和创新能力，是实现中华民族伟大复兴的不竭动力。改革开放使我国各族人民焕发出巨大的创造活力，形成了以改革创新为核心的鲜明时代精神。只有坚持改革创新，才能让一切创造新生活的活力和源泉竞相迸发、充分涌流。民族精神和时代精神是相互交融的，深深熔铸在民族的生命力、创造力和凝聚力之中，是凝心聚力的兴国之魂、强国之魄。弘扬伟大的民族精神和时代精神，就能增强团结一心的精神纽带、自强不息的精神动力，永远朝气蓬勃地迈向未来。

精神产生巨大力量，更是一种信仰

中国精神是民族精神和时代精神凝练和升华的产物

一个人活着，必须有一点儿精神支撑。同样，一个民族要生生不息、繁衍壮大，一个国家要富强兴盛，必须也要有厚重而强大的精神力量。

> 民族精神是民族所特有的素质、思想、道德、文化内容。民族精神需要弘扬更需要培育，它是动态的、理想性的，能继承过去又能超越传统，具有与时俱进的特点。

中华民族历来倡导勤劳、勇敢、智慧，是一个有丰富理想和大有作为的民族，也是一个非常注重民族精神品格历练的民族。在五千多年的历史长河中，向往民族兴旺、国家统一、人民富足的梦想始终像不熄的灯塔指引民族前行，我们伟大的民族精神也随之得以激发、培育和塑造。我们的祖先很早就从实践中得到启示，提出了“天行健，君子以自强不息；地势坤，君子以厚德载物”的格言，很早就形成了“大一统”的哲学思维传统以及与之相应的国家观念，孕育了源远流长、博大精深的以爱国主义为核心的民族精神。正是在这种精神的激励下，中华民族屹立于世界民族之林，创造了璀璨的文化。在人类文明的历史长河里，相对于其他民族的短暂生命、民族断脉，唯独中华文化始终如月之升，如日之恒，薪火相传，绵延不绝。正是凭借这种精神的支撑和引领，中华民族通过自强不息的无尽奋斗，不断创造和建设了世界东方的这片热土，在这个美好家园的映照下延续着民族的命脉。在漫长的民族统一融合进程中，这片国土虽历经战火纷纷，历经分分合合，但统一的多民族国家的趋势和格局主体始终得以保持。中华民族的大一统观念、以寻求富强统一为己任的国家观念、“天下兴亡、匹夫有责”的爱国观念，犹如基因一般植入了每个中国人的内心深处。也正是凭借这种伟大的民族精神，在近代中国内忧外患、国土破碎、备受蹂躏的处境下，伟大的中国梦才在黑暗中萌生，在暗夜中点亮，拯救民族危亡的运动、革故鼎新的时代呐喊如潮汐一般激荡不息、奔涌不已。

中国共产党的成立标志着一个新型政党的出现,中华民族焕发出新的生机和活力,也意味着中华民族思想上的一次大解放、精神上的一次大焕发。中国共产党人自成立之初就坚持把马克思主义作为自身的思想理论武器,并在实践中结合本国国情不断将其中国化,把马克思主义的科学元素注入到了民族精神之中,从而为民族精神提供了鲜活的血液和细胞。正是中国共产党人把伟大的历史使命与中国梦紧密地统合起来,才使得民族精神如凤凰涅槃,浴火重生,使中国人民"知所趋赴",焕发出了谋求民族独立解放和促进国家现代化的排山倒海的巨大力量。在中国共产党的正确引领下,中国人民不仅取得了民族独立和解放,而且以自力更生、民族复兴的坚定决心,以艰苦奋斗、愚公移山的革命精神,为中国特色社会主义事业打下了坚实的基业,展示了崭新的精神风貌。

改革开放的成功开启,使得中华民族真正踏上了社会主义现代化道路,这意味着中华民族思想上的又一次新的大解放、精神上的又一次新的大焕发。由于复杂的内外形势,中国社会主义建设遭受了巨大曲折,社会主义实践探索也几乎到了停滞状态,思想上的僵化笼罩在人们的心头。为了冲破"左"的思想的长期禁锢,赶上时代浪潮,开辟新的天地,20世纪70年代末,气势恢宏的改革开放大幕在中国共产党的领导下逐渐拉开。整个华夏大地在解放思想、实事求是、与时俱进的春风吹拂和涤荡下,焕发出前所未有的生机。中华民族以宽广的眼界和气度面向现代化、面向世界、面向未来,以农村改革为起点,改革由点到面,由浅到深,从沿海到内地全方位多层次地展开了。改革开放是当代最鲜明的时代特征,改革创新的时代精神成为民族精神最显著的标识。在波澜壮阔的改革实践中,中华民族充分地把以爱国主义为核心的民族精神和以改革创新为核心的时代精神紧密地结合、熔铸在一起,迸发出倍加璀璨的光彩,释放出如原子核聚变、裂变一般的强大能量。

> 时代精神是引领时代进步潮流、体现中国社会发展方向的精神力量。

这就是中国精神:源远流长的具有深厚历史底蕴的爱国主义传统和与时俱进的具有崭新时代内涵的改革创新精神。这也是当代中国和中华民族精神风貌的鲜明写照。

正是中国精神的支撑和引领,才有了人们看到的中国速度、中国现象、中国奇迹。这种精神比一切看得见、摸得着的物质成果更为弥足珍贵，是凝心聚力的兴国之魂、强国之魄，是中华民族伟大复兴难以逆转、难以遏止的最深层的根基。

实现伟大复兴的中国梦需要进一步弘扬中国精神

近代以来，经过170多年的苦苦探寻、中国共产党成立90多年的艰苦奋斗、共和国成立60多年的不懈前进、改革开放30多年的开拓进取，中华民族伟大复兴的曙光已经越来越迫近，中华民族距离梦想成真已经越来越近。要进一步弘扬中国精神，支撑和引领伟大的中国梦最终实现。

第一，弘扬中国精神是秉承中华文化的内在要求，是实现中国梦的精神支柱。

文化是民族血脉的沿承，是人民的精神归宿。当今世界全球化和民族化进一步推进，多元思想文化异彩纷呈，文化软实力之间的竞争日益重要，并成为一个国家、一个民族是否兴旺发达的重要标志。近代中国的衰落，与帝国主义和封建势力对国民的思想禁锢、精神压迫直接相关。只有民族精神上的大解放、大振奋、大焕发才会有民族的伟大复兴。在日趋激烈的现代化建设中，我们既要重视发展物质文明，也要更加重视精神文明，要充分利用我们特有的政治和精神优势，振奋精气，使我国在国际竞争中处于不败之地。在全国宣传思想工作会议上，习近平总书记指出，中华优秀传统文化是中华民族的突出优势，是中华民族自强不息、团结奋进的重要精神支撑，是我们最深厚的文化软实力。

根本来说，民族的伟大复兴实际上是文化的复兴，而核心价值体系是文化的内核，民族精神和时代精神则构成了社会主义核心价值体系的精髓。只有大力弘扬中国精神，才能构建和培育社会主义核心价值观，才能促进中国特色社会主义文化大发展大繁荣，才能从根本上涤荡封建社会和近代以来帝国主义侵略所造成的民气民风上的某些愚昧落后、保守封闭的精神状态，才能使中华民族更加自信、骄傲、昂扬地屹立于世界民族之林。

第二，弘扬中国精神，凝聚民心和民力是实现伟大复兴中国梦的必然需要。

中华民族的命脉历经五千年而不散，在国家面临危难之际，民族精神成了促进中华民族团结奋进、救亡图存的精神纽带；在国家现代化进程中，时代精神成了凝聚民心民力共建美好幸福家园的力量之源。“路漫漫其修远兮”，我们已经取得了举世瞩目的伟大成就，但距离“两个一百年”的奋斗目标还有更加艰巨的历程。

当今世界正处于新一轮大变革之中，各种政治力量在国际舞台上激烈竞争，作为一个社会主义国家，中国在寻求崛起的进程中必然要受到国际敌对势力的百般阻挠，它们始终企图对我国实行“西化”“分化”的措施。国内社会多元格局逐渐形成，经济发展处于转型期，社会矛盾激化，思想上的多元化和复杂性日益加深，各种社会思潮此起彼伏，各种社会力量竞相博弈，国内社会思想观念和价值观念呈现出多元、多样、多变的特点。站在新的历史征程上，倘若没有伟大的中国精神，尤其是爱国主义精神，那么凝聚亿万人民的意志和力量来践行中国梦只能成为一种空想。愈迫近梦想，愈需要我们在爱国主义精神的感召下凝心聚力，冲破思想利益差异的藩篱，最大限度地寻求共识，将个人力量的涓涓细流汇聚成民族复兴的磅礴巨浪。爱国主义始终是指引亿万中国人民前进方向的灯塔，昭示亿万中华儿女价值归属的航标。

第三，弘扬中国精神，激励精神和斗志，是实现伟大复兴中国梦的紧迫要求。

改革开放是决定当代中国命运的关键抉择，是发展中国特色社会主义、实现中国梦的必由之路。正是由于改革开放，我们才取得了伟大的成就，也只有继续深化改革开放，我们才能解决现阶段深层次的矛盾和问题。当前，改革开放已经进入攻坚期和深水区，如何进一步攻坚克难、破除障碍？必然要依靠中国精神，尤其是改革创新精神。

发展是在不断地创新过程中实现的，没有创新就不会有真正意义上的发展。现代创新理论奠基人熊彼特强调，创新就是构建一种新的生产函数，把一种从未有过的关于生产要素和生产条件的新组合引入生产体系。改革创新是新时代的主旋律，是中国共产党的鲜明特征，也是社会主义事业不断取得进步的重要保障。可以说，改革开放以来，中国经济社会的飞速发展正是中国共产党带领中国人民将实践基础上的理论创新和理论指导下的实践创新相结合的产物。

> 19世纪德国军事家和历史学家克劳塞维茨曾说：“历史最能证明精神因素的价值和它们的惊人的作用。”中国现代化探索的艰辛历程及当代成就，对克劳塞维茨这句话作出了生动注解。可以说，经过几千年的沧桑岁月，13亿多中国人之所以能够紧紧凝聚在一起，离不开中华民族共同培育的民族精神、共同凝结的时代精神。

新时期最鲜明的特点是改革开放，最显著的成就是快速发展，最突出的标志是与时俱进。30多年来，人们思想不断解放、观念不断转变，人们逐渐冲破了妨碍思想解放的精神禁锢，逐渐改变了束缚发展的做法和规定，逐步革除了影响发展的体制弊端。改革创新是时代最强音，成为社会发展的潮流。在日益复杂的国际环境下要想应对挑战、抓住机遇，就必须全力发扬改革创新精神，真正做到敢于变革、敢于创新、追求卓越，不断解决好社会主义前进道路上遇到的各种问题。只有发扬“逢山开路、遇河架桥”的改革创新精神，我们才能迎难而上，破解日益凸显的发展瓶颈和深层次矛盾问题，才能闯过激流险滩驶向潮平岸阔。

诺贝尔经济学奖获得者刘易斯曾指出，自然资源、资本、智力和技术等是经济发展的基本要素；依据边际效益递减规律，自然资源和资本对经济发展的贡献度是递减的；长期来看，人的创造力和技术是经济发展的最终决定因素。当前，我国经济发展正从资源驱动、投资驱动向创新驱动转变，创新驱动是实现发展转型的必然之选。改革开放以来，我们党越加重视创新的重要性，把创新提高到国家战略的新高度。十八大报告指出，要始终把改革创新精神贯彻到治国理政的各个环节，不断推进理论创新、制度创新、科技创新、文化创新以及其他各方面创新，不断推进我国社会主义制度的自我完善和发展。因此，解放思想，勇于创新，锐意进取，切实发扬改革创新精神，向创新型国家的行列迈进，是实现科学发展的必由之路，这将为实现中华民族伟大复兴奠定坚实的基础。

> 边际效用递减是经济学的一个基本概念，是指在一个以资源作为投入的企业，单位资源投入对产品产出的效用是不断递减的。通俗地来说，开始的时候，收益值很高，越到后来，收益值就越少。用数学语言表达就是：x是自变量，y是因变量，y随x的变化而变化，随着x值的增加，y的值在不断减小。

扎实推进弘扬中国精神这一铸魂工程

精神是民之灵魂，国之命脉。新形势下，为了实现中国梦，必须切实抓紧抓好弘扬中国精神这一铸魂工程。

弘扬中国精神要促进社会主义先进文化大发展和大繁荣。高举社会主义先进文化发展的旗帜，在坚持马克思主义指导的前提下，坚定不移地用中国特色社会主义理论体系武装全党、教育人民。要优先发展培育社会主义核心价值体系，使其融入国民教育、精神文明建设和党的建设全过程，贯穿到改革开放和社会主义现代化建设各个领域，体现到精神产品创作生产传播各方面。坚持社会主义先进文化的前进方向，在批判吸收民族传统精神文化基础上，积极借鉴和利用人类一切优秀的精神文化成果，建设具有鲜明中国气派、体现时代发展气息的先进文化，不仅要满足人民日益增长的文化需求，而且要提升人民的精神境界，强化人民的精神力量。深入开展以爱国主义为核心的民族性教育，深入开展以改革创新为核心的时代性教育，并综合运用思想教育、文化熏陶、舆论引导、实践养成、典型示范、制度保障等方法途径，积极倡导和培育社会主义核心价值观，使中国精神真正印刻在人们心中。

弘扬中国精神要奠基于亿万国人“追梦”“圆梦”的火热实践中。中国精神不是空中楼阁，更不是坐而论道，它体现在个体努力拼搏的过程中，体现在为个人梦、国家梦的奋斗追求中。中国精神只有在实践的沃土上才能扎根，在实干的热流中才能弘扬。以一切为了人民、一切依靠人民为落脚点，充分激励和发挥人民群众建设幸福生活、开拓美好未来的首创精神和积极性，努力为每一个人追梦提供更加公平充裕的机会和更广阔的舞台。要积极引导人们把个人之梦、国家之梦和民族之梦有机统一起来。要在深化改革开放的实践基础上，引导人民进一步解放思想，破除一切思想藩篱，树立与时代相适应的思想观念。要充分发挥榜样的力量，运用践行中国精神的先进典型的生动素材来鼓舞和激励人民。继承和弘扬我们民族脚踏实地、埋头苦干、艰苦奋斗的宝贵优秀品格，鼓实劲、办实事、求实效，“抓铁有印，踏石留痕”，使中国精神在实干中绽放美丽光辉。

弘扬中国精神要充分发挥共产党员特别是领导干部的带头示范作用。中国共产党代表工人阶级、中国人民和中华民族的利益，是社会主义建设事业的领导核心，因而也是当代中国精神最忠诚的倡导者和最坚定的践行者。在谈到夺取中国革命胜利时毛泽东同志强调，先锋队必须首先觉悟。今天，同样要首先使“先锋队觉悟”，我们才能凝聚和带领亿万人民实现中国梦。共产党员和领导干部必须发挥好模范作用，积极践行和弘扬中国精神，坚定马克思主义的理想信念，牢记宗旨意识，始终保持艰苦奋斗的政治本色、奋发有为的精神状态、开拓创新的革命精神、求真务实的优良作风，以自身的模范行动影响和带动全民族。

以伟大的民族精神引领中国梦之魂

民族精神是激发、凝聚民心民力的精神纽带和力量支撑。如果没有振奋、高尚的民族精神和品格，一个民族就很难自立于世界民族之林。中华民族历经五千多年的发展，风雨沧桑，分分合合，尤其近代以来饱受压迫和欺凌，但最终没有被亡国灭种，其中根本原因就是形成了以爱国主义为核心的团结统一、爱好和平、勤劳勇敢、自强不息的强大民族精神。

> 历史上形成过以中国文化为核心的"儒家文化圈"和以中国为中心的东亚"朝贡体系"。这一方面与古代中国高度发达的物质文明有关，另一方面更在于中国的文化及生活方式等对周边民族和国家具有强烈的吸引力和辐射力。在文化的多样性和文化间的对话交往成为人类普遍价值体系的今天，一个新的"文化中国"应该是一个统一但同时又充满魅力的多元文化竞相发展的中国，是一个热爱和平、尊重人类所有文化价值的中国。一个热爱和平，富于创新，豁达、开放、理性的"文化中国"必将赢得国际社会的广泛信赖与尊重，也必将实现和平崛起的民族理想。

中华民族伟大精神具有丰富的表现形式。一方面，民族精神表现为中国人民所具有的强烈的民族自尊心、自信心。五千多年的悠久历史的积淀，辉煌灿烂的文化沿承，中华民族为人类的文明进步作出了难以磨灭的贡献。然而，近代以来，中华民族陷入了苦难深渊，中国人民的民族自尊心遭受到了极大的伤害。不堪回首的历史伤痕依然保留在中国人民的心中。深刻体会到落后就要挨打的历史教训，中国人民内心催生出一种极度的压力感、紧迫感和责任感，从而形成了进行社会主义现代化建设、实现中国梦的强大精神支撑。另一方面，民族精神表现为中国人民自强不息的奋斗精神。中华民族虽历经沧桑，但满怀梦想，坚信"长风破浪会有时"。这种不屈不挠的奋斗精神成为我们实现中国梦的弥足珍贵的精神力量。为振兴民族而奉献终身的邓小平曾说过，中国人民有能力站起来，将来就一定有能力永远岿然屹立于世界民族之林。江泽民在党的十六大报告中指出:“民族精神是一个民族赖以生存和发展的精神支撑。一个民族,没有振奋的精神和高尚的品格,不可能自立于世界民族之林。”中华民族自强不息的民族精神成为国内各民族、各阶层心灵联系的纽带,形成了一种强烈的民族凝聚力、向心力和归属感。

伟大的事业需要并产生崇高的精神,崇高的精神支撑和推动伟大的事业。在五千多年的历史长河中铸就的中华民族精神,一直保持着鲜明的中国特色和深厚的历史底蕴。近代以来,在中国共产党的坚定领导下,中国人民经历了新民主主义革命、社会主义革命,如今正把社会主义现代化建设推向新的高度,这一伟大进程始终伴随着中华民族精神的传承和发展。无数仁人志士前仆后继,不懈探索。柳暗花明,今天实现中国梦的有效途径终于被我们找到了——在中国共产党领导下,立足基本国情,走中国特色社会主义道路,实现中华民族的伟大复兴。面对我国社会转型期的复杂形势,习近平总书记强调指出:“实现中国梦必须弘扬中国精神。”传承民族精神是中国特色社会主义文化建设的重要环节,能够推动民族凝聚力、向心力和归属感的形成,为经济发展和社会全面进步提供精神动力和智力支持,从而促使全体国民汇聚所有力量,同心同德,共筑中国梦。作为民族精神的传承者,中国共产党在领导中国革命和建设的整个过程中,使民族精神不断得到发展和丰富,民族精神的载体得到不断创新。党为中华民族精神在当代的传承做出了率先示范作用。新时期,在党的领导下,民族精神焕发出旺盛生命力,呈现出新时代的新风貌,成为推动实现中国梦的思想灵魂,成为推动中华民族奋力前行、开创美好未来的强大动力。

在新的历史起点,回望历史,仰望未来,“现在,我们比历史上任何时期都更接近中华民族伟大复兴的目标,比历史上任何时期都更有信心、有能力实现这个目标”。新时代民族精神不断传承和弘扬,凝聚了中华民族儿女共同的心声和愿望,在坚定志向和共同理想信念的指引下,中华民族以坚毅的步伐不可逆转地向伟大复兴的历史目标迈进。

第一,民族精神的传承奠定了中国梦的思想基础。中国梦的实现,首先需要在全社会形成广泛的共识和共同的理想信念。只有传承民族精神,人们才能在实践过程中获得源源不断的力量支撑;只有传承民族精神,人们才能更加坚定理想信念,以强烈的意志力量奋力实现自我价值和实现对社会历史的推动作用。中国共产党在把马克思主义普遍原理与中国国情相结合的进程中,实现了三次历史性的飞跃,每一次飞跃都汲取了中国传统文化的精髓,体现了对民族精神的传承与创新。尤其作为马克思主义中国化动态进程中最新成果的中国特色社会主义理论体系,聚合了中华民族的爱国主义精神、"和合"精神以及人本精神,具有深厚的民族文化底蕴,鲜明地体现了中华民族优秀文化和精神的理论结晶,代表着我国最广大人民群众的共同利益和愿望,为实现中国梦构筑了坚实的思想基础。

第二,民族精神的传承坚定了中国梦的道路自信。中国特色社会主义制度是适应我国历史和国情的,体现了巨大优越性。我国始终坚持党的领导、人民当家做主和依法治国相结合的中国特色社会主义道路。1982年,党的十二大召开,中国共产党首次提出把中国带入建设有中国特色社会主义新的政治轨道上,为中国梦的实现探索出了逐渐明晰的道路。历经30多年,中国取得了举世瞩目的成就,持续的经济高速增长、成为世界第二大经济体,中国在国际事务中发挥着越来越重要的作用,一个崭新、强盛、包容的大国在国际舞台上正在崛起。中国在经济上的奇迹有力证明了中国特色社会主义制度的巨大优越性,中国道路显现出更加光明宽阔的前景,人们更加有了道路自信。当然,中国的崛起不仅要经济的崛起,更要精神文明的崛起。现阶段,我国的改革进入到攻坚期和深水区,矛盾纷繁复杂,不仅面临思想上的障碍,更面临利益固化藩篱,只有立足于我国建设的大局和世界发展的大局,坚定不移地走中国特色社会主义道路,最大限度地凝聚广泛的社会共识,充分提振中华民族精神,构建中华民族共有的精神家园,才能逐步顺利地实现中国梦。

> 20世纪初,爱国学子只能空自发出"奥运三问",进步青年只能在小说中畅想中国举办万国博览会,革命先行者也只能在建国方略中规划"进藏铁路"。今天的中国,奥运梦、世博梦、青藏铁路梦都已成真,更圆了前人难以想象的飞天梦、潜海梦、航母梦。当中国经济跃升至世界第二,当中国崛起被国际媒体称为"近年来最重要的全球变革",深藏于中国人心中的民族复兴之梦,终于不再是空中楼阁,而犹如地平线上跳动着的朝阳,喷薄而出。

第三,民族精神的传承凝聚了中国梦的实现力量。延续着民族血脉的中华民族精神是中华民族的灵魂和脊梁,展现了中国人的精神风貌,是实现民族振兴的精神力量之源。无数共产党人在实践中不断探索和牺牲，终于开辟了中国特色社会主义道路。这条道路是发展中国、壮大中国的必由之路，更是实现中国梦的必由之路。目前，我国正不断地迫近中国梦，面对日益复杂的国内外形势，中华民族所固有的自力更生、自强不息的民族奋发精神，以及患难与共、风雨同舟的民族凝聚精神，对于提升我国综合国力及文化软实力必将起到至关重要的作用。只有在实践中大力弘扬并合理引导民族精神，才能充分发挥民族精神的凝结剂和推进器的作用，实现国家富强、民族振兴和人民幸福；只有在追逐梦想的实践中倡导以爱国主义为核心的民族精神，最大限度地将每一个中国人的梦想凝聚到一起，才能汇集起实现中国梦的磅礴力量。坚定不移地沿着中国特色社会主义道路去践行中国梦，在每一个华夏儿女的奋力逐梦的过程中民族的伟大复兴也将逐渐实现。

随着我国改革开放的不断推进，社会多元格局日趋明显，社会利益关系复杂，人们价值日趋多元。面对世界尤其西方思想文化的渗透，与时俱进，传承民族精神，保护好民族的精神家园成为我们义不容辞的时代重任。只有继承和发扬中华民族的优良传统，博采众长，才能建构彰显中华民族品格和体现民族价值取向的新时代民族精神，才能激发和增强民族自豪感、自尊心和提升民族凝聚力。在领导人民实现民族复兴的奋斗中，中国共产党始终把推动中国特色社会主义先进文化建设的繁荣与发展放在极其重要的位置。在科学理论指导下，在实践推动下，民族精神焕发出新的生机与活力。在国民教育的各个层次和精神文明建设的各个领域，党都要充分重视民族精神的传承，在中华文明的肥沃土壤中，发挥全体公民共同努力的作用，民族精神才会呈现出更加鲜明的时代特色，更加深刻的民族烙印。如此，中华民族在前进的道路上才不会迷失方向，在民族精神强有力的感召鼓舞下，中国梦才能最终实现。

以坚定的理想信念构筑中国梦强大的精神支柱

理想信念是实现中国梦的精神支柱

习近平同志指出，坚定理想信念，坚守共产党人精神追求，始终是共产党人安身立命的根本。对马克思主义的信仰，对社会主义和共产主义的信仰，是共产党人的政治灵魂，是共产党人经受任何考验的精神支柱。这一论断科学有力、引人深思，充分展示了中国共产党人的政治本色和政治优势。

理想信念是人们世界观、人生观和价值观的集中体现，是一种能动地作用于人类社会发展进程中的强大精神力量。有了坚定的理想信念，一个人就能锲而不舍，奋力追求；有了坚定的理想信念，一个国家和民族就能奋发图强，攻坚克难。科学而崇高的理想信念，是政党治国理政的旗帜，是民族奋勇前行的灯塔，是国家凝聚力和感召力的源泉。坚定的理想信念是实现中国梦的精神支柱。

小平同志曾经说过："在我们最困难的时期，共产主义的理想是我们的精神支柱，多少人牺牲就是为了实现这个理想。"没有理想信念，就不可能有社会主义新中国。

革命理想高于天。理想信念是共产党人的政治灵魂、精神支柱和安身立命之根本。一个合格的共产党员必须具有符合实际的远大理想。习近平强调，理想信念是共产党人精神上的"钙"，理想信念坚定，骨头就硬；没有或不坚定，就会"缺钙"，就会得"软骨病"。理想信念动摇是最危险的动摇，理想信念滑坡是最危险的滑坡。

在革命、建设、改革各个历史时期，有无数共产党员为了党和人民的事业无私奉献、英勇牺牲，支撑他们的是"革命理想高于天"的精神力量。在市场经济条件下，思想观念和价值理念的多元化，很大程度上冲击和影响着共产党人的理想信念，一些党员腐化堕落甚至坠入犯罪的深渊，最根本的原因之一就在于理想信念出了问题。衡量共产党员、领导干部是否具有共产主义远大理想的客观标准就要看他能否坚持全心全意为人民服务的根本宗旨，能否吃苦在前、享受在后，能否勤奋工作、廉洁奉公，能否为理想而奋不顾身去拼搏、去奋斗、去献出自己的全部精力乃至生命。一切迷惘迟疑的观点，一切及时行乐的思想，一切贪图私利的行为，一切无所作为的作风，都是与此格格不入的。理想信念坚定，政治立场、马克思主义信仰才会坚定，才能始终保持积极进取的精神状态。在事关全局、事关政治方向、事关根本原则等重大问题上才会立场坚定、旗帜鲜明，在思想上、政治上、行动上才会与党中央始终保持高度一致，做到绝对忠诚、绝对纯洁、绝对可靠。

坚定的理想信念来自于政治上的忠诚。习近平曾经指出，必须加强政治忠诚教育，把忠诚建设放在十分重要的位置，作为党的思想政治建设的根本任务。正确的政治路线、政治方向、政治道路、政治立场是以政治上的忠诚为保障的，要始终保持共产党人的坚定底气、昂扬锐气和浩然正气。加强政治忠诚教育，就要使广大党员干部深入学习领会中国特色社会主义的科学内涵，增强道路自信、理论自信、制度自信，做到虔诚而执着、至信而深厚，矢志不渝地为实现中国特色社会主义共同理想而奋斗，为实现中华民族伟大复兴而奋斗。如此，党的执政地位才能获得最坚固的思想基础，实现中国梦才有思想和组织上的有力保障。

坚定理想信念，筑牢精神支柱

现阶段，绝大多数党员干部具有坚定的理想信念，他们在社会主义事业的建设中充分发挥了先锋模范作用，构成了实现中国梦的核心领导力量。然而，一些党员干部由于受到历史和现实、国内与国际等复杂因素的多重影响，理想信念出现了松动甚至信仰缺失。他们有的陷入历史虚无主义的泥潭，对社会主义的前途表示怀疑；有的思想极度异化，对马克思主义“口号化”和“标签化”；有的直接丧失了唯物主义精神，“不问苍生问鬼神”，信奉神灵迷信，寻找精神寄托；有的主仆观念倒置，宗旨意识淡漠，甚至以权谋私、贪污腐化，走上了违法犯罪的道路。理想信念是思想和行动的“总开关”。如果理想信念发生动摇和滑坡，那么走中国道路、弘扬中国精神、凝聚中国力量将无从谈起，为此，要坚持立德树人的教育根本任务，加强社会主义理想信念教育。

第一，强化科学理论武装，为实现中国梦打好思想基石。只有理论的深刻认知才有信仰的坚定。任何理想信念只有符合科学认知和理性，才能坚定持久。坚定理想信念，就要使共产党人以马克思主义的科学理论成果武装自身，以马克思主义的立场、观点、方法来认识世界和改造世界。毛泽东指出，在马克思主义理论当中，“基础的东西是马克思主义哲学。这个东西没有学通，我们就没有共同的语言，没有共同的方法”。从思想方法上讲，由于没有树立辩证科学的思维，才使得一些党员干部理想信念出现松动。党员的辩证思维能力越强，才能对纷繁复杂的客观现实做出准确分析和清醒判断，才能真正增强中国特色社会主义的道路自信、理论自信和制度自信。习近平总书记在全国宣传思想工作会议上明确指出：“党校、干部学院、社会科学院、高校、理论学习中心组等都要把马克思主义作为必修课，成为马克思主义学习、研究、宣传的重要阵地。”广大党员要谦虚谨慎，兢兢业业，要深刻学习马列主义、毛泽东思想的经典著作，学习中国特色社会主义理论体系以及中国近现代史和当代中国国情，同时也要积极学习国外有益的文明成果，从而增强理论自觉和文化自信，为实现中国梦构筑强有力的思想导航和精神支撑。

第二，推进我们伟大的事业为实现中国梦构筑实践基础。理想信念来源于现实又高于现实，它是一种切合人类目标的应然状态，是关于未来的现实展开。产生理想信念问题的原因错综复杂，有些可能涉及单纯的思想认识问题，有些可能涉及利益和体制机制问题，而更多则是许多因素的累积效应。世情、党情和国情的发展深刻变化，政治、经济和文化等领域存在诸多问题，改革发展进入“瓶颈期”，党员干部自身的工作环境和家庭状况等，这些都可能成为引发其理想信念发生变化的现实因素。因此，坚定理想信念，就必须实事求是地面对现阶段的矛盾，敢于、善于处理和解决现实中的突出难题和突出矛盾，以实际行动来践行科学发展。邓小平指出，要说服不相信社会主义的人，就必须要靠我们的发展。人们生活水平的不断提高，是最具阐释力和说服力的宣传教育形式。中国的发展模式蕴含着中国特色的社会主义共同理想，体现着中国梦的内在魅力。只有高举中国特色社会主义伟大旗帜，才能实现中国梦。坚定理想信念和实现中国梦的根本途径就是积极投身于中国特色社会主义的伟大实践。

> 小平同志说：“最重要的是人的团结，要团结就要有共同的理想和坚定的信念。我们过去几十年艰苦奋斗，就是靠用坚定的信念把人民团结起来，为人民自己的利益而奋斗。没有这样的信念，就没有凝聚力。没有这样的信念，就没有一切。”

第三，坚持以人为本，为实现中国梦释放内在动力。管理心理学认为，需要是人的行为的深层因素和潜在驱动力，需要引发动机，动机支配人的行为。坚定理想信念既是党性的根本要求，又是党员个体主体性的表现和实现自我价值的需要，因此要把弘扬党性和尊重个性紧密地结合起来，最大限度地释放党员干部的内在动力。为此，要充分尊重党员的主体地位，强化党员的宗旨意识、责任意识和使命意识，促使共产主义的理想信念入脑、入心和入行。要在充值保障党员正当利益需求的基础上，充分尊重党员群体的差异化需要，因人而异，因势利导。列宁指出：“如果你不善于把理想与经济斗争参加者的利益密切结合起来……那么，最崇高的理想也是一文不值的。”这一经典话语向我们揭示了只有充分尊重人们的合理利益诉求,并善于保护和利用好其追求自身正当利益所激发的热情,崇高的理想信念才能内化于心、外化于行。

第四,扩展方法和途径使理想信念教育落到实处。学校是立德树人的主阵地,要把理想信念教育摆在中国梦宣传教育活动的首要位置,使理想信念成为广大师生不断前进、努力拼搏的精神支撑。为此,必须积极探索教育新途径、新举措来强化理想信念教育。一是要提高理论宣传者的理论素质和理论功底,促进教育活动的实效性。育人必先修己,如果宣传者自身对理论问题没有深入的学习和领会,只会照本宣科,泛泛而谈,那么就不可能达到理论宣传的效果。二是要以高尚的师德来牵引理想信念的教育。教师,作为人类灵魂的工程师,是道德的化身,是修己成人的模范。教师要强化自身道德修养,以高尚师德、人格魅力、学识风范教育感化学生、影响学生,做学生健康成长的心灵引导者和示范者。三是把理想信念这一主线贯穿到教育教学的全过程。各科教学都有深刻的人本气息和育人功能,要充分挖掘学科教学中的文化内涵、德育因素、人文精神,要尊重学生的主体地位,让学生参与到教育的整个过程之中,在实践中增强学生的社会责任感、创新精神、实践能力。四是要把坚定理想信念放在整个社会实践活动之中。理想信念离不开现实的依托,如果缺乏对现实的深刻关注和分析,或者教育与客观实际相脱离,理想信念教育就只会变为空洞乏味的教化。所以,必须贴近生活,贴近现实,贴近学生的内心,对社会问题和变化有深刻的关怀,使学生在实践活动中感知、感受,真正使坚定理想信念教育落得实处。

以社会主义核心价值观引领和助推中国梦

社会主义核心价值观是中国梦的精髓

价值观是指一个人对周围的客观事物的意义、重要性的总评价和总看法。其主要体现在两个方面:一方面表现为价值取向、价值追求,凝结为一定的价值目标;另一方面表现为价值尺度和准则,成为人们判断事物有无价值及价值大小的评价标准。在不同时代、不同社会生活环境中形成的价值观是不同的。正如一杯清茶,僧人从悠远的茶香中,品出了丝丝禅意;诗人从灵动的茶水中,读出了人生百态;医生从苦涩的茶味中,探寻出养身之道。喝茶,不过是饮取杯中的水,不同的只是人们所持价值观不同而已。我们的人生梦想如一杯清茶,亦为我们所践行的价值观而变换。

众所周知,中国梦是亿万中国人民为追求各自小梦想汇聚而成的。在实现中国梦的征途中,亿万中国人民又在各自价值观的引导下,不断奋勇前行。中国梦是社会主义核心价值观的鲜明体现,而实现中国梦又是社会主义核心价值观的具体践行。十六届六中全会首次提出建设社会主义核心价值体系的重大任务,十八大把社会主义核心价值体系的内容进一步表述为"三个倡导",即倡导富强、民主、文明、和谐,倡导自由、平等、公正、法治,倡导爱国、敬业、诚信、友善,强调以此为内容,"积极培育和践行社会主义核心价值观"。虽然只用了短短24个字,但它高度凝练地概括了国家、社会和公民个人三个层面的价值目标、价值取向和价值准则,提出了反映现阶段全国人民"最大公约数"的社会主义核心价值观,这些核心价值元素和中国梦理念共同构成现时代精神的精华和引领社会进步的旗帜,为实现中华民族伟大复兴这个亿万中华儿女的中国梦奠定了坚实的基础。

社会主义核心价值观不是各个范畴之间的杂乱拼接,而是一个相互联系、层次分明、逻辑严密的统一整体。一方面,这种相互联系体现在国家和社会层面,表现在国家精神、民族精神和社会习俗中。国家精神、民族精神的核心元素就是富强、民主、文明、和谐,这深刻体现了中国特色社会主义的内在属性和本质要求;当代中国社会层面的价值目标就是自由、平等、公正、法治,这是国家、民族精神的外在显现。两个方面紧密关联,共同构成社会主义意识形态的核心内容,构成当代中国的精神风貌。另一方面,在个人层面,国家精神、民族精神又表现在社会个体的生活实践中。爱国、敬业、诚信、友善,既是社会主义核心价值观在公民个人方面的基本要求,又是社会主义核心价值观得以实现的动力源泉。建设富强、民主、文明、和谐的未来国家,自由、平

> 核心价值体系的建设,是基础工程亦是灵魂工程。正是因为这种价值体系的支撑,才有近几年中国在追赶现代化进程中创造出的"中国奇迹",成为世界各国为之探索研究的"中国模式"。

等、公正、法治的现代社会，构成了中华民族伟大复兴中国梦的基本框架，也为每个中华儿女创造了广阔的平台。但是，离开了个人的奋斗和努力，这些也只能成为空中楼阁，社会主义核心价值观将三者统合起来，使国家振兴、社会和谐和个体实现紧密相连。积极培育和努力践行社会主义核心价值观，就要实现三者之间的良性互动，使个体在实现自我的同时，促进国家目标和社会目标的实现。

中国梦的价值内核就是社会主义核心价值观。“国家富强、民族振兴、人民幸福”是中国梦的基本内涵和宏大愿景，中国梦归根到底是人民的梦，体现着“共同享有人生出彩的机会，共同享有梦想成真的机会，共同享有同祖国和时代一起成长与进步的机会”的个体期待。中国梦既有丰富的物质内涵，更有深层次的价值追求；中国梦既强调国家民族的强大硬实力，更强调包括思想、文化、价值观等方面软实力。实现中国梦不仅需要经济、政治、文化、社会和生态文明等全面推进，也需要不断丰富社会主义在精神和价值层面的本质规定性。社会主义核心价值观是中国梦的精神内核，是中国梦最鲜明的精神文化标签。只有筑好社会主义核心价值观这一“灵魂工程”，才能凝心聚力、释放活力，助推中国梦的实现。

离开精神和信仰支撑的梦想只能成为空想。伟大的精神力量成就伟大的事业。现阶段，梦想距离我们越来越近，中华民族从来没有像今天这样，迫近民族复兴的伟大目标，也从来没有像今天这样，面临如此复杂的问题和挑战。行百里者半九十。越是接近民族复兴的目标，困难和挑战往往越多，越需要坚定不移、凝心聚力，以更加奋发有为的精神去迎接挑战。

实现中国梦需要社会主义核心价值观的引领和助推

实现中华民族伟大复兴的中国梦，反映了近代以来一代又一代中国人的美好夙愿，揭示了中华民族的历史命运和当代中国的发展走向。中国梦的理念，归根到底是在于用中国语言讲述中国故事，在于用中国智慧解决中国问题，在于用中国精神凝聚中国力量，在于坚持中国特色社会主义的道路自信、理论自信和制度自信。中国梦是引领未来的总方向、总指针，社会主义核心价值观又是中国梦理念的具体显现和基本要素。中国梦和社会主义核心价值观是内在统一的，总括和指明了中国特色社会主义事业在一个较长历史时期的基本理念、根本目标、价值导向、价值准则和实践要求，两者共同贯穿和体现于中国特色社会主义总体布局的方方面面。

实现中国梦，需要用“富强、民主、文明、和谐”的国家目标来引导。利益关系复杂，社会格局多元，思想意识千差万别、良莠不齐，这是我们所处社会的客观现实。思想文化越是多元，越需要以核心价值观来引领和统和。中华民族伟大复兴的中国梦表现为经济富强、政治民主、精神文明、社会和谐、生态美丽等各个方面，实现这一价值理想，不仅需要我们经济上的转型和发展，也要在精神文化上提升和振兴。缺少核心价值观的引领，单纯地提高物质生活是无法实现丰满的梦想的。把社会主义核心价值观作为航标，整合矛盾、统合思想、凝聚精神，才能使13亿中国人心往一处想，劲儿往一处使，汇聚实现中国梦的强大合力。

实现中国梦，需要把“自由、平等、公正、法治”的社会价值作为支撑。缺少核心价值观的引领和支撑，社会的发展便会陷入迷失混乱之中。核心价值观是社会前进的航向标和精神归宿。自由、平等、公正、法治是社会主义社会的价值取向。改革进入攻坚期和深水区，突破利益固化的藩篱成为改革最难啃的骨头，创造公平公正的社会环境成为人们共同的诉求。实现中国梦要保障人们的起点平等、过程公平、结果公正，最大限度地激发人们的积极性和首创精神，使其参与到中国梦的实践之中。只有用自由、平等、公正、法治的价值取向引领思潮、汇聚共识、统合社会，社会的内在活力才会竞相迸发、充分涌流，实现民族复兴的中国梦才会获得源源不断的精神动力。

实现中国梦，需要把“爱国、敬业、诚信、友善”的公民行为准则作为基点。爱国、敬业、诚信、友善是公民的基本道德要求，是公民个人层面的价值准则。个人的生存和发展离不开国家和社会。个人和国家之间的梦想紧密相关，一方面，没有国家的富强、民主、文明、和谐，没有社会的自由、平等、公正、法治，个人的发展无从谈起；另一方面，个人是国家和社会的细胞，没有个人价值和力量的实现，没有个人素养的提高，国家发展和社会进步只能成为空想。13亿中国人都是中国梦的实践者和参与者。在梦想的征程上，只有每一个公民立足自我，坚定理想，奋勇进取，成为

> 虽然我们现在对社会主义核心价值观的“坚守”或许被人理解为金钱交换，对社会主义核心价值观的“践行”或许被人当成“傻子”“白痴”，对社会主义核心价值观的“引领”，或许难以调动麻木的神经，但我们的梦想要激发力量、鼓励奋斗，离不开社会主义核心价值观的深厚沉淀，梦想要开花结果、落地生根，更有赖于社会主义核心价值观的强力支撑。

国家的好公民，成为本职工作的好劳动者，成为日常生活中的好市民，才能将个人的人生奋斗和与国家民族的发展统和在一起，个人之梦和国家之梦才可以同频共振，涓涓细流之力才能汇聚成排山倒海之势，才能描绘出中华民族伟大复兴的壮美图景。

培育和践行社会主义核心价值观为实现中国梦引航破浪

中国梦迫近现实的过程同时也是社会主义核心价值观不断践行的过程。中国梦，凝聚了近代以来无数中华儿女的夙愿，集中体现了中华民族和中国人民的整体利益、根本利益，是民族、国家的整体利益与个人利益的统一。社会主义核心价值观内化于心、外化于行的过程就是中国梦从理想逐渐变为现实的过程。

思想属于人的意识范畴，本质上是人的主观能动性的充分表现。思想有深刻的现实依据，没有脱离物质世界和客观现实的思想，更没有从天而降的思想。实践是检验真理的唯一标准，也是思想正确性的有力证明。推进中国特色社会主义事业不断前进、不断践行中国梦的伟大实践无疑是社会主义核心价值观最有力的现实依托。社会主义核心价值观不仅为中国梦提供精神支撑，而且深刻触及了人们内心深处的灵魂诉求，表达了人们的心声，也必将成为引发人们不断前行的内驱力，释放强大的力量，进而转化为更加坚定有力的行动。

社会主义核心价值观和伟大复兴的中国梦相伴相行、共同推进。唯有实干，才能托起梦想，唯有行动，才能弘扬精神。社会主义核心价值观只有印刻在人们心中，才能转化为实践的力量，才能释放出强大的正能量，助推中国梦的实现。只有在中国特色社会主义事业不断推进的过程中，中华民族伟大复兴的中国梦才会越来越近。当前和今后一个时期，要把培育和践行社会主义核心价值观和实现中国梦紧紧联系起来，最大限度地团结和动员一切力量来投身到中国梦的实践之中。

> 正是因为我们在中国道路上，践行着社会主义核心价值观，我们才能体会到“赠人玫瑰，手留余香”的甘甜，体会到“拯救灵魂，安顿心里”的自得，体会到“播撒清凉，愉悦自己”的幸福，体会到“立党为公，执政为民”的回报，我们的梦想也最终在此刻开花结果、落地生根。

“不积跬步，无以至千里，不积小流，无以成江河”。一分部署，九分落实，行动才是关键。无数中国人朴实而可贵的“小梦”汇聚起来就构成了整个中华民族的宏伟梦想。要把社会主义核心价值观贯穿到国家社会各个方面，无论是法律法规的制定、制度设计，还是进行国家管理，都要以其为价值准则，使其牢牢嵌入到社会生活的实践之中，为实现中国梦保驾护航。

我们不仅要做好中国事情，也要讲好中国故事，以美好的价值感化人、鼓舞人。只有人才是价值的主体，是先进价值观的承载者和传播者。要使人们真正受到社会主义核心价值观的洗礼和感化，不仅要做好理论宣讲和思想教育工作，而且还应发挥文化底蕴的作用，使深刻的价值散发浓厚的文化气息，这样才能潜移默化，达到润物细无声的效果。贴近生活，抓住典型，感悟真知。要充分注意在社会发展进程的大背景下和活生生的个体命运中来摄取社会主义核心价值观的光辉典范，深入浅出，如沐春风，善于用美的艺术形式把深刻的大道理用小故事讲述好、传播好，使人们在真切的生活中感悟真理魅力，增强对社会主义核心价值观的认同。

鲁迅先生曾说过，只有民魂是最宝贵的，唯有让他发扬起来，中国才有真进步。梦想在精神支撑和信仰的牵引下，展开了双翼，化为了人民群众的思想共识和实际行动，就会迅速踏上向现实转变的道路。社会主义核心价值观融入生活、触动心灵，进而内化为信念、外化为行为的过程，也是中国梦一步步从理想变成现实的过程。我们有理由相信，随着社会主义核心价值观在华夏大地落地生根，中国梦中所蕴含的所有梦想都会相继开花，13亿中国人中每个人的人生都会绽放异彩。

万众一心凝聚中国力量

中国力量是实现中国梦的根本动力。人民群众是历史的主体和创造者,中国各族人民的大团结是我们实现中国梦的力量源泉。只要全国各族人民同心共力,同舟共济,投入到共同理想的奋斗之中,就会汇聚起无比强大的力量。当人民群众能判断一切,感知一切,团结一致,奋力拼搏时,国家才有力量;任何一切与人民为敌的势力,都会陷入人民团结的汪洋大海中。中国共产党必须担起凝聚民心、汇聚民力的历史重任。当代中国,中国共产党的坚强领导是56个民族13亿人民大团结的有力保障,同时,人民的拥护和支持永远是党的执政之基、力量之源、胜利之本。在实现中国梦的征程中,只有始终植根人民、造福人民,始终保持党同人民群众的血肉联系,始终与人民心连心、同呼吸、共命运,我们党才能始终走在时代的前列,始终成为中国各族人民的主心骨,始终成为坚持和发展中国特色社会主义、团结带领人民实现中国梦的坚强领导核心,才能真正汇聚起强大的中国力量。

最大限度地发挥人民的智慧和力量

实现中国梦必须凝聚中国力量。中国力量就是中国各族人民大团结的力量,是全体中国人汇聚而成的整体力量。中国是一个具有13亿人口的大国,如果每个中国人都确立起为实现中国梦而不懈奋斗的信念和信心,心往一处想,劲儿往一处使,13亿中国人的智慧和力量就必然会凝聚成一种坚无不摧、战无不胜的巨大力量。

实现中国梦要凝聚中国力量。中国力量是实现国家富强和民族振兴的动力支撑,是实现人民幸福的基础。实现中国梦要凝聚中国力量,中国力量是建设中国特色社会主义的决定性力量。中国力量是个体力量与整体力量的有机统一,凝聚中国力量就是要为每个中国人提供人生出彩、梦想成真、成长进步的机会,充分激发每个中国人的内在动力,同时不断巩固全国各族人民团结奋斗的共同思想基础,把全体中国人的力量汇聚成一个整体。凝聚中国力量不仅要提升国家的硬实力,同时更要不断提高国家和民族的软实力。凝聚中国力量就是要沿承中华文化的深厚积淀,依靠改革开放伟大实践创造现代力量。时代在变,但中国特色社会主义的原动力始终不变,它就是中国力量。

实现中国梦需要不懈奋斗。伟大的目标需要坚韧不拔的努力。一切消极腐化的行为,一切骄傲自满的情绪,一切迷惘迟疑的观点,一切精神懈怠的作风,都是理想信仰之花枯萎的表现。正是有了坚定的信仰,一代又一代共产党人才前仆后继,流血牺牲。面对浩浩荡荡的时代潮流,面对人民群众过上更好生活的殷切期待,我们不能有丝毫自满和懈怠。必须再接再厉,持之以恒,一往无前,坚持到底,为实现中国梦不懈奋斗、永远奋斗。

人民群众是历史的创造者,是实现中国梦的主体力量

唯物史观告诉我们,“历史活动是群众的事业”,人民群众是社会物质财富和精神财富的创造者,是社会发展的决定性力量,人民群众的实践是我们获得正确认识的最基本源泉,是解放思想最重要的基础。离开了人民群众,解放思想就会成为无源之水,实践和理论创新就会成为无本之木。人民群众是推动社会进步的强大动力,必然也是实现民族复兴的根本力量。中国梦既然是人民的梦,当然要由人民来实现。实现中华民族伟大复兴的中国梦,是空前艰巨的社会历史任务,始终需要全体人民以高度的责任

> 毛泽东同志说:“只要我们依靠人民,坚决地相信人民群众的创造力是无穷无尽的,因而信任人民,和人民打成一片,那就任何困难也能克服,任何敌人也不能压倒我们,而只有被我们所压倒。”中国梦,如果离开人民群众的广泛参与,就会成为无源之水、无本之木,必将寸步难行,一事无成。

感共同担当来完成。因此，只有极大地焕发人民群众投身于实现中国梦伟业的创造热情，并为之而努力奋斗，才能推动中国梦的伟业又好又快向前发展。而坚持尊重人民群众的历史主体地位，坚持人民利益至上，努力把实现民族复兴与谋求人民幸福统一起来，是中国梦的本质属性。正如习近平所指出："中国梦归根到底是人民的梦，必须紧紧依靠人民来实现，必须不断为人民造福。"[①]

人民是实现中国梦的力量主体。人民对国家富强、民族复兴、生活幸福的美好憧憬和不懈追求是推动改革不断深化的力量源泉。人民群众是实现中国梦的中流砥柱。习近平总书记指出，只要我们紧密团结，万众一心，为实现共同梦想而奋斗，实现梦想的力量就无比强大。这实际上强调了人民群众是实现中国梦的根本依靠。人民群众是中国梦的实践主体，更是中国梦实现的享受主体，离开了人民群众的参与，离开了人民群众的智慧和力量，中国梦只能成为海市蜃楼。充分尊重人民群众的历史主体地位，发挥人民群众的积极性和首创精神，凝聚民心和民力，是中国特色社会主义的一个本质特性。人民的智慧和力量是无穷无尽的。中国的改革是从农村开始的，邓小平说，这个发明权是农民的。三十多年来，从安徽小岗村村民探索"大包干"到在创办经济特区的实践中"杀出一条血路来"，从高度集中的计划经济体制到充满活力的社会主义市场经济体制，改革开放极大地解放了生产力，激发了广大人民的创新活力，创造了现代经济增长史上的奇迹。中国改革开放的规模是人类有史以来最大的，发展成效惠及的人口数量是人类有史以来最多的，人民群众参与改革开放的广度、创造的力度、期待的热度也是空前的。改革开放伟大实践充分证明，唯有坚持人民立场，依靠人民推动改革，尊重人民首创精神，尊重实践、尊重创造，鼓励大胆探索、勇于开拓创新，才能始终保持锐意改革的朝气，持续迸发推动改革的不竭动力。

> 邓小平同志曾经指出："农村搞家庭联产承包，这个发明权是农民的。农村改革中的好多东西，都是基层创造出来，我们把它拿来加工提高作为全国的指导。"

缔造中国梦，实现美好幸福生活，必须坚持创新。创新是一个民族不断进步的灵魂，也是中国梦实现的内驱动力。纵观历史，如果一个国家和民族不能审视时代发展的脉络，

①《在第十二届全国人民代表大会第一次会议上的讲话》，刊《人民日报》2013年3月18日。

不能寻找国家和社会的创新，不思进取，停步不前，那么就会落后于时代，中国近代以来的艰辛历程证明了这一点。身处形势多变、科技飞速发展的新时代，只有审时度势、不断创新，中华民族的伟大复兴才有持续的推动力。近年来，中国的自主创新取得了举世瞩目的丰硕成果：神九飞天首次实现了载人交会对接，展示了中国的太空力量；蛟龙入海突破了载人下潜7000米的深度，展示了中国的深海力量；超级计算机、高速铁路等实现了重大突破，展示了中国的协同力量……时代不断发展，创新永无止境，中国正向科技高峰的新征程迈进。

只有人民勤劳的双手才能创造幸福的生活。13亿中国人的共同努力奋斗、实现美好幸福生活的愿望的过程就是践行中国梦的过程。正是牢记为人民服务的宗旨，不断坚持群众路线，依靠团结人民、组织人民，发挥人民的力量，中国共产党才能在革命、建设、改革中取得巨大胜利，所以，人民的支持和拥护是社会主义事业不断取得进步的根本保障。站在新的历史征程上，我们党必须牢固树立群众观点，始终坚持群众路线，使每个人都成为中国全面小康社会和现代化建设的主人翁，让每个人都不断为自己的美好幸福生活和中国梦去奋斗、去建设、去奉献，这样中国就会有一个辉煌的未来，一切美好的东西都能够被创造出来。

凝聚民心，充分发挥人民群众的首创精神

要充分发挥人民群众的主导作用，为中国梦的实现强根固本。要积极倡导社会主义核心价值观，将个人奋斗与民族振兴、个人幸福与国家富强有机统一起来。只要广大工人、农民、知识分子在各自的生产岗位和工作岗位发挥聪明才智、创造物质和精神财富，只要人民军队按照听党指挥、能打胜仗、作风优良的强军目标履行使命，只要一切非公经济人士和其他新的社会阶层人士，发扬劳动创造精神和创业精神，回馈社会、造福人民，只要广大青少年能面向未来、怀抱希望、续写辉煌，一句话，只要13亿中国人戮力同心、不懈奋斗，就将团结汇聚成一个国家谋求发展进步的集体行动，一个民族实现伟大复兴的浩荡潮流。

要尊重和发挥人民的首创精神，为新时期推动思想解放创造条件。改革开放的伟大成就和社会主义现代化建设的伟大历程告诉我们，要推动人们思想的解放，就必须尊重和发挥人民的首创精神。坚持走群众路线，尊重群众首创精神，先行试点，逐步推进，充分发挥人民群众的创造力和聪明智慧，是我们党不断解放思想，领导人民推进中国特色社会主义事业不断前进的重要方法。我们党在解放思想中取

得的每一个进步,不论是正确的思想路线方针政策的形成,还是每一项重大改革决策措施方案的出台,都不是凭空产生的,而是与人民群众投身社会主义现代化建设进行积极探索的有力推动分不开的。只有进一步发挥人民的首创精神,中国特色社会主义理论体系才会更加丰满,中国特色社会主义道路才会更加宽广,中国特色社会主义制度才会更加完善。

中国梦是亿万中国人民的事业,必须坚持尊重人民的首创精神,坚持在党的领导下推进。习近平同志指出:“我们要尊重人民的首创精神,在深入调查研究的基础上提出全面深化改革的顶层设计和总体规划,尊重实践、尊重创造,鼓励大胆探索、勇于开拓,聚合各项相关改革协调推进的正能量。”在我们国家,人民是国家的主人、社会的主人和自己命运的主人,是历史创造者和改革开放事业的实践主体。在实现中国梦的过程中,必须坚持人民主体地位和首创精神,无论政策设计还是制度安排都应体现人民意愿、符合人民需要,无论定政策还是干工作都应坚持问政于民、问需于民、问计于民,做到发展为了人民、发展依靠人民、发展成果由人民共享。

坚持和发挥人民的首创精神必须统合好人民之间的利益关系,凝聚共识。人民群众创造精神的发挥与自身的切身利益相关,只有充分尊重和保障人民群众的根本利益才能释放出人民的首创精神。当代中国正在发生广泛而深刻的变革,利益关系更加复杂,价值取向日益多样,每个人都有自己的梦想,每个阶层和群体也都有自己的梦想,这些梦想在“大同”之下存在“小异”。这种“大同”与“多样”固然是社会发展进步的重要标志,但历史告诉我们:一盘散沙成就不了伟业,各行其是实现不了愿望。更何况“人民”本就是一个集体的概念,人民也只有团结起来才可能实现共同的梦想。13亿中国人心往一处想、劲儿往一处使,有什么样的困难不能战胜、什么样的梦想不能实现?因此,在实现中国梦的过程中我们应该寻找和呵护共同、在共同中尊重和保护差异,把“你”“我”“他”整合为“大家”,把13亿中国人的力量汇集于一处。

坚持和发挥人民的首创精神,必须积极稳妥、全面协调地推进政治体制改革。要坚定不移地推动社会主义民主政治的发展,使人民切实成为国家的主人,实行当家做主的权力,这是坚持尊重和发挥人民首创精神的根本保证。推进政治体制改革要以坚持和改善党的领导为前提,以全面推进依法治国和保障人民当家做主为目的,真正体现社会主义政治文明的发展要求。只有人民群众当家做主的权利得到切实保障,人民管理和建设国家的积极性和创造活力才会最大限度地释放出来。改革开放以来,在推进我国经济体制和文化体制等改革的同时,我们也进行了大量的政治体制改革,为改革开放扫除了一些体制障碍,保证了改革的顺利进行。随着改革的不断推行,我们发现,同新时期我国经济社会发展的任务和要求相比,同经济文化体制改革的推进相比,政治体制改革距离满足人民日益增长的政治要求和期望还有很大差距,甚至有些政治体制机制的弊端严重地阻碍了改革的推行。党的十八大对政治体制改革作出部署,十八届三中全会更是提出要推进国家治理体系和治理能力现代化,推进各方面体制机制的改革。立足国情,坚持四项基本原则不动摇,坚持党的领导、人民当家做主和依法治国的有机统一,准确反映人民群众的政治意愿和呼声,客观分析,统筹规划,全面推进,继续积极稳妥地推进政治体制改革,最大限度地焕发广大群众勇于首创的精神,使全社会的创造活力充分涌流、创新成果竞相迸发,使中国特色社会主义更具吸引力和感召力。

> “百花齐放、百家争鸣”,具体地说就是,在文艺创作上,允许不同风格、不同流派、不同题材、不同手法的作品同时存在,自由发展;在学术理论上,提倡不同学派、不同观点互相争鸣,自由讨论。“百花齐放”是一个形象的比喻,“百家争鸣”则是借用了历史典故。

坚持和发挥人民的首创精神,解放思想,必须坚持“百花齐放、百家争鸣”的方针。没有自由、宽容的环境和氛围,人的创造性和活力便难以发挥。历史上,统治者文化禁锢和愚民政策所造成万马齐喑、社会活力停滞的历史教训非常深刻。如果一个人连自由言语的权利都没有,那就谈不上创造的热情。坚持“双百”方针,为鼓励创新、鼓励探索提供自由宽松的环境,是保障人民首创精神得到充分发挥的必要前提。党的十一届三中全会以来,我们党重新确立了解放思想、实事求是的思想路线,逐步使“双百”方针得到恢复和发展,极大地推动了我国科学文化的进步,为改革释放了巨大的活力。随着改革的不断深入,社会意识复杂多样,我们更要解放思想,贯彻“双百”方针。我们必须在马克思主义的指导下,顺应历史潮流和人民群众的呼声,以更加高尚的政治觉悟,更加宽广的执政胸怀,自觉、主动地贯彻“双百”方针,推动思想解放,文化昌盛,学术繁荣。没有思想的交锋,就不会有理论的进步。贯彻“双百”方针,关键要提倡包容民主的精神,海纳百川,尊重和承认差异,和而不同，反对用带有严重政治管制色彩的方式方法来干涉学术思想的交流，努力营造生动活泼、求真务实的学术环境，形成万马奔腾的文化景象，促进文化的大发展大繁荣。

汇聚民力，充分调动人民群众的积极性

人民群众是实现中国梦的主体，是推动社会进步的力量主体和实现人的全面发展的价值主体。只有把人民群众的积极性、主动性、创造性调动起来，使一切有利于造福人民的源泉充分涌流，才能使中国梦的光明前景真正变为现实。离开了人民群众主人翁精神的发扬，离开了群众积极性、主动性、创造性的发挥，再好的蓝图也只能是“空中楼阁”。中国共产党之所以能够领导人民军队用小米加步枪打败飞机加大炮武装起来的国民党反动军队，根本原因是党代表了人民的利益，坚持走群众路线，让人民认识到自己的利益，唤醒和调动了人民的积极性。历史证明，通过走群众路线，充分调动人民群众的积极性，把群众的力量集结起来，就能形成排山倒海、气吞山河的磅礴力量。

调动广大人民群众的积极性，是中国共产党取得成就的根本保障，是实现中国梦的前提条件。只有人民群众认识到实现中国梦是自己的利益所系、幸福所在、未来所寓，才能在尊重人民群众主体作用的前提下充分调动人民的积极性。只有充分调动人民群众的积极性，人民群众才会迸发出无穷的力量，中国梦的实现才能有强劲的动力支撑。要坚持从实际出发，遵循经济社会发展的客观规律，以最广大人民的根本利益作为我们一切工作的基点和决策的依据，把总结我国改革实践经验与吸收国外的有益做法结合起来，把广泛征询群众意见与认真进行专家论证结合起来，努力使中央决策兼顾到各方面的利益、照顾到各方面关切，为调动人民群众积极性创造现实的基础，真正得到广大人民群众的拥护和支持。充分地调动人民群众的积极性、主动性和创造性，最大限度地集中人民群众的智慧和力量，才能最广泛地动员和组织人民群众投身社会主义建设的事业中来。

充分调动人民群众的积极性要坚持利益原则，强化利益刺激，使人民群众成为中国梦的主体践行者和最终受益者。调动人民群众积极性的最现实途径就是要维护和实现最广大人民群众的根本利益。首先，要将人民的利益作为党制定路线方针政策的依据。社会主义建设的根本目标是实现共同富裕，这是社会各阶层的共同富裕，是最广大人民的共同富裕。共同富裕与实现中华民族伟大复兴是统一的历史进程，实现共同富裕的过程也是实现民族伟大复兴的过程，因而，在实现中国梦的进程中，应当以人民群众的根本利益作为制定各项方针政策的标准和依据。其次，要切实解决好与人民利益休戚相关的大事。人民群众是否拥护一个政党是这个政党执政的根本前提。要想获得人民群众的拥护，就必须使人民群众能够获得与其生活息息相关的利益，关乎其利益的大事能够得到顺利的合理的解决，譬如教育、医疗、养老、住房相关的政策等。因此，执政党应当充分听取人民群众的意见，采取合理的措施，处理好与人民利益休戚相关的大事。最后，要敢于并坚决地同损害人民群众利益的丑恶现象做斗争。调动人民群众积极性的前提是要维护好、实现好广大人民群众的利益，这就要求执政党敢于惩恶扬善，对人民群众反映强烈的腐败问题要坚决查处，对损害人民群众利益的违法犯罪行为要坚决斗争，以保证人民群众的生命财产安全。

充分调动人民群众的积极性要坚持精神激励，使人民焕发出强大的精神动力。精神力量是影响最持久、最深入、最能够激发人的潜能的力量，其巨大能量在国家与国家的竞争中、在实现民族伟大复兴中国梦的伟大进程中体现得最为明显。调动人的积极性，就要调动人的精神力量。首先，要始终如一地坚持用马克思主义基本理论来调动人民的积极性。马克思主义是科学的理论，是建设中国特色社会主义的重要精神源泉。在调动人民群众的过程中，对马克思主义要采取坚持中发展、发展中坚持的原则，不断实现马克思主义中国化和中国经验马克思主义化，实现在新的实践基础上统一思想，为中国的实现凝聚强大力量。其次，要加强社会主义核心价值观的建设和引导，形成正确的主导价值观。要寻求社会主义价值观的核心内核，增强社会主义核心价值观的吸引力；要加强宣传教育，使社会主义核心价值观内化为指导人们行为的心理；要使广大人民群众自觉抵制西方所谓的普世价值，自觉维护社会主义核心价值观的地位。再次，要发扬中华民族的优秀文化传统，从传统中汲取实现中国梦的伟大精神力量。民族精神汇聚了一个民族的情感认知、文化认同、民族智慧，是一个民族兴旺发达的重要动力，中华民族伟大精神是中国传统文化的结晶，是数千年中国人民智慧的凝结，在实现中国梦的伟大征途中，民族精神是调动人民群众积极性的重要力量，是助推中国梦实现的重要精神支柱。

充分调动人民群众的积极性要推进制度创新。制度是长期积累形成的比较规范和完善的处理机制，是引导个人行为的重要方式。在实现中国梦的进程中，应当建立完善的调动人民群众积极性的激励机制，为中国梦提供持久的动力支持。首先，要推进政治体制改革。深化政治体制改革才能规约政治权力的运行，防止权力的滥用对人民群众利益的侵犯，保证人民群众利益的实现。其次，要完善社会主义保障制度。中国梦也是个人梦，只有在个人的基本生活得到保障的前提下个人才能够追求更多的梦想。在当前的社会转型期，执政党必须织好社会保障这张“安全网”，增强人民的安全感，才能更有效地调动人民群众的积极性。最后，要加强社会主义法制建设。一是要继续完善中国特色社会主义法律体系，为社会政治生活提供基本的规则，使法律在规范人们行为中起到更有力的作用；二是要建立法治评判制度，完善违宪审查制度，保证立法的合法性和执法的权威性；三是要完善法律工作者的培养和管理制度。从立法、司法到执法，贯穿始终的是法律工作人员，他们直接影响到立法是否合理公正，执法是否公平有效，法律实施的效果是否良好，因而，要加强法律工作者培养和管理制度的建设，建设一支思想素质高、业务水平好的专业队伍。要真正建立起适应社会主义现代化建设的、保护人民群众积极性发挥的社会主义法制，使人民在追逐梦想中焕发出强大的精神力量。

全国各族人民都是国家的主人，都是实现中国梦的主体力量，世界各地的中华儿女也是追逐梦想中不可或缺的重要力量。在实现中国梦的伟大进程中，一个都不能少，中国梦的实现要为每一个中华儿女个人梦的实现提供力量支撑，每一个中华儿女在实现个人梦中也要为中国梦的实现汇聚力量，我们只要将国家梦、社会梦、个人梦统一起来，将国家的强国梦、民族的复兴梦和个人的幸福梦联系起来，将所有人的力量拧成一股绳，一步一个脚印，顽强的奋斗、艰苦的奋斗、不懈的奋斗，就一定能够在21世纪中叶实现梦想。

凝聚正能量关键在党始终保持先进

在当今中国，治国必先治党，治党务必从严。这既是党增强自我净化、自我完善、自我革新、自我提高能力的客观必然，也是保证中国特色社会主义现代化建设顺利进行的要求。在当前的治党中，“严”的地位尤其突出，那是因为，只有从严治党，才能惩治贪污腐败，打击不正之风，才能弘扬正气；只有从严治党，才能锻炼干部、团结力量、巩固组织，增强党的团结统一。邓小平同志曾指出：“中国要出问题，还是出在共产党内部。”习近平总书记也认为“打铁还需自身硬”。因此，要坚持党要管党、从严治党的方针，切实加强党的思想、组织、作风、反腐倡廉和制度建设，保证中国共产党成为中国特色社会主义事业的核心领导力量。

十八大之后，站在新的历史起点之上，面临“两个百年目标”和实现中华民族伟大复兴中国梦的宏伟蓝图，中国共产党应当如何完成历史和人民赋予的使命、如何带领人民更好地沿着中国特色社会主义道路前进，是党面临的一个重大课题。

建党90多年以来，在革命、建设和改革的历史进程中，中国共产党总是能够通过加强自身建设，克服各种困难，走在时代前列，为中国的发展指明方向。站在全面深化改革的关键节点上，我们党面临的任务、风险和挑战不亚于1978年改革开放之初，党正在接受前所未有的考验。唯有加强党的自身建设，不断提高党自身的执政能力和执政水平，发挥党在社会主义建设中总揽全局、协调各方的作用，才能保证“两个一百年”目标的顺利实现，才能真正实现中华民族伟大复兴的中国梦。

提高党的执政本领：实现中国梦的领导保证

中国共产党承担着团结带领全国各族人民实现社会主义现代化、实现中华民族伟大复兴中国梦的历史使命。完成这一历史使命，必然要求党自身有过硬的本领和高超的领导能力，但当前在党内却存在这样一个现象，即是“新办法不会用，老办法不管用，硬办法不敢用，软办法不顶用”。习近平同志要求：“全党同志特别是各级领导干部，都要有本领不够的危机感，都要努力增强本领，都要一刻不停地提高能力。只有全党本领不断增强了，‘两个一百年’的奋斗目标才能实现，中华民族伟大复兴的‘中国梦’才能梦想成真。”[①]不断加强党的执政能力建设，始终保持党的先进性，是实现中国梦的领导保证。

正如习近平总书记所说，全党应当有本领不够的危机感，要把实现新的目标当成新的赶考。历史上一些大党老党虽曾显赫一时，但却因不能与时俱进，不能进行自我更新，不能始终走在时代前列而最终为历史潮流所淘汰。因而，全党应当紧随时代脚步，倾听时代声音，应时代和实践的变化，不断增强自我净化、自我完善、自我革新、自我提高的能力，带领全党全国人民奋勇前进。

越是风急雨骤，越需信念坚定；越是坎坷多艰，越要勇往直前。成就任何一项

①《在中央党校建校80周年庆祝大会暨2013年春季学期开学典礼上的讲话》，刊《人民日报》2013年3月3日。

事业都离不开与苦难做斗争，知难而进、迎难而上是不可缺少的宝贵品格。各级党员干部要像焦裕禄同志那样，始终保持一种敢做敢当、善做善成的勇气，保持一种逆势而上的豪气，不怕矛盾复杂，不怕任务艰巨，不怕责任重大，敢于挑起重担，敢于克难制胜，敢于奋勇争先；对于遇到的新情况、新问题，广大党员干部要变压力为动力，善于在挑战面前捕捉和把握发展机会，善于在逆境中发现和利用有利因素，以昂扬的精神状态和优良的作风带领广大人民群众迎难而上、锐意改革、共克时艰。

2013年4月19日，习近平总书记在主持中央政治局第五次集体学习时强调，历史的经验值得注意，历史的教训更应引以为戒。面对复杂多变的国家形势和艰巨繁重的改革发展稳定任务，实现“两个一百年”奋斗目标，实现中华民族伟大复兴的中国梦，必须坚持党要管党、从严治党，积极借鉴我国历史上优秀廉政文化，不断提高党的领导水平和执政水平、提高党拒腐防变和抵御风险的能力，确保党始终成为中国特色社会主义事业的坚定领导核心。

习近平指出，面对复杂的国际社会环境和实现“两个一百年”目标、实现中华民族伟大复兴中国梦的宏伟目标，实现当前改革发展稳定的历史任务，关键在党，关键在人。中国共产党是中国特色社会主义事业的领导核心，也是实现中华民族伟大复兴中国梦的领导核心。关键在党，就是要保证党的核心作用得到更好的发挥；关键在人，就是要建设一支高水平、高素质的干部队伍，提高党的执政本领，在当前，就是要搞好队伍建设，培养一大批政治素质过硬、专业技能高超、道德素质优良的干部队伍，为带领全国各族人民实现中国梦提供好的向导。

怎样的干部是好干部？习近平强调，好干部就是要做到信念坚定、为民服务、勤政务实、敢于担当、清正廉洁。在改革的攻坚期和深水区，好干部就是：一要有敢于担当、不畏艰难的勇气和决心。事业越是困难，矛盾越是尖锐，道路越是坎坷，越是能够磨砺各级领导干部，在社会主义事业建设的道路上，各级领导干部应当要有勇气和担当，不怕挑重担，不怕担责任，化困境为动力，化不利为有利，迎难而上，锐意进取。二要有成熟理性、能闯会闯的智慧。这就要求全党具有强烈的战略意识和战略思维，正所谓“不谋万世者，不足谋一时；不谋全局者，不足谋一域”；要有在社会主义现代化建设中能够审时度势，妥善处理利益关系的能力；要有正确评估风险，维护社会稳定的能力等等。三是要为民服务，要有清正廉洁的高尚品德。古人说："一心可以丧邦，一心可以兴邦，只在公私之间尔。"作为党的干部，就是要讲大公无私、公私分明、先公后私、公而忘私，就是要一心为人民服务，就是要清正廉洁、光明正大做事、堂堂正正做人。

继承发扬艰苦奋斗的优良作风，保持党的正能量

中国梦一经提出，立即成为响彻大江南北的热词和引导全国各族人民不断前行的精神力量。艰苦奋斗作为中国力量的本质体现，是实现民族复兴伟大中国梦的进程中不可或缺的精神支撑，在前行的路途中，既要保持艰苦奋斗的作风，更要弘扬艰苦奋斗的精神。

第一，艰苦奋斗的精神实质和时代内涵。艰苦奋斗体现了战胜困难的决心和毅力，是90多年来一直激励中国共产党不断前行的精神力量。在今天，艰苦奋斗的时代内涵虽有所变化，但保持艰苦奋斗的作风，发扬艰苦奋斗的精神在实现中国梦的进程中仍然具有重要意义。

在新的时代条件下，艰苦奋斗的含义与革命时期有所不同。具体来讲，一是经济的发展和人民生活水平的提高使"艰苦"在今天具有相对性。"艰苦"最原始的含义是指物质基础条件较差的情况，在今天主要是指不能超过现有的经济社会发展条件，不能脱离群众，不能搞奢靡之风、享乐主义，而应当和人民群众同甘苦、共患难。而奋斗又是恒定的，是永远不能够改变的，只有不停地努力，才能为中国梦的实现筑牢基础。二是艰苦奋斗是人的主观见之于客观的过程，是人的主观精神力量和客观实践相统一的过程。在全面深化改革和实现中华民族伟大复兴中国梦的过程中，就是要激发党员干部艰苦奋斗的精神力量，与全体中国人民一道，奋勇前进。三是艰苦奋斗在今天，兼具政治意义、经济意义和社会意义。艰苦奋斗不是要刻意地形式化地减少物质的消费，而是要严禁铺张浪费、厉行勤俭节约，一方面，践行务实为民的群众路线，有利于解决党

> 习近平总书记说，"我们要继续赶考"。"继续赶考"就是要继续艰苦奋斗，一代又一代、坚持不懈地艰苦奋斗。我们一定要深刻认识艰苦奋斗的重要性和必要性，牢固树立长期艰苦奋斗的思想。

内存在的不正之风,有利于纯洁干部队伍;另一方面,可以将国家财政花在刀刃上,解决关乎人民群众切身利益的大事,提高人民群众建设社会主义的热情,更有利于形成正确的消费观念,形成相互包容的社会风气。

第二,以艰苦奋斗的正能量推动中华民族伟大复兴。实现中国梦需要昂扬的精神状态和艰辛的努力奋斗,而当前党内一定范围内存在的“四风”问题严重不符合艰苦奋斗的精神,严重背离了党的优良传统作风,需要花大力气解决,把艰苦奋斗的优良传统保持下去。

要把艰苦奋斗作为一种党性观念来确立。在经济大发展的浪潮面前,手握权力的各级党政领导干部面临着前所未有的经济物质诱惑,能否在这一浪潮中保持足够的定力,是衡量一个党员干部党性坚定与否、政治上清醒与否的重要标志。当前,好干部的标准不仅是要具有领导科学发展的能力,也要具有优良的党性修养,自觉坚持艰苦奋斗、勤俭节约的优良作风,不为名利所惑。

要把艰苦奋斗作为一种精神状态来保持。当前,我国发展进入全面深化改革的新阶段,在这个改革的深水区和攻坚区,经济社会发展面临一系列相互交织的矛盾,我国实现转型发展的任务仍然十分艰巨。这就决定了我们要始终保持艰苦奋斗的作风和不懈奋斗的精神状态,抓住全面深化改革的新契机,按照十八届三中全会的总部署和总规划,坚定信心,克服困难,使我国到2020年在重要领域和关键环节的改革取得决定性成果,为全面建成小康社会,实现民族伟大复兴的中国梦奠定坚实的基础。

要把艰苦奋斗作为一种行为方式来践行。党员干部特别是党员领导干部,要做艰苦奋斗的自觉践行者,在工作、生活中时刻坚持艰苦奋斗的作风,使艰苦奋斗精神内化为个人的生活方式和思维方式。一是要自觉践行,将艰苦奋斗作为党员干部自身的行为准则,做到知耻、知足,要自觉抵制不良作风,从小事做起;二是要积极传播,尤其是党员领导干部,在党员和人民群众中具有较强的影响力,通过以身作则能够起到事半功倍的作用。在工作、生活中通过言传身教能够影响身边人,更能够使艰苦奋斗的作风内化为个人的行为准则。

要把艰苦奋斗作为一种浓厚氛围来营造。中国梦是国家富强梦,是民族振兴梦,也是人民幸福梦,中国梦的最终实现要依靠全体中国人民的磅礴力量。因而,中国梦实现的过程也是人民群众幸福展现的过程。近年来,全国各地均有地方开展领导干部深入基层、深入农村、包村包户、为农民致富增收的政策和举措,这是一种发扬艰苦奋斗传统精神的好做法，是一种接地气、为民务实的好做法，是一种增进党员干部与人民群众鱼水之情的好做法，有利于营造党员干部和人民群众荣辱与共、艰苦奋斗的氛围。

要把艰苦奋斗作为一种党内制度来遵循。发扬艰苦奋斗的精神，除了党员干部自觉践行外，还应当完善制度建设，增强发扬艰苦奋斗作风的外在动力，使弘扬艰苦奋斗的作风成为一种长期的制度安排。在当前的群众路线教育实践活动中，各地各部门各单位通过自己查找、党员和群众反映、上级督导等方式，找出了许多不规范、不符合艰苦奋斗作风的问题。在坚持边查边改的原则中，各地的整改取得了良好的成效，但也有人担心这是一阵风，这种担心不是没有道理的，只有将厉行勤俭节约、反对铺张浪费的解决办法制度化，将发扬艰苦奋斗作风的方案作长期安排，对“三公消费”等事项做细化的安排，才能保证优良作风的长期延续。

我们坚信，只有发扬党艰苦奋斗的优良传统作风，才能保持党的昂扬精神状态，才能不断激励各级党员干部坚持不懈的奋斗，不断为中国梦的实现凝聚正能量。

切实加强党风廉政建设，永葆党的纯洁性

执政党的作风关系党的形象，执政党的廉政关系党的本质，党风廉政建设关系到党全心全意为人民服务的质量和人民群众拥护中国共产党的程度，因此，党风廉政建设极其重要。自新一届中央领导班子执政以来，习近平总书记发表了一系列

> 2014年1月14日，习近平总书记在中国共产党第十八届中央纪律检查委员会第三次全体会议上强调：解决好保持党同人民群众的血肉联系问题，不可能一劳永逸，不可能一蹴而就，要常抓不懈。我们开了个好头，要一步一步深化下去。抓作风建设，首先要坚定理想信念，牢记党的性质和宗旨，牢记党对干部的要求。作为党的干部，就是要讲大公无私、公私分明、先公后私、公而忘私，只有一心为公、事事出于公心，才能坦荡做人、谨慎用权，才能光明正大、堂堂正正。作风问题都与公私问题有联系，都与公款、公权有关系。公款姓公，一分一厘都不能乱花；公权为民，一丝一毫都不能私用。领导干部必须清楚这一点，做到公私分明、克己奉公、严格自律。

关于党风廉政建设的重要讲话，这些讲话对处于新的历史起点和面临新的历史任务的党来说具有非常重要的现实意义。各级党员干部要认真学习习近平总书记的讲话精神，贯彻落实关于纠正不良作风的指示。习近平指出，工作作风问题绝不是小事，如果不坚决纠正，任其发展下去，我们党就会失去根基、失去血脉、失去力量。改进工作作风，八项规定只是切入口，既不是最高标准，也不是最终目的，只是改进作风的第一步，是共产党人应该做到的基本要求，是党中央积极应对执政风险的战略思考和使命担当。

第一，加强党的作风建设，寻求党的建设的突破口。大兴勤奋学习之风，是作风建设的一项基础性工作。习近平总书记在多种场合指出，党员干部要有本领不够的危机感和加强学习的紧迫感，要少应酬多学习，努力提高办事本领，要把实践和学习结合起来，在实践中学习，在学习中提高本领以指导实践。当前，世界格局深刻变革，国际国内形势错综复杂，只有坚持实践的观点，坚持不断学习的观点，既善于学习又善于实践，不断增强处理各种复杂事物的本领和能力，才能紧跟时代步伐，适应时代发展。在学习内容上，要加强领导干部的理论学习，要把马克思主义基本理论和十八大精神、十八届三中全会精神和习近平总书记系列讲话精神结合起来，提高党员干部的理论素质。在学习的形式上，一是要让广大党员干部都能够学习，要发挥各级党校、各级行政学院的主阵地作用，集中培养高素质的人才。二是要将学习的阵地向基层延伸，发挥基层大讲堂作用，学习的主体要从领导干部向广大党员延伸，扩大培养的范围，增强培养的力度。

大兴调查之风。“没有调查，就没有发言权。”[①]调查研究是了解情况的前提，是正确决策的基本条件。习近平指出：“重视调查研究，是我们党在革命、建设、改革各个历史时期做好领导工作的重要传家宝。”“什么时候全党从上到下重视并坚持和加强调查研究，党的工作决策和指导方针符合客观实际，党的事业就顺利发展；而忽视调查研究或者调查研究不够，往往导致主观认识脱离客观实际、领导意志脱离群众愿望，从而造成决策失误，使党的事业蒙受损失。实践充分证明，调查研究不仅是一种工作方法，而且是关系党和人民事业得失成败的大问题。”十八大后以习近平为总书记的党中央把大兴调查之风放在八项规定的首位，表明了其极端重要性。因此，全党应当充分认识到调查的重要性，大兴调查之风。

①《毛泽东文集》第2卷，人民出版社1993年版，第382页。

70多年前的延安整风，为整治当时党内存在的主观主义、宗派主义和党八股的问题，毛泽东指出，要重重地给患者以刺激，使其为之一惊，出一身汗，然后再好好治病。在当前的群众路线教育实践活动中，为解决突出的“四风”问题，党中央提出了“照镜子、正衣冠、洗洗澡、治治病”的方法，这是新形势下加强党的作风建设的重要途径。全体党员干部应以党章为镜，捋一捋自身的义务和责任，找一找自己的毛病和问题，在此基础上，要正视自己的缺点和问题，加强自己的党性修养、增强自己的责任意识和党纪国法意识，养成勤正衣冠的习惯；要常常清理自己思想和行为中的尘埃，干干净净做人；各级党组织要帮助党员干部找对毛病，对症下药，治理问题，获取实效。在反对“四风”的群众路线教育实践活动中，要深入地查找问题，避免以新的形式主义覆盖旧的形式主义，要切实采取措施解决实际存在的问题并建立长效机制。

第二，搞好廉政建设，把权力关进笼子里。权力导致腐败，绝对的权力导致绝对的腐败。从长远来说，制约权力最有效的办法就是完善制度建设，以权力约束权力。制度是根本大计，既能管事也能管人，既能管现在也能管未来，我们最稳定、最有把握的就是制度。反对腐败问题是关乎党生死存亡的重大问题，也是全国各族人民普遍关心的问题，坚决反对腐败是我们党一贯坚持的立场。实践已经反复证明，权力一旦失去制约，就犹如脱缰的野马，会变得肆无忌惮，横行霸道，关乎国家和人民的大事就会让位于官员个人的私利，从而损害国家和人民的利益。要从根本上铲除腐败滋生的土壤，就要用制度监管权力。邓小平曾指出：“制度好可以使坏人无法任意横行，制度不好可以使好人无法充分做好事，甚至会走向反面。”[①]因此，要完善反腐倡廉的制度建设，把权力关进制度的笼子里。

习近平总书记告诫各级党政领导干部，任何人都没有超出法律的权力，无论处于什么样的职位，只要违犯党纪国法就应当受到制裁，同时要牢记自己的权力来源于人民，要全心全意为人民服务并自觉接受人民的监督。

要建立一套完整的反腐倡廉机制，形成不敢腐败的惩戒机制、不能腐败的防范机制、不易腐败的保障机制和不想腐败的激励机制。要完善反腐倡廉的法律法规，增强腐败的打击力度；要加强党内法规建设，细化党内权力运行的规则，完善党内权力运行的监督机制；要深化行政体制改革，保证权力运行规范，堵塞权力滥用的

①《邓小平文选》第2卷，人民出版社1993年版，第333页。

漏洞;要加强廉政文化的建设,加强廉政教育,让廉政思想内化到党员干部行为中,从心里面抵触腐败。反腐倡廉制度建设是一个长期的过程,但我们党反腐败的决心不会随着时间的推移而有所变化。

在新的历史起点上,应当把党内制度建设同党情、国情、民情相结合,不掩饰或忌讳党内存在的问题,敢于直面包括贪污腐败等直接关系群众利益的重大问题,采取切实有力的措施治理腐败。坚持党要管党、从严治党,严厉查处各种腐败现象。查处既没有"特区",也没有"禁区",对待腐败问题必须始终保持高压态势,既要坚决查处领导干部的腐败问题,又要坚决查处发生在人民群众身边的腐败问题。一方面,要坚持法律面前人人平等的原则,老虎苍蝇一起打,无论谁违犯党纪国法,均应受到制裁;同时,坚持惩治腐败不留"死角",从基层党员干部抓起,从损害群众利益的人和事抓起,重点惩治和纠正那些关系到社会方方面面、关系到老百姓日常生活的腐败行为和不正之风。

聚力中国梦的根本工作路线:群众路线

得民心者得天下,失民心者失天下。人民群众是中国共产党执政兴国最重要的依靠力量,离开了人民群众,中国共产党就失去了执政的根基。全体党员应当牢记,人民群众是党执政的最根本的力量,"党的先进性和党的执政地位不是一劳永逸、一成不变的,过去先进不等于现在先进,现在先进不等于永远先进,过去拥有不等于现在拥有,现在拥有不等于永远拥有。"[①]党要始终成为中国特色

> 1929年9月28日,《中共中央给红军第四军前委的指示信》中第一次提出"群众路线"这个概念。信中指出:"关于筹款工作,亦要经过群众路线,不要由红军单独去干。"此后,在毛泽东的倡导下,在党的工作中更加自觉地运用群众路线的领导方法和工作方法,并使其不断丰富和完善。1943年,毛泽东在《关于领导方法的若干问题》中,第一次从哲学高度对党的群众路线作了理论概括,把党的群众路线与马克思主义的认识论、辩证法和历史唯物论有机统一起来,表明党的群众路线达到成熟。

①《中共中央关于加强和改进新形势下党的建设若干重大问题的决定》,刊《人民日报》2009年9月28日。

社会主义事业的坚强领导核心，始终成为引领事业发展、实现中国梦的力量，就必须紧紧依靠人民。

面对当前各种复杂的形势和环境，要牢牢抓住群众路线这条党的生命线，把全心全意为人民服务的追求、把为民务实的价值理念深深植根到全体党员的思想和行为中，切实维护人民群众的切身利益，用全体党员的实际行动把人民群众紧紧地凝聚在一起，保持我们党的生机与活力，保持我们党的先进性。

90多年来，我们党一直能够引领人民群众取得革命、建设和改革的胜利，创造各种属于中国自己的奇迹，最根本和最关键的是我们党一直把群众路线作为党的生命线予以坚持和贯彻。历史雄辩地证明，党坚强有力，党同人民保持血肉联系，国家就繁荣稳定，人们就幸福安康。在经济社会发展各个方面，切实提高党要管党、从严治党的能力和水平，始终同人民心连心、同呼吸、共命运，我们党就必定能凝聚起不可战胜的磅礴力量，创造无愧于历史的辉煌业绩。

改革开放30多年来，我们党领导人民进行社会主义建设取得了巨大的成就，我们今天离实现中华民族伟大复兴的中国梦前所未有地近，但同时也面临着数十年积累的矛盾，准确把握当前的历史方位，牢记党自身肩负的历史使命，更加凸显了紧紧依靠群众路线这条生命线的重要性。

第一，坚持群众路线的工作作风，确保党成为实现中国梦的坚强领导核心。中国梦是党汇聚了最广大人民的共同意愿提炼的，中国梦的实现需要党的总体规划和战略指挥，需要各级党组织和党员干部领导广大人民群众具体实践。离开了党的集中领导，人民群众就会失去中心，变成一盘散沙，难以凝聚力量。同时，我们也要牢记党的性质和宗旨不改变，党的先进性和纯洁性不改变，才能真正把群众凝聚起来，才能真正发挥党的领导作用。因此，必须深入群众、扎根群众，听取群众声音，了解群众需求，汇聚群众智慧，依靠群众力量，共同助推中国梦的实现。

来自人民、植根人民、服务人民，是我们党永远立于不败之地的根本。密切联系群众是我们党最大的政治优势，而脱离群众则是我们党执政的最大危险，只有我们坚持群众路线不动摇，才能获得最广大人民群众的支持，才能确保中国共产党成为实现中国梦的坚强领导核心。

第二，走群众路线，发挥群众的积极性和创造性，解决实现中国梦的时代难题。时代难题集中了一个国家、一个历史时期的最主要、最深刻的问题，集中反映了一个时代的心声，唯有直面时代难题，才能推动历史的巨轮前进。在实现中华民族伟大复兴中国梦的进程中，我国面临最大的难题是如何实现从一个大国向强国的转变，如何解决国内聚集的矛盾问题、实现共同富裕。在处理国际关系中，中国一直坚持和平共处的立场，但是随着中国经济社会的快速发展，必然要改变原有国际社会的力量平衡和利益格局。一方面，我们面临着来自西方国家的制约、西化、分化的威胁，面临着与周边国家的领土和海洋权益之争；另一方面，我们要坚持和平发展战略，妥善处理与西方国家、周边国家的关系，实现互利共赢。因此，国家的发展必须紧紧依靠广大人民群众，这样才能在国际社会发展中永远立于不败之地。

党的群众路线教育实践活动

2013年4月19日，中国共产党中央政治局召开会议，决定从2013年下半年开始，用一年左右时间，在全党自上而下分批开展党的群众路线教育实践活动。中央政治局带头开展党的群众路线教育实践活动。中共中央总书记习近平主持会议。

会议认为，全心全意为人民服务是党的根本宗旨，群众路线是党的生命线和根本工作路线。深入开展党的群众路线教育实践活动，对于教育引导党员干部牢固树立宗旨意识和马克思主义群众观点，切实改进工作作风，赢得人民群众信任和拥护，夯实党的执政基础，巩固党的执政地位，具有十分重大而深远的意义。

群众路线教育实践活动的主要内容：为民、清廉、务实。

群众路线教育实践活动的总要求：照镜子、正衣冠、洗洗澡、治治病。

群众路线教育实践活动要解决的主要问题："四风"，即形式主义、官僚主义、享乐主义、奢靡之风。

面对日益复杂的国际形势和国内改革发展稳定的繁重任务，我们既要有面向世界、向强国学习、与强国竞争的世界眼光，又要有直面国内发展难题，以国家实力的增强和人民群众生活提高为目的，统筹国际国内两个大局，兼顾国家间关系的推进和国内经济社会的稳步发展。

从国内来看，实现国家从一个大国向强国转变的时代难题，最关键的是要在全面深化改革的进程中有坚定的决心和依靠群众的智慧，坚持群众路线，敢于涉险滩、敢于硬碰硬。作为党的根本工作方法，党的群众路线和党的认识路线高度统一，群众路线是来源于群众又回归到群众的过程，是一个群众—党—群众的过程；

来源于实践又回归到实践的认识路线是一个实践—认识—实践的过程。这两个过程是不同视角下的同一个过程，从群众中来到群众中去的过程也是从实践中来到实践中去的过程，为人民服务的过程也是从群众中实践不断发现真理修正错误的过程，也是在探寻正确的群众工作方法的过程。坚持群众路线，就是在群众实践中寻找解决时代难题金钥匙的过程，就是在新的历史条件下获取改革发展秘诀、推进中华民族伟大复兴的过程。

中国共产党是实现中国梦的领导核心。实现中华民族伟大复兴中国梦是近代以来中国革命、建设、改革的主题，完成这一使命既离不开正确道路的选择，更离不开合适的领路人。放眼历史长河，中国共产党以实现民族复兴的中国梦为自己的政治宣示和历史重任，并不是想复现往日辉煌，而是要矢志不移地超越历史，使中华民族跻身于先进民族行列，为人类做出更大贡献。以党的十八大为标志，愈加成熟的中国共产党必定能担当起时代赋予的这一新使命。

中国梦的希望寄予青年的拼搏奋斗

20世纪初，以青年学生为先锋的五四学生运动，深深地改变了古老中国的航向，极大地促进了中华民族伟大复兴的进程，成为中国历史上光辉的一页。五四运动产生了一大批后来革命的中坚力量，我们党和国家的主要创始人大都领导或者参加过五四运动。他们一腔爱国热情，胸怀报国理想，一心追求国家富强、民族振兴之梦。“恰同学少年，风华正茂。书生意气，挥斥方遒。指点江山，激扬文字，粪土当年万户侯”，是那一代青年人的真实写照。五四运动引领中国前进，五四精神至今仍深深地影响着今天的青年人。

青年是实现中国梦的希望

十八大的召开，标志着中国梦新的进程已经开始。“两个一百年”的目标到现在已经不足10年和30年，而这正是青年人的黄金时间，正是青年人奋斗的主战场，自然法则决定了青年人是中国梦实现的主要力量，是中国梦实现的希望所在。正是这样，习近平寄语青年学子，要志存高远、心怀梦想，“勇做走在时代前列的奋进者、开拓者、奉献者，以执着的信念、优良的品德、丰富的知识、过硬的本领，同全国各族人民一道，担负起历史重任，让五四精神放射出更加夺目的时代光芒。”①

中国梦连接着过去、现在，更面向未来。青年是走向未来的，未来是属于青年的，中国梦实现的希望就在青年身上。未来是中国梦实现的过程，也是青年人追求梦想、实现人生抱负和人生价值的过程。中国梦具有国家层面、社会层面和个人层面的内涵，而更主要的仍然是个人的幸福，是每一个中国人梦想的实现。作为13亿中国人的主力军，青年人年轻力壮、英姿勃发、青春激昂。全中国的青年人把个人梦想融入国家梦想、社会梦想中，在国家和社会发展中寻求个人追梦的机会，在个人追梦的过程中推动国家的前进，就能够汇聚磅礴的力量助推中国梦的实现，全中国的青年人应当珍惜这个机会。

2013年5月4日，中共中央总书记、国家主席、中央军委主席习近平满怀对广大青年的深厚情感和殷切期望，来到中国航天科技集团公司中国空间技术研究院，参加共青团“实现中国梦，青春勇担当”主题团日活动，习近平在讲话中说：“中国梦是我们的，更是你们青年一代的。中华民族伟大复兴将在广大青年的接力奋斗中变为现实。”他指出：“为实现中华民族伟大复兴的中国梦而奋斗，是中国青年运动的时代主题。”此前，习近平2日在给北京大学考古文博学院2009级本科团支部全体同学回信中，勉励当代青年珍惜韶华、奋发有为，勇做走在时代前面的奋进者、开拓者、奉献者。他写道：“中国梦是国家的梦、民族的梦，也是包括广大青年在内的每一个中国人的梦。‘得其大者可以兼其小。’只有把人生理想融入国家和民族的事业中，才能最终成就一番事业。”

少年强，则国强，少年弱，则国弱。青年是未来的希望，得青年者得未来。只有青年一代健康成长、努力奋进，中国特色社会主义事业才能得以继续，中国梦的实现才会后继有人。面对国际环境的日益复杂，社会利益格局的多元，各种思想文化相互冲突、相互激荡和个人发展的诸多困惑，青年人如何在社会大潮中坚定自己的信念，走好自己的人生，是实现中国梦过程中不容忽视的重大课题。国家发展的希望在青年，同时忧患也在青年，青年是国家发展、社会进步和时代前进的

①习近平：《青年要自觉践行社会主义核心价值观与祖国和人民同行努力创造精彩人生》，刊《人民日报》2014年5月5日。

一面镜子，他们是一个时代造就的产物，也引领着一个时代的发展，他们的思想、信念、精神、胸襟，是一个时代所拥有的，是时代的产物，同时又影响着另一个时代。民主主义革命时期，大批中国热血青年胸怀报国理想，顺应时代潮流，肩负国家独立和人民解放的使命，成为民族复兴第一步的先锋。社会主义建设时期，大批青年听从党和国家的号召，投身社会主义建设，为中国的发展贡献了青春和力量，虽然遭遇挫折，但并未退缩，依然在社会发展中不断磨炼自己。改革开放时期，又有一大批青年成长起来，他们顺应时代潮流，在社会主义改革和发展中追逐着梦想，成为一个时代的象征，成为助推中国发展的中坚力量。“江山代有才人出，各领风骚数百年。”在实现“两个一百年”目标和伟大复兴中国梦的过程中，党、国家、社会要相信青年，要关心和鼓舞青年，要让青年在时代大潮中不断地成长，要为青年的成长成才营造广阔的空间。青年发展是未来中国发展的希望所在，要将青年的培养作为国家希望工程，要培养实现梦想的青年梦之队，为青年的成长发展广大的舞台。

青年是中国梦实现的中坚力量，是中国未来发展的希望。青年追求美好未来，未来生活需要青年努力创造。中国梦汇聚了最广大人民的共同意愿，更包括了青年一代对未来的美好向往。国家梦和社会梦的实现必须汇聚青年人追梦的力量。将国家梦与青年梦融合，以国家之力量激励青年之能量，鼓励青年成长成才，艰苦创业，努力创造美好未来，为国家的发展、为个人梦想的实现奉献青春。奋斗是梦想成真的桥梁，梦想不会自己发生，没有奋斗，梦想就是幻想，就是空想。唯有努力奋斗，梦想才能真正变成现实。青年人为个人梦想奋斗的过程也是增强国家梦想实现力量的过程，唯有每一个青年人为自己的青春梦做出奋斗，国家梦的实现才能真正汇聚起强大的力量。当然，在当前的中国，每一个愿意为梦想进行奋斗的青年人更需要有一个公平公正的环境。中国梦本身就是一个全体中国人民、全体青年人共同建设、共同拥有、共同享有之梦，是维护社会公平正义、保持社会和谐之梦，只有拥有公平公正的环境，中国梦才有实现的平台。

为青年人追求梦想、实现梦想创造机会

年轻就意味着有足够的成长时间，年轻就意味着有巨大的成长空间。青年人在成长的过程中，要有坚忍的意志和不懈的奋斗。正所谓“故天将降大任于斯人也，必先苦其心志，劳其筋骨，饿其体肤，空乏其身，行拂乱其所为，所以动心忍性，增益其所不能”。航天梦只有精心钻研、科学技术发展到一定阶段才能实现，奥运

革命先烈阮啸仙说:“我们做青年,是想做好的青年,为新社会的健儿,为主义的实行家,也是甘愿为旧社会恶环境的破坏者,坚忍卓绝,来破坏挡住新社会进行的障碍物。那么,我们已有快活的前途,也不能无有中道的危险,去掉危险,得着幸福,也许有创作的工夫,‘工欲善其事必先利其器’。青年创造环境的工具,是应该注意的。”

梦只有经过数十年发展积累雄厚基础才得以成真,因而,每一个梦想实现的背后都是艰辛的付出和努力,正所谓“台上一分钟,台下十年功”。习近平总书记曾经意味深长地告诫青年学子:无数成功的事实证明,唯有青年时代真正地努力付出,人生才能有所收获,选择了吃苦,就是选择了苦后的获取;选择了奉献青春,就是选择了追求高尚。只有做到在人生追求中宠辱不惊、在事业奋进中百折不挠、在生活态度上积极乐观,才能有所成就。这是凝结了习近平总书记个人历经沧桑、饱经风霜后经验和智慧的结晶,是青年人个人成长的宝贵箴言,是他对有志青年的谆谆教诲,每一个青年人都应当珍惜总书记的嘱托,按照总书记的要求,立远大志向,要努力练就非凡本领能够在各自专业领域有所建树,要有百折不挠、不怕吃苦的劲头和魄力去战胜各种人生难题,要有积极乐观、昂扬向上、努力进取的良好心态,让个人的青春梦更加精彩,让个人的梦与国家梦相映生辉,让青春梦为人生梦谱写篇章,让未来梦想成真。

国家的发展给青年提出了更多更高的要求,同时也为青年提供了更多更好的平台。十八届三中全会的召开,为国家的下一步发展、为全面深化改革作了总体规划和战略部署,也提出了诸多与青年相关的改革事项。譬如统筹城乡义务教育资源均衡配置,能够促进城乡、区域的教育公平;推进考试招生制度改革、推行综合评价、多元录取机制的改革措施,有助于实现对学生的准确评价,避免一考定终身的情况;建立集聚人才体制机制、完善人才顺畅流动的制度体系、增强人才政策开放度,为青年人创造更多的平台,有利于实现才有所用;促进以高校毕业生为重点的青年就业、激励高校毕业生自主创业等举措,为青年人追梦奠定了一定的基础;有序开放中等城市落户限制、保障农民工同工同酬、健全困难儿童保障等举措,让青年人追梦更加有保障。因此,全面深化改革中有青年人发展的巨大舞台,改革释放的红利为青年人追求个人梦想提供了前所未有的机遇。

国家的发展为青年人提供了前所未有的机遇,青年人也应当在实现伟大复兴中国梦的过程中具有责任意识。一方面，中国梦的实现是从脚下开始，实干兴邦，空谈误国，青年人应该脚踏实地，为全面深化改革、为中国梦的实现打牢基础。另一方面，全面深化改革是一项长期的、艰巨的任务，所有有志青年应当在党中央的关心和领导下齐心协力，共同助推中国梦的实现。

无论时代背景如何变迁，社会关系如何演化，关心和服务青年成长，始终是我们坚定不移的使命和承诺。青年对于自身成长成才最大的需求，就是希望能够为他们提供纵向流动的上升通道，横向交流的锻炼平台，以及岗位成才的发展机会。为此，我们要举全国之力，开展“青年成长计划”，从岗位培训、横向交流、纵向成长三个维度为青年成长成才服务。

时代发展的规律一再告诉我们，青年是改变未来的力量。而我们需要做的就是，尽我们的一切可能，为年轻一代创造更多机会。让那些在事业和生活上遭遇挫折的年轻人，不会因为自己的地域、性别、出身以及与生俱来的缺陷而失去对人生的信仰和对社会的信心；让那些奔走在地铁人潮中的年轻人，不会因为沉重的工作、生活的压力，放弃对梦想的执着和对未来的期待；让那些背井离乡来城市创业打拼的年轻人，能够超越文化的隔阂，感受到城市开放包容的温度。

青年人要自我奋斗，让追梦的翅膀高翔于空

幸福不是偶然发生的，梦想不会自动实现。只有用汗水才能创造最美丽的青春。五四运动时期的一代青年，用青春和热血创造了一个独立、自由、民主的新中国，推动了中华民族的伟大复兴。当代青年也要坚持走中国自己的道路，弘扬中国优良传统精神，凝聚中国强大力量，用勤劳和智慧圆民族复兴的梦想。

要勤勤恳恳奋斗，热爱工作，热爱劳动，扎根于广大劳动人民中，走与群众相结合的路线。习近平指出：“劳动是财富的源泉，也是幸福的源泉。人世间的美好梦想，只有通过诚实劳动才能实现；发展中的各种难题，只有通过诚实劳动才能破解；生命里的一切辉煌，只有通过诚实劳动才能铸就。”勤劳是中国优秀传统之一，是数千年深入中国人骨髓里的优良品质。自五四运动以来，广大有志青年无不在党的关心和领导下走与工农结合的道路，他们在工作中尽职尽责、辛勤劳作，为当代青年树立了榜样。马克思指出，劳动是人的本质活动，是人的解放最根本的条件。在劳动中，可以更加接近实际，能够变得更加坚韧，能够学会珍惜劳动成果。当代青年应当树立“劳动的青春最光荣、最崇高、最伟大、最美丽”的理念，踏实劳动，以劳

动创造美好未来。

要勤勤恳恳奋斗，就是要能够吃苦，要顽强奋斗。一个人在年轻时期的奋斗程度基本上决定了一个人一生的成就大小，怨天尤人、贪图享乐、慵懒堕落，只会埋葬青春，浪费生命。正如歌曲《真心英雄》里所唱的那样，"不经历风雨怎么见彩虹，没有人能随随便便成功"，面对追求梦想中的艰难险阻，唯有脚踏实地，能够啃硬骨头，能够坚强的奋斗，顽强的拼搏，才能在追求梦想中有所收获。

要勤勤恳恳奋斗，就是要从小事做起，要从身边的点点滴滴做起。正如老子说"天下难事必作于易，天下大事必作于细"，只有做好小事、简单事，才能做好大事、艰难事。做好小事首先要着眼实际，不怕事儿小，不怕事儿烦琐，不好高骛远，踏实地从脚下做起，正所谓"不积跬步，无以至千里；不积小流，无以成江海"。同时，我们要认识到，真正做好小事不是让人深陷烦琐事务，而是要从小事中学习，从小事中积累经验，从小事中锻炼自己、提升素质。中国梦的最终实现需要举全国之力共同努力，需要强大的力量助推，在这一伟大进程中，每一个人都是一份小的力量，以小积大，就能汇聚实现中国梦的磅礴力量。同样，表现在个人中，只要把每一件小事做好，在长期积累中成长提升，就能为中国梦的实现贡献力量。

将无限正能量注入伟大的事业

继续中国特色社会主义经济发展

必须深刻认识和把握改革开放与中国特色社会主义的内在逻辑联系

党的十八届三中全会站在新的历史起点上，作出了全面深化改革的重大战略部署，为全面建成小康社会和实现中华民族伟大复兴进一步指明了方向。十八届三中全会通过的《中共中央关于全面深化改革若干重大问题的决定》的一个突出特点是从中国特色社会主义本质特征和基本要求出发，着眼推进中国特色社会主义“五位一体”总体布局，着力化解中国特色社会主义面临的新挑战、新矛盾、新问题，深刻阐明了在新的历史条件下全面深化改革的总方向、总目标、总任务和总布局，为中国特色社会主义增添了新的实践经验、政治智慧和理论财富，生动体现了我们党在坚持和发展中国特色社会主义上的新的自醒、自觉与自信。增强全面深化改革的自觉性，必须深刻认识和把握改革开放与中国特色社会主义的内在逻辑联系。

第一，改革开放是选择中国特色社会主义道路的逻辑起点，又是不断拓展这条道路的强大动力。

虽然马克思主义创始人早已指明：“所谓‘社会主义社会’不是一种一成不变的

东西，而应当和任何其他社会制度一样，把它看成是经常变化和改革的社会。”但是由于对社会主义的理解，再加上革命惯性的延续，直到改革开放以后党才真正开始立足国情考虑社会主义的本质问题。从那时起，改革开放和中国特色社会主义就紧密联系在一起，成为最明显的特征，一直贯穿改革开放史。

改革开放，是中国共产党于1978年召开的党的十一届三中全会上提出的一条“对内改革、对外开放”的战略决策，是中华人民共和国成立以来第一个对外开放的基本国策，这个决策的成效之一是改变了中国长期以来对外封闭的情况，令中国向世界开放，同时大幅度提高了国内人民的生活水平，改善了中国在国际上的形象，使中国进入了经济高速发展时期。

自1978年开始，从农村到城市、从经济到政治再到文化社会，从局部到全面，改革逐步推开并走向深化。从个别特区到广大城市，从沿海到内陆，从对少数国家到大多数国家，中国的大门向世界逐步打开，这次前所未有的大变动，极大地调动了广大人民群众的积极性，激发了人民群众的创造性，深刻地改变了中国的面貌，成功开辟了中国特色社会主义道路。正如十八届三中全会《决定》所深刻指出的：“改革开放最主要的成果是开创和发展了中国特色社会主义，为社会主义现代化建设提供了强大动力和有力保障。事实证明，改革开放是决定当代中国命运的关键抉择，是党和人民事业大踏步赶上时代的重要法宝。”

从零星改革到全面改革开放政策的实行，从没有理论指导到建设有中国特色的社会主义再到形成中国特色社会主义理论，可以说，改革开放的开始就是探索建设中国特色社会主义的开始，改革开放是中国特色社会主义的逻辑起点。习近平同志指出：中国特色社会主义道路，是科学社会主义的理论逻辑和当代中国社会发展的历史逻辑的有机统一。正是在改革开放的伟大进程中，实现了理论逻辑和历史逻辑的统一。改革开放政策实行之初，虽然取得了巨大的成就，但是有人对改革是不是走资本主义道路提出了质疑，认为一旦走改革的道路，就会抛弃社会主义，抛弃马克思主义。这种观点导致了人们思想上对改革性质认识的混乱。为了从理论上解决这个问题，就必须对什么是社会主义、什么是马克思主义作出回答。很多年来，对这个问题我们党都没有搞清楚，都是从本本出发、从抽象原则出发教条地理解这个问题，这就必然得出改革开放是走资本主义道路的错误逻辑。改革开放的伟大实践，使我们党开始重新探寻这个问题，逐步对社会主义和马克思主义的本质有了清晰的认识，即社会主义的本质是要解放生产力，发展生产力，最终目标是要实现共同富裕；而真正的马克思主义不是从马克思的本本和教条出发，而是将马克思主义基本原理同中国实际相结合的中国化的马克思主义。正是在改革开放中澄清了理论困惑，才极大地促进了中国特色社会主义事业的巨大进步，最终成功选择了通向国家富强、民族振兴、人民幸福的中国特色社会主义道路。

改革开放是推动中国特色社会主义发展的强大动力。中国特色社会主义是在改革开放的基础上开拓的，前无古人，没有经验可以遵循，只能在“摸石头”的基础上探索前进，因而这条道路不可能是一条坦途，必然伴随着各种争论。改革开放35年来，遭遇了姓“社”还是姓“资”、姓“公”还是姓“私”、是实行计划经济还是市场经济等重大争论，澄清这些理论纷争，归根结底还是依靠了改革开放这个法宝，才不断将中国特色社会主义事业推向前进。

经过30多年的改革开放，中国国家力量大幅增强，国际地位和军事实力显著提高。2010年，中国GDP超越日本，成为仅次于美国的全球第二大经济大国，中国已经成为国际社会不可缺少的重要角色。

习近平总书记在《中共中央关于全面深化改革若干重大问题的决定》的说明中，专门引用了1992年邓小平同志“南方谈话”中的一段话：“不坚持社会主义，不改革开放，不发展经济，不改善人民生活，只能是死路一条。”实践是检验真理的唯一标准，35年的改革实践和改革成就已经证明，没有改革开放，就没有中国特色社会主义道路，没有改革开放，就没有今天中国特色社会主义建设的巨大成就。要实现“两个一百年”目标，实现国家富强、民族振兴、人民幸福的中国梦，就必须依靠改革开放，坚定不移地走中国特色社会主义道路。

第二，改革开放是中国特色社会主义制度的鲜明特征，又是增强其生机活力的重要法宝。

中国特色社会主义制度是推动事业进步、国家发展的根本制度保证，是中国特色社会主义发展的成果。中国特色社会主义制度是改革开放的必然结果，是实现中华民族伟大复兴中国梦的必然选择，这是因为这一制度的产生、完善与发展，同新的历史时期改革开放实践有机联系在一起。中国特色社会主义制度逐步定型、不断完善的过程,深刻彰显了改革开放在中国特色社会主义中的历史地位。中国特色社会主义制度,是科学社会主义基本原则在中国实践中运用的伟大成果;改革开放是实现基本原理与国家实际相结合的重要法宝。

科学社会主义最基本、最重要的原理主要有两条,即解放生产力、发展生产力和实现共同富裕。正是在改革开放的伟大实践中形成的中国特色社会主义制度,体现了理论与实践的结合。35年的改革开放史,就是不断解放和发展生产力、提高人民生活水平、实现共同富裕的历史,在这一伟大的历史进程中,我们党将解放生产力与实现共同富裕统一起来,从而使中国特色社会主义制度展现出勃勃生机。在改革开放中,一方面保持了社会主义基本制度的延续性,强调社会主义的根本制度不可动摇,社会主义的基本原则不能变更,另一方面又强调改革是社会主义制度的自我发展和完善,是一场新的伟大革命。在这一伟大革命中,我们党根据实践要求不断破除体制机制障碍、不断进行体制创新,实现了社会主义制度的延续和发展。

中国特色社会主义制度同时也是自主选择和开放包容的结果,是在二者相互交融中逐步发展和完善的。世界文明多种多样,但是判断一个制度是否合适的最根本标志是是否符合一个国家的基本国情,是否符合一个国家的文化传统,是否符合一个国家的实践要求,能否促进一个国家的繁荣发展。在经济全球化、政治和文化多样化的今天,各种文明相互跌宕、相互交锋、相互融合,文明之间只有相互借鉴、相互包容方能取长补短、不断更新。中国特色社会主义制度正是在我们党领导下立足于中国国情,根据改革开放实践吸收借鉴其他优秀文明成果的过程,是

> 社会主义制度的民主本质,包含以下科学内涵:其一,人民作为国家和社会主人的地位和权利的真实实现,为社会主义制度的形成奠定了根本基础;其二,广大人民积极性、主动性、创造性的充分调动与发挥,是社会主义制度不断完善的主体依靠力量;其三,人民群众根本利益的维护与实现,是社会主义制度建设与发展的根本价值取向;其四,人民高兴不高兴、满意不满意,是衡量制度优劣的根本标准,是促进社会主义制度不断走向完善的根本动力。以上四点,在我国新时期改革开放进程中得到了比较完整的体现和实现。

不断增强包容性的结果。正是这样，才使中国特色社会主义制度在世界发展的浩荡潮流中展现出了其内在生命力和巨大优越性，愈益成为伫立时代潮头、引领时代潮流的一种文明社会制度。

中国特色社会主义制度的本质是保证人民当家做主。改革开放以来，我们党高举人民民主旗帜，不断推进行政治体制改革，逐步形成了中国特色社会主义政治制度。人民代表大会的根本政治制度得到坚持和发展，中国共产党领导的多党合作、民族区域自治制度和基层群众自治制度得以创新；法治建设取得了显著成果，一方面，形成了中国特色社会主义法律制度，立法、执法、司法等逐步走向成熟和规范；另一方面，法治观念日益深入人心，越来越多的人贡献于法制建设中，人民的民主权利日益得到保障。这极大地刺激了人们参与社会主义建设的积极性，实践有力地表明，人民当家做主制度本质的不断实现与释放，赋予中国特色社会主义以强大生命力。

中国特色社会主义制度需要在全面深化改革中进一步走向定型与成熟。党的十八届三中全会《决定》明确提出“全面深化改革的总目标是完善和发展中国特色社会主义制度，推进国家治理体系和治理能力现代化”，从而更好地发挥制度的调节与促进作用，“让一切劳动、知识、技术、管理、资本的活力竞相迸发，让一切创造社会财富的源泉充分涌流，让发展成果更多更公平惠及全体人民”。只要我们牢牢遵循这一总目标，坚持改革开放不动摇，全面深化改革不停步，就一定能创造出系统完备、科学规范、运行有效的制度体系，不断发挥中国特色社会主义制度在解放和发展社会生产力、解放和增强社会活力中的根本性作用。

坚定不移全面深化改革开放，继续发展中国特色社会主义经济

第一，改革进入攻坚期和深水区。所谓的改革攻坚期和深水区是指改革开放30多年来面临的新境遇，经过30多年的积累，一些简单的、易解决的问题基本上得以解决，而一些深层的、难以把控的问题正向我们提出，考验着我们的智慧和勇气。进入改革攻坚期，涉入改革深水区，需要我们投入更大的政治勇气，充分运用我们的智慧，认真把握改革

> 不改革只有死路一条。在重大历史关头，邓小平同志振聋发聩地指出：“如果现在再不实行改革，我们的现代化事业和社会主义事业就会被葬送。”

的重要时机，在已有的成就和经验的基础上，继续推进改革开放，直面改革开放的挑战。

一是时空压缩，社会压力迭出。改革开放的发展一直处于不停地追赶过程中，在较短的时间里要走完工业化、信息化、城镇化、市场化等种种进程。然而，短时期、高强度、快节奏的发展，也使散布于不同时期的社会矛盾集中凸显。我们取得了发达国家需要几百年的发展才能取得的成就，同样地，我们也面临着发达国家在几百年的过程中面临的问题。在全面深化改革的新时期，一些隐藏的矛盾不再躲在暗处，而是凸显出来；一些本不突出的问题不再掩饰，大剌剌地表现出来，使前进的道路暗影重重，压力倍增。

二是矛盾交织，社会问题复杂。在全面深化改革的新时期，我们所面临的问题和矛盾不是单一的，其解决也不是一蹴而就，一劳永逸的。当下，我们不仅面临着从未出现过的新问题，还面临着因种种原因而遗留下来的老问题；我们不仅面临着旧体制所派生出来的问题，还面临着新体制生成过程、完善过程所面临的问题；我们既面临着整个社会发展大局，关系政治、经济、文化、社会、生态等五大建设的统筹问题，又面临着党自身的建设和发展问题。种种问题交织在一起，形成一座复杂的迷宫，需要运用综合性和创新性思维来思考和解决。

三是利益多样，社会风险加大。随着改革开放的深入，社会利益呈现出多样化、个性化、复杂化的倾向。来自不同地区，身处不同领域，代表不同群体的利益诉求不同，且会因为身份、地域、职业等而交叉在一起，使利益协调变得困难重重；体制改革所带来的利益割舍，各项体制之间的协调以及配合需认真考量，政治体制、经济体制、文化体制、社会体制等内部环节的衔接，新旧体制的成功转换所带来的利益纠葛都在一定程度上加大了社会风险。在利益的驱动下，社会上会发出不同的声音，整个社会意志的统一将变得困难。如果不能审慎而恰当地处理，一些局部性的、个人性的问题将会通过社会舆论的放大而衍生成为整体性的、全局性的问题，加剧改革开放的风险。

第二，改革开放只有进行时没有完成时。改革开放新时期，虽面临种种艰难险阻，但改革不能因困难和挑战而停滞，改革只有进行时，没有完成时。习近平走进改革前沿的广东视察时指出，我们要坚持改革开放正确方向，要有啃硬骨头的决心，要有涉险滩的毅力。既逐步冲破思想观念所带来的障碍，又勇于打破利益固化所构筑的藩篱。改革开放是一场深刻革命，要张扬革命的旗帜，坚持革命的方向，推进革命的道路。在头脑中必须时刻保持清醒，不断推动社会主义制度的自我完善和发展，坚定不移地走中国特色社会主义道路。

坚持改革开放只有进行时，要坚定持续不断推进改革开放的大方向。从改革开放的产生而言，其应历史命运而生，改革开放伟大决策的作出是党对国家发展道路的觉知，是党对国家面临的一系列危机的解救，其从理论到实践的转化是党和人民群众的伟大创造。从其具体实效来看，改革开放取得了令人瞩目的成就，使社会生产力得到极大的解放和发展，使中国命运得以改写，使中国人民的夙愿得以实现。改革开放为中国的社会发展注入了极大的活力，带动着党和人民的前进步伐，使我们有更大信心、更多决心坚定地走下去。改革开放带来了中国实实在在的改变，符合国情，表达党意，顺应民心，使时代潮流冲涌而至，而又引领着潮流的发展。改革开放的成就世人有目共睹，对其否定就是对历史的否定。中国业已取得的成就得益于改革开放，中国将来的成就也离不开改革开放。改革开放虽问题不断，但不能停滞，后退并不能解决问题，要坚定改革开放的大方向，以改革的方式解决改革进程中的问题。

> 改革开放是体制创新之路，为坚持和发展中国特色社会主义奠定了机制体制基础。
>
> 改革开放是强国富民之路，为坚持和发展中国特色社会主义奠定了物质技术基础。
>
> 改革开放是政治昌明之路，为坚持和发展中国特色社会主义奠定了坚实的政治基础。
>
> 改革开放是社会进步之路，为坚持和发展中国特色社会主义奠定了社会发展基础。

坚持改革开放只有进行时，要坚持实施互利共赢开放战略的大方向。习近平总书记多次阐释当今世界的政治经济发展大势，时刻强调要坚持互利共赢的开放战略，以开放谋求中国在世界上更大的发展空间。环顾世界，国际金融危机席卷过后，整个世界经济环境出现了一些新变化，世界经济格局出现了一些新调整。然而，变动中依然有不变的，科技的力量依然在世界范围内产生着重要的作用，生产力在全球范围内的配置而引致的经济全球化依然深入进行，世界范围内的经济依赖并没有因为世界性的金融危机而因噎废食。虽然中国经济在走向世界的进程中面临种种的摩擦、冲突和对抗，然而世界需要中国，中国也需要世界，我们要坚定不移地实施互利共赢的开放战略,以更加积极的姿态投入到经济全球化的进程中,扩大开放的规模和程度,不断完善均衡而高效的开放型经济体系。

第三,要坚持发展社会主义市场经济的大方向。习近平总书记在多次讲话中强调,改革开放的全面深化,要坚持社会主义市场经济的改革方向,要更好地发挥市场在资源配置中的重要作用。市场在资源配置中起决定性作用的突出强调,是对市场在资源配置中的基础性作用的更加科学的定位,突破了几十年来对市场作用的不够科学、不够重视的思想藩篱。市场在资源配置中起决定性作用的确立和认可,是我国经济体制改革的理论升华,也是我国经济体制改革的实践拓展,是经济领域思想解放的新突破和新成就,使市场能够舒展筋骨,解除更多限制,打破更多禁忌,拥有更多的发展空间和作用领域。更加充分地发挥市场在资源配置中的决定性作用并不意味着走向另一个极端,并不意味着政府作用的边缘化,而是对政府作用的发挥提出了更高的要求,对政府与市场的配合有着更多的要求,使政府作用的发挥和市场作用的发挥以更加合理、科学的方式得以整合,形成改革开放的合力,促进经济体制改革在重大领域取得突破性成就。

> "当一个观念时机成熟时,全世界的军队都阻止不了它。"一位作家如是说。今天,中华民族伟大复兴的中国梦,已经没有任何力量能够阻止它的实现了。奋斗成就梦想,我们对此坚信不疑!

第四,全面深化改革开放,不断为经济社会的发展注入活力、提供动力。全面深化改革开放,坚持解放思想、与时俱进,实施创新驱动,进一步加快市场化改革,不断完善体制机制。

一是要在深化改革开放中保持经济平稳较快发展。习近平总书记指出,坚定不移地推进改革开放,是促进经济平稳较快发展的强大动力和体制保障。要用足用好国家深化改革开放的各项政策措施,保障经济持续稳定发展。

激发社会投资活力。持续深化投资、财税、金融体制改革,着力促进资本市场与矿产资源市场的有机融合;在现阶段,加快研究和提出促进非公有制经济发展的意见,并完善深化投融资体制改革配套方案,引导民间资金合理流入实体经济,并广泛投入于基础设施以及社会公共领域。再者,把握新一轮机构改革的机遇,加大项目审批制度改革,保障各类市场主体在良好的市场环境中投资兴业。

增强企业生产活力。全面落实国家各项结构性减税政策，降低企业运营资本，完善支持小微企业发展的相关措施，特别是要取消不合理收费项目，落实临时电价补贴政策，银行企业加大合作力度，缓解企业流动资金紧缺和融资困难的情况，为企业发展创造较好的政策环境，保证企业稳定生产、渡过难关。

要释放城镇化发展活力。目前，亟须制定科学、合理的城镇化建设方案，调整和优化现有城镇结构。努力协调产业发展和城镇建设的关系，寻求二者和谐共进的发展方式，以期为市民提供宜居、宜业的城市空间环境。统筹城镇化与新农村新牧区建设，着力改善农牧民的生活条件和状况。进一步加快户籍制度改革，使农牧民转移人口市民化工作有序顺利开展。

二是要在深化改革开放中加快经济发展方式的转变。转变经济发展方式已经提出多年，但进展比较缓慢，主要原因就在于各方面改革还不到位，体制机制仍不完善。从转变经济发展方式的三个主要方面来看：

对需求结构进行重大调整必须依靠深化改革。我国投资和消费关系失衡，与发展水平相当的其他国家相比，我国投资率明显偏高，消费率明显偏低。一方面是由于国民收入分配格局不合理，另一方面是由于政府职能还未成功转变，政府权力仍在很大范围内主导和干预投资市场，投资缺乏有效的宏观调控和监管，资源、劳动力等要素价格未真实反映实际成本和供求关系，导致投资需求出现井喷现象。因此，要扩大国内消费需求，根据实际发展状况改变经济增长模式，使我国经济增长由依靠投资、出口拉动向依靠消费、投资、出口协调拉动转变，就必须从投资、财税、价格、行政管理等体制以及收入分配、社会保障制度等方面进行深化改革。

对产业结构进行重大调整必须依靠深化改革。我国第二产业特别是重化工业发展很快，与发展水平相当的其他国家相比，我国第三产业比重明显偏低。一方面是由于未能相应地健全环境保护法律法规和制度，矿产和能源仍然处于不合理开采和环境污染严重的状况，且各类资源和资源产品价格相对过低；另一方面是第三产业税负较重，税制十分不合理，市场准入和监管也较严。因此，要调整现有产业结构，推动第三产业迅速发展，促进经济增长向主要依靠第一、第二、第三产业协调带动转变，而不再主要依靠第二产业带动，就必须深化生产要素价格水平、相应税制等方面的改革。

对生产要素市场投入结构进行重大调整必须依靠深化改革。我国长期以来高投入、高消耗、高污染的粗放型经济增长方式同经济增长过分依靠投资、出口和工业的经济结构不可分割。这是由于企业改革和经营机制没有合理的调整，未能建立现代企业制度所具有的激励、约束机制，资本、土地、劳动力等生产要素的市场投入还不完善。同时，节能环保、知识产权等标准和相关的法规和监管制度不健全。因此，要促进经济增长由主要依靠高资源消耗向依靠技术创新，资源节约、科学管理、人才素质提高的方向转变，从根本上说，必须依靠深化经济体制以及科技、教育等体制的改革。

新时期我国经济发展既要立足于对内改革，也要着眼于对外开放，将拓展内需与外需有效结合。对内，不断改革和创新各项经济政策，为经济的发展提供可靠的政策环境；对外，不断开发和拓展新的开放领域和经济发展空间，更好地在对内改革的基础上促进对外经济的发展，并不断带动国内的经济政策改革，促进国内经济发展方式转变。

三是在全面深化改革中不断改善民生。习近平总书记指出，要把改善人民生活作为正确处理改革发展稳定关系的结合点，将改革发展成果更多更公平地惠及全体人民。应以深化民生保障制度改革为重点，进一步做好改善民生工作。要针对收入分配制度进行深入改革。将各项惠民补贴政策落实到位，将制定深化收入分配制度改革实施方案作为一项重要任务，努力缩小收入差距，采取相关措施以增加低收入者的实际收入。要深化社会公共服务和保障事业改革。准确把握社会公共事业的各项制度环节，全方位地深化教育、文化和医药卫生体制改革。要改善社会困难残障救助保障体制。根据经济总体发展状况和物价水平调整社会救助保障标准，不断完善最低生活保障、就业困难群体就业援助、重特大疾病保障和救助等制度，健全保障性住房分配制度。要不断促进政府公共服务职能的充分发挥。继续深入推进财政税务体制改革，加大用于改善民生的公共财政支出，使社会公共服务真正成为由全体人民共享的改革发展成果。

搞好中国特色社会主义政治建设

政治建设和政治发展作为人类有目的、有意识的政治实践，无论是目标的确定、道路的选择，还是力量的整合，都离不开人的主观能动性和意识的驱动，这个过程既必须遵循客观规律，又应当具有明确的价值取向。而时代给人们的选择并不是唯一的，在政治发展过程的每一个阶段和环节，都需要一定政治意识形态的引领。在不同的理论指导下，不仅会有截然不同的价值选择，而且必然会有不同的结局。新中国60年政治建设与政治发展的经验已经充分表明，必须坚持以马克思主义为指导，用发展着的、与时俱进的中国化的马克思主义指导中国的政治实践。

一个国家的政治制度，是经济发展、社会和谐的保障和决定因素。改革开放以来，我们在中国特色社会主义制度的整体建构下取得了辉煌的成就，进而迫使一些西方媒体为曾经对中国民主政治模式的批判进行反思，反转了将中国的民主政治视为“最大弱点”的错误观点，同时呼吁国际社会不要再一味地指责、挑刺，以“最大的优势”之一的角度理解新的中国模式。一个国家的政治发展道路和本国国情是密不可分的，曾经将西方民主政治奉为圭臬的一些发展中国家由于没有正视国内的实际情况，最终带来了政治晦暗、经济滞退、社会动荡的苦果。

而中国这边风景独好，恰恰是因为坚持了自己对本国国情和国际大背景的独立思考和判断，选择了最适合自身的政治制度和政治道路。对于中国改革之艰难、发展成就之显著，有一个很形象的比方：“如同在一枚硬币上让一艘航空母舰进行180度的转向”。一种政治制度合理与否，最直观的判断标准就是看其是否促进了经济的繁荣、推动了社会的发展，是否代表和实现了广大民众的根本利益。中国用短短几十年时间就跃升为世界第二大经济体，解决了占世界五分之一人口的温饱问题，这是中国特色社会主义制度所具有不可替代的优越性、灵活性的特点决定的。中国特色社会主义政治发展道路是中国共产党团结带领全国各族人民，经过长期奋斗和实践经验得到的。它既遵循了科学社会主义的基本原则，又具有鲜明的中国特色，它能够顺应时代潮流，实现了坚持党的领导、人民当家做主、依法治国的有机统一，它能够促进经济增长、维护社会稳定、推动国家富强、巩固民族团结，是我们实现伟大中国梦的坚实的制度保障。

何去何从，中国特色社会主义政治建设艰难而光荣的历程

纵观人类社会政治发展历程，选择什么样的政治发展道路，对一个国家的政治发展来说具有重要的作用。选择一条正确的、切实可行的政治发展道路，国家的政治发展就会顺利、有序；相反，如果道路选择出现偏差，就会出现与预设目标南辕北辙、愈行愈远的结果。中国共产党经过长期的、艰苦卓绝的理论和实践探索，将马克思主义基本原理与中国具体实际相结合，创造性地找到了一条有利于民主政治、

经济繁荣、社会和谐、国家统一、民族团结、人民安康的发展道路,即坚持人民当家做主、党的领导、依法治国相结合。中国的实践雄辩地证明,这条发展道路既顺应了人类社会历史的发展潮流,同时又体现了中国特色社会主义建设事业和最广大人民群众的根本要求。这条道路是历史的必然、现实的选择和未来的方向,具有巨大的优越性、旺盛的生命力和广阔的发展前景。

柳暗花明,中国特色社会主义初级阶段基本路线的形成。基本路线是政党的政治纲领和旗帜,显示着政党最基本的价值取向和主要任务。中国共产党的基本路线是我党制定我国一定发展时期内的发展方向和任务的基础。因此,基本路线的正确与否,直接关系到党和国家各项事业的兴衰成败。新中国60多年的实践有力地证明,我国必须坚持"一个中心、两个基本点"的基本路线不动摇。

新中国成立之初,中国共产党根据当时中国的国情、社会结构的变化以及社会主义生产资料改造的任务,制定了过渡时期的总路线,从而保障和促进了生产资料的社会主义改造的顺利完成。巨大的成就让人们的乐观情绪高涨,出现了急躁和冒进的心态,提出了"超英赶美"的口号,试图"跑步"进入共产主义。其间虽有对这种错误观点的认识并进行了纠正,但终究没有有效遏制这种倾向,导致了以阶级斗争为纲的基本路线的形成。十年"文革"造成了我国政治、经济、文化等各方面发展的停滞甚至倒退。"文化大革命"结束后,以邓小平为核心的中国共产党第二代领导集体重新审视了中国社会所面临的主要矛盾和基本国情,果断彻底地放弃了以阶级斗争为纲的口号,制定了领导和团结全国各族人民,以经济建设为中心,坚持四项基本原则,坚持改革开放,自力更生,艰苦奋斗,为把我国建设成为富强、民主、文明的社会主义国家而奋斗的社会主义初级阶段的基本路线,其要义是"一个中心,两个基本点"。

"超英赶美"是1958年前后毛泽东所提出的口号。这一口号最早明确提出于1957年,毛泽东在回应赫鲁晓夫的"苏联要15年赶超美国"说法时,谈到要让中国在15年内赶超英国。毛泽东的提法随后得到刘少奇在中华全国总工会第八次全国代表会议上发言支持。毛泽东的期望是通过大跃进等群众运动方式,使中国在指标性工农业品在产量上赶超英美发达国家。

以经济建设为中心是兴国之要，是我们党和国家兴旺发达、长治久安的根本要求。坚持以经济建设为中心，既是马克思主义基本原理在我国社会实践中的具体运用，也是为解决社会主义初级阶段的主要矛盾所提出的现实要求；既是进一步提高人民群众的物质文化水平、充分发挥社会主义制度优越性的客观需要，也是增强综合国力、保障中国在激烈的国际竞争中立于不败之地必不可少的条件，对于进一步加快中国特色社会主义现代化建设进程具有决定性意义。四项基本原则是立国之本，是当代中国生存发展的政治基石，决定中国的前途和命运。改革开放是历史性抉择，是强国之路，是中国发展进步的活力源泉。

“一个中心，两个基本点”是相互贯通，相互依存，不可分割的整体：离开经济建设这个中心，中国特色社会主义的建设就会失去物质基础；离开四项基本原则和改革开放，经济建设就会迷失方向和丧失动力。只有把坚持经济建设同坚持四项基本原则、坚持改革开放统一起来，中国特色社会主义才能在当今国内外环境发生的深刻变革中站稳脚跟，中国特色社会主义才能成为充满生机和活力的社会主义。

扬眉吐气，中国特色社会主义制度的初步完善。新中国成立后，中国共产党以马克思主义无产阶级专政理论为指导，根据中国社会性质和阶级关系的变化，建立了新型的工人阶级领导的、以工农联盟为基础的人民民主专政的国家制度。人民民主专政把在人民内部实行最广泛的民主，对敌对势力和敌对分子实行专政有机地结合起来；同时，广大人民根据宪法和法律规定享有各种民主权利，通过各种形式和途径管理国家和社会事务，管理经济文化事务，真正实现了一切权力属于人民。与国体相适应，形成了具有中国特色的政治制度，包括：(1)人民代表大会制度。即由人民选举产生代表组成人民代表大会。人民代表大会把全国各族人民的意志集中起来并通过一定的形式上升为对社会公众和公共机关具有普遍约束力的法律和法令。人民代表大会制度是我国的根本政治制度、是人民当家做主的基本形式，能够充分发扬最广泛的人民民主，吸引最广大人民群众参与国家管理，从而调动各方面的积极性和主动性，提高重大决策的正确性与科学性，保证了国家权力的运行以人民意志为归宿。(2)中国共产党领导的多党合作和政治协商制度。实践证明，这种政党制度既有利于加强和改善党的领导，也有利于调动方方面面的积极性和创造性，对于发展和完善社会主义民主政治、构建社会主义和谐社会，促进民族独立和国家的统一都具有十分重要的意义和作用。(3)民族区域自治制度。我国是一个多民族的国家，在少数民族聚居的地方实行民族区域自治制度，赋予少数民族自治权利，确保少数民族人民自己管理自己的事务。(4)以基层群众自治为主要内容的基层民主制度。改革开放以来，党和群众在实践中创造了以村民自治、社区自治和职工自治为主要内容的基层民主自治制度，它是广大人民群众行使民主权利、增强参与热情、提高参与意识和民主素质的重要形式，为社会主义民主政治健康有序发展奠定了最为坚实的基础。

中国特色社会主义政治制度的优势。中国特色社会主义制度具有最大限度地维护社会公平正义、促进社会和谐、实现共同富裕的社会优势。中国特色社会主义制度贯穿着公平正义的价值追求和以人为本的核心立场。事实证明，只要充分发挥中国特色社会主义制度的优越性，我们就能够始终保持社会和谐稳定、国家长治久安。中国特色社会主义制度具有最大限度地凝聚社会共识、形成共同理想、构建中华民族共有精神家园的思想优势。中国特色社会主义制度，始终坚持马克思主义在意识形态领域中的指导地位；坚持以社会主义核心价值体系引领社会思潮、凝聚社会共识；坚持推动社会主义先进文化大发展大繁荣，不断满足人民群众多样化文化需求，不断巩固全党全国人民团结奋斗的共同思想道德基础。

新中国成立60多年政治建设的基本经验，可以概括为“四个要”：在社会主义初级阶段，政治建设要以经济建设为中心，这是由我国基本国情决定的；人民民主要制度化和法律化，才能真正落实人民民主；中国共产党是中国特色社会主义坚定的领导核心，要实现党的领导与人民当家做主的有机统一；制度建设是政治建设的中心环节，要用中国民主共识统领政治制度创新。

深化中国特色社会主义政治建设，为实现中国梦保驾护航

党的十八大报告深刻阐明了中国特色社会主义的一系列重大理论问题，鲜明提出了坚定中国特色社会主义的道路自信、理论自信、制度自信。这三个自信是夺取中国特色社会主义新胜利的重要保障，必将进一步增强全党和全国各族人民的信心，从而更好地凝聚力量、攻坚克难，夺取中国特色社会主义新胜利。十八届中央委员会第三次全体会议指出，“全面深化改革的总目标是完善和发展中国特色社会主义制度，推进国家治理体系和治理能力现代化”。全会指出紧紧围绕坚持党的领导、人民当家做主、依法治国有机统一，深化政治体制改革，加快推进社会主义民主政治制度化、规范化、程序化，建设社会主义法治国家，发展更加广泛、更加充分、更加健全的人民民主。这充分总结了我国政治建设的内在精华，为中国特色社会

主义政治的发展和建设指明了方向和目标。

坚定制度自信，深刻认识和自觉把握中国特色社会主义制度的本质与优势。首先，要深刻认识和把握中国特色社会主义制度的原则。科学社会主义基本原则最重要表现在两个方面：一是解放生产力，发展生产力；二是消除两极分化，实现共同富裕。正是这两个最基本的方面，使中国特色社会主义制度实现了理论与实践相结合、原则与现实相统一。科学社会主义基本原则是管长期的，具有普遍性；我国社会主义发展是分阶段的，具有特殊性。其次，要深刻认识和把握中国特色社会主义制度的本质。中国特色社会主义制度通过一系列充满活力、富有成效的具体制度实现人民当家做主。人民民主是社会主义的本质，是中国共产党始终高扬的光辉旗帜。中国特色社会主义制度的本质是人民当家做主，是通过与之相适应的一系列基本制度和具体制度来体现和实现的。最后，要深刻认识和把握中国特色社会主义制度的特征。社会主义制度是"变"与"不变"辩证统一的过程。改革是社会主义制度的自我完善与发展，改革的过程是社会主义制度"变"与"不变"辩证统一的集中体现。中国特色社会主义制度鲜明体现了社会主义这种内在规律。

必须坚持人民主体地位，要充分保证人民通过人民代表大会行使当家做主的权力。人民代表大会制度是我国的根本政治制度，是人民行使政治权力最主要的途径。党要善于通过人民代表大会把自己的主张变成国家政策法规，要支持和保障人民代表大会的工作，要发挥全国人民代表大会最高权力机关和各级人民代表大会作为地方最高权力机关的作用，要保障其立法、任免、监督等权力的行使；在人大组成方面，要增强其代表性，要增加工人、农民和知识分子的比例，减少党政领导干部的比例，使人大的结构比例更加合理，更加科学；在人大的具体工作中，要设立与广大群众的联络机构，完善代表联系群众制度，保障人民代表和人民的广泛深入的联系，使人民代表代表人民利益、反映人民意愿。

必须坚持协商民主，健全社会主义协商民主制度。中国共产党领导的多党协商制度是我国的基本政治制度之一，是我国人民民主的重要形式。人民政协作为中国人民在为人民民主奋斗的过程中创造的民主形式，其优势就在于它能够在很高的制度层次上实现公民有序的政治参与。中国共产党作为中国特色社会主义事业的领导核心，通过各级国家政权机关、各级政协组织、各人民团体等渠道，就政治经济社会发展的一系列重大问题，与各民主党派展开广泛的协商和合作，从而汇聚广大人民的智慧，增强社会主义发展的共识，形成社会主义建设的巨大合力，共同助推中华民族伟大复兴中国梦的实现。

必须发挥基层人民的积极性,完善基层民主制度。首先,要健全基层党组织领导的充满活力的基层群众自治机制。基层群众自治制度包括城市居民委员会制度和农村村民自治委员会制度。要扩大有序参与,更多地吸收城乡居民参与基层事务的管理,就涉及基层群众利益的事务广泛听取居民的意见和建议。要推进信息公开,把城乡社区管理涉及的事务尽可能地向居民公开,让每一位居民心里都有一本"明白账"。要加强议事协商,凡涉及居民的公共事务和公益性事业,都要开展议事协商,尽可能地达成一致性意见,妥善处理好各种不同意见和利益关系,维护社区的和谐稳定。要加强权力监督,对城乡社区中担负管理职责的机构和人员加强监督,调动居民参与监督的积极性,防止腐败现象的发生。其次,要全心全意依靠工人阶级,健全以职工代表大会为基本形式的企事业单位民主管理制度,保障职工参与管理和监督的民主权利。健全以职工代表大会为基本形式的企事业单位民主管理制度,主要是为了强化职工在本单位经营管理和各项事务中的民主管理、民主监督作用,审议企事业单位的重大决策,管理企事业单位内部事务,监督行政领导行使管理职权,维护职工合法权益,确保企事业单位各项事业健康、可持续发展。最后,发挥基层各类组织协同作用,实现政府管理和基层民主有机结合。充分发挥基层各类组织在维护群众利益、反映基层群众诉求、管理基层事务、扩大群众参与等方面的积极作用,增强基层各类组织的自治功能,拓宽基层群众自我管理、自我服务、自我教育、自我监督的渠道,实现政府管理和基层民主的有机结合。

必须强调法律的威严和作用,全面推进依法治国。全面推进依法治国是一项十分庞大和复杂的综合性社会系统工程,需要整体规划、突出重点、统一实施、狠抓落实。要坚持科学立法、民主立法,完善中国特色社会主义法律体系,我们要自觉适应形势任务的新变化,及时回应人民群众的新期待,努力推动立法从主要服务于经济增长的速度、总量和规模,向更加注重服务于经济发展的效益、质量和方式,推动科学发展转变;从主要进行有关经济调节和市场监管的立法、致力于建立健全社会主义市场经济体制,向更加注重有关社会管理和公共服务的立法,同时着力于建立社会主义和谐社会和服务型政府转变;从主要强调立法的数量和速度,向更加注重立法的质量和效果转变。推进依法行政,到2020年基本建成法治政府。要围绕行政决策、行政执法、行政公开、行政权力监督、行政化解矛盾纠纷等主要环节深入推进依法行政,着力规范政府行为,特别是要紧紧抓住行政机关严格规范公正文明执法这个重点和难点任务，完善执法体制，创新执法方式，加大执法力度，规范执法行为，全面落实行政执法责任制，真正做到有法必依、执法必严、违法必究，切实维护公共利益、人民权益和经济社会秩序。要进一步深化司法体制改革，不断提高司法公信力。要切实按照党的十八大确立的“司法公信力不断提高”的目标，重点解决影响司法公正和制约司法能力的深层次矛盾和问题，加快建设公正高效权威的中国特色社会主义司法制度。要继续优化司法职权配置，努力形成结构合理、配置科学、程序严密、制约有效的审判权、检察权运行机制。要严格规范司法行为，大力推进司法公正和司法公开，积极回应人民群众对司法公正、公开日益高涨的关注和要求，努力让人民群众在每一个司法案件中都能感受到公平正义。要进一步加强政法队伍建设，完善各项管理制度，提升法官、检察官的司法理念、业务能力和工作水平，切实维护司法公信力和权威。要深入开展法制宣传教育，弘扬社会主义法治精神。要坚持依法治国和以德治国相结合，高度重视道德对社会公众的规范作用，大力推进公民道德建设工程，培育知荣辱、讲正气、作奉献、促和谐的文明道德风尚，形成依法维护权利、自觉履行义务的现代公民意识。

深化行政体制改革。行政体制改革是推动上层建筑适应经济基础的必然要求。要按照建立中国特色社会主义行政体制目标，深入推进政企分开、政资分开、政事分开、政社分开，建设职能科学、结构优化、廉洁高效、人民满意的服务型政府。深化行政审批制度改革，继续简政放权，推动政府职能向创造良好发展环境、提供优质公共服务、维护社会公平正义转变。稳步推进大部门体制改革，健全部门职责体系。优化行政层级和行政区划设置，有条件的地方可探索省直接管理县（市）改革，深化乡镇行政体制改革。创新行政管理方式，提高政府公信力和执行力，推进政府绩效管理。严格控制机构编制，减少领导职数，降低行政成本。推进事业单位分类改革。完善体制改革协调机制，统筹规划和协调重大改革。

> 习近平总书记在中纪委第二次全体会议上讲话时指出，要加强对权力运行的制约和监督，把权力关进制度的笼子里，形成不敢腐的惩戒机制、不能腐的防范机制、不易腐的保障机制。他强调，各级领导干部都要牢记，任何人都没有法律之外的绝对权力，任何人行使权力都必须为人民服务、对人民负责并自觉接受人民监督。

要健全权力运行制约和监督体系。制约权力最有效的方法是以权力制约权力，以制度保障权力之间的制约与监督。要坚持用制度防止权力滥用，监督好权力拥有者、权力使用者和权力本身，要用制度保障人民知情权、参与权、表达权和监督权的充分发挥。第一，要完善决策机制。要加强对决策权的制约和监督，进一步健全决策机制，发挥思想库作用，加强决策的论证、听证，不断提高科学决策、民主决策、依法决策水平，特别是要建立健全决策问责和纠错机制，尤其是关乎人民群众切身利益的重大问题上，要广泛听取和反映人民群众的意见，要保障人民群众利益的决策。对于损害人民群众利益的行为要坚决予以纠正并追究决策者的过错责任，使决策更加科学化、更加合理。第二，要推进权力运行公开化、规范化。权力运行公开化、规范化是防止权力腐败的最有效手段。按照党的十八大的要求，要大力推进党务公开、政务公开、厂务公开、村务公开和公共事业单位办事制度公开，完善权力公开的机制，明确权力的幅度和依据，明确公开的内容、范围、形式、载体和时间，提高权力运行的透明度和公信力。最后，要健全监督体系。不受监督的权力，必然导致滥用和腐败。加强对权力的监督，必须构建完善的监督体系，充分发挥各方面监督的作用，使监督覆盖到权力行使的各个环节和各个方面。

必须坚持党的领导。面对深刻变化的国际国内形势，面对党的建设面临的“四大考验”，面对党内出现的“四种危险”，党要带领人民完成推进现代化建设、实现祖国统一、维护世界和平与促进共同发展三大历史任务，迫切需要继续加强和改善党的领导，全面提高党的建设科学化水平，不断增强党的创造力、凝聚力、战斗力。要加强党的先进性和纯洁性建设。从思想教育入手，引导党员干部认真学习掌握中国特色社会主义理论体系，自觉加强党性修养和党性锻炼，模范践行社会主义核心价值体系，做共产主义远大理想和中国特色社会主义共同理想的坚定信仰者和忠实执行者；深入开展以为民务实清廉为主要内容

> 马克思、恩格斯在《共产党宣言》中指出：“过去的一切运动都是少数人的或者为少数人谋利益的运动。无产阶级的运动是绝大多数人的、为绝大多数人谋利益的独立的运动。”中国共产党是中国工人阶级的先锋队，同时是中国人民和中华民族的先锋队。党的性质决定了党没有自己的特殊利益，一切工作和奋斗都是为了造福于民。

的党的群众路线教育实践活动，进一步建立健全联系群众、服务群众的长效机制，以实干兴邦，以实干富民，在办好顺民意、解民忧、惠民生的实事中彰显先进性和纯洁性；需要坚持党要管党、从严治党，深入开展党风廉政建设和反腐败斗争，坚决惩治和有效预防腐败，永葆共产党人的政治本色。加强党的执政能力建设。打江山不易，守江山尤其是长期执掌好政权更难。加强党的执政能力建设，要以为人民执好政、掌好权为核心，重点坚持科学执政、民主执政、依法执政。

必须巩固和发展最广泛的爱国统一战线。爱国统一战线能够汇聚广泛力量，是中国共产党领导人民夺取革命胜利的重要法宝。在全面深化改革、为实现"两个一百年"目标而奋斗中，爱国统一战线能够促进政党关系、民族关系、宗教关系、阶层关系、海内外同胞关系的和谐，能够为中国的复兴充分凝聚力量。要高举爱国主义、社会主义旗帜，凝聚坚强有力的爱国统一战线，要巩固共同的思想文化基础，要合理处理一致与差异的关系，寻求最大的共识。以爱国统一战线为感召，唤起中华民族伟大的民族意识和精神，为实现中国民族伟大复兴的中国梦而凝聚力量。

中国特色社会主义政治发展道路是团结亿万人民共同奋斗的正确道路。坚定不移沿着这条道路前进，我国社会主义民主政治才能展现出更加旺盛的生命力，中华民族伟大复兴的中国梦才能具有坚实的现实基础。"乘风破浪会有时"，中国梦必然能在中国特色社会主义的康庄大道顺利实现。

推进社会主义文化大发展大繁荣

实现中华民族伟大复兴的中国梦，需要推进社会主义文化大发展大繁荣，发挥文化引领风尚作用与育人功能，促进中华民族文明素质水平的提升，为实现中国梦提供精神保证。

建设社会主义文化强国，共筑中国梦

建设社会主义文化强国战略，是增强综合国力、维护国家文化安全的必然要求，是为经济社会发展提供支撑的必然要求，是满足人民的精神文化需求、维护人民文化权益的必然要求。共筑中国梦要求中国共产党带领全国各族人民推动建设社会主义文化强国战略。在当今世界各国综合国力竞争更加激烈的形势下，文化

软实力成为各国综合国力竞争的核心。没有文化的积极引领，没有人民精神世界的极大丰富，没有全民族精神力量的充分发挥，一个国家、一个民族以及一个政党就不可能屹立于世界。坚持中国特色社会主义文化发展道路，建设社会主义文化强国是全面建成小康社会，实现中华民族伟大复兴的重要历史课题。

我们知道，中国共产党从诞生之日起，就既是中华优秀传统文化的忠实传承者和弘扬者，又是中国先进文化的积极倡导者和发展者。它历来高度重视运用文化引领前进方向、凝聚奋斗力量，团结带领全国各族人民不断以思想文化新觉醒、理论创造新成果、文化建设新成就推动党和人民事业向前发展，文化工作在革命、建设、改革的各个历史时期都发挥了不可替代的重大作用。在领导文化建设的伟大实践中，中国共产党十分注重总结党领导文化建设的基本经验，将其上升为文化理论，并反过来指导实践，无论是在革命时期，还是在建设时期和改革时期，中国共产党都形成了自己独特的文化建设理论，走出了一条文化建设理论不断继承和发展的创新之路，从建设新民主主义文化，到建设社会主义文化，到建设中国特色社会主义文化，再到十七届六中全会提出的坚持中国特色社会主义发展道路、建设社会主义文化强国，党的文化建设理论在不断丰富和发展，成为中国特色社会主义理论体系的重要组成部分，成为不断坚持和发展中国特色社会主义道路的重要指导思想，文化建设理论取得显著发展。今天，“坚持中国特色社会主义文化发展道路，建设社会主义文化强国战略目标”的提出，实际上是和中国共产党历代领导集体的文化建设理论一脉相承又与时俱进的，是党在新时期的文化建设理论的

> 江泽民指出：“当今世界激烈的综合国力竞争，不仅包括经济实力、科技实力、国防实力等方面的竞争，也包括文化方面的竞争。世界多极化和经济全球化的趋势深入发展，引起世界各种思想文化，历史的和现实的、外来的和本土的、进步的和落后的、积极的和颓废的，展开了相互激荡，有吸纳又有排斥，有融合又有斗争，有渗透又有抵御。总体上处于弱势地位的广大发展中国家，不仅在经济发展上面临严峻挑战，在文化发展上也面临严峻挑战。保持和发展本民族文化的优秀传统，大力弘扬民族精神，积极吸取世界其他民族的优秀文化成果，实现文化的与时俱进，是关系广大发展中国家前途命运的重大问题。”

最新论述。它概括地总结了中国共产党领导文化建设的基本经验，并同时把基本经验上升为更加抽象、更为根本性的表述，从而使其更具时代性特征。

需要强调的是，文化强国在于坚持中国特色社会主义文化发展道路。中共十七届六中全会提出“中国特色社会主义文化发展道路”，是对党长期以来领导文化建设形成的基本经验的集中概括，从本质和根本上揭示了中国共产党领导文化建设之所以取得辉煌成就的根本原因，是对党的文化建设理论的新发展。这条道路符合我国国情，体现了时代要求，反映了人民的意愿，是建设社会主义文化强国的必由之路和根本需要。

第一，坚持中国特色社会主义文化发展道路符合文化发展的基本规律。纵观世界文化发展的历程，可以看到，文化发展有其普遍的规律，这些规律是文化发展所必须遵循的基本法则，是超越国家和时代的，应当得到社会的普遍接受和认可。同时，文化发展又具有一定的特殊性，在不同时代、不同社会、不同政治经济文化条件下，文化发展总是有其独特的道路，文化总是通过特殊的存在方式来展现自己的特质。世界文化的多样化就取决于不同民族的文化发展有自己的道路和自己的存在方式。这一文化发展规律也是中国建设社会主义文化强国所必须遵循的。在这一文化发展规律指导下，既充分学习借鉴其他民族和国家发展文化的道路和方法，又必须从中国国情和中国文化传统出发，走独立自主的中国特色社会主义文化发展道路。世界上没有一个民族的文化发展是依靠完全照搬和模仿其他民族的文化发展道路而成功的。建设社会主义文化强国必须着眼于当前中国文化发展的特殊矛盾、寻求解决特殊矛盾的特殊之路。中国共产党之所以领导文化建设不断取得新进步，不断推进文化的大发展大繁荣，关键就在于坚持了自己的文化发展道路。考察新中国成立后我国文化发展的历程，可以看出，我们什么时候坚持了中国特色社会主义文化发展道路，我国的文化发展就能顺利前进；我们什么时候背离了中国特色社会主义文化发展道路，我国的文化发展就会遭遇挫折。由此可见，只有坚持中国特色社会主义文化发展道路，我们才能在科学把握文化发展新形势新任务的基础之上，充分尊重人民群众的文化选择和文化创造，努力开创文化建设的新局面。

第二，坚持中国特色社会主义文化发展道路符合中华文化发展内涵。一个国家的民族文化传统，往往会深刻影响这个国家的文化发展道路走向。一个理性的民族都是高度重视自己的文化传统的民族，都是立足于自己的文化传统，选择一条充满民族文化特色的文化发展道路。因为传统文化是文化发展的母体，是创造新文化的基础。中华民族在长期的发展和奋斗中，创造了博大精深、绵延数千年的中华文化。中华文化作为我们民族独特价值观、精神追求和生活方式的集中体现，是我们民族的精神身份标识，是人民的精神家园。中华文化是维系民族认同、维护民族统一的精神纽带，也是中华民族安身立命、奋发进取的精神动力。几千年来，中华民族经历磨难而生生不息的强大根源就是中华文化。中华文化作为中国人民从独特角度对人、自然和社会的认识，展现着中国人民的智慧和才能，是世界文化不可或缺的重要瑰宝。建设社会主义文化强国，就必须走中国特色社会主义文化发展道路，高度重视我们的传统文化，在继承我们文化血脉的基础上，充分吸收时代文化的精华，建设有中国气派、中国风格的中国特色社会主义文化。中国特色社会主义文化发展道路既植根于我国深厚的民族文化土壤，又面向现代化、面向世界、面向未来，是把发展社会主义先进文化和传承中国传统文化有机结合的发展道路，它是能处理传统与现代、中国与世界之间的文化辩证关系，确保社会主义文化强国建设始终坚持正确方向的文化发展道路。因此，要建设社会主义文化强国，就需要坚持中国特色社会主义文化发展道路，这是一条符合中国民族文化发展内涵的正确道路。

坚持中国特色社会主义文化发展道路，就要不断推进文化软实力的建设。而坚持和实施文化融合战略，不断提高文化融合的能力，是增强文化软实力，坚持中国特色社会主义文化发展道路的重要内容。

首先，坚持和实施文化融合战略，是提高我国文化国际影响力的需要。坚持中国特色社会主义文化发展道路，推进文化软实力建设，不仅要发挥文化凝心聚力、增强民族凝聚力的巨大作用，同时还要不断扩大对外文化交流，提高我国文化的国际影响力。没有我国文化同世界各国文化之间的相互交流，就不可能促进我国文化同世界各国文化之间的相互借鉴、相互融合，就不能推动我国文化走出国门、走向世界，从而提高我国文化的国际影响力，也就不能在世界范围内增强我国的文化软实力。在经济全球化条件下，作为我国改革开放政策的重要组成部分，对外文化交流取得了长足发展，我国经济、政治、军事、教育、科技等方面的交流与合作成绩斐然。但总体来看，我国在新闻出版、文学艺术和广播影视等方面的对外文化交流仍然较为薄弱，不能较好地适应经济、政治、军事、教育、科技等方面的国际交流与合作需要。因而，要通过加强和扩大我国对外文化交流来不断推进文化融合战略，使中华文化走向并融入世界文化，从而成为世界文化不可或缺的重要组成部分，不断提高中国文化的国际影响力。

第二，坚持和实施文化融合战略，是世界文化多样性发展的需要。要不断增强我国的文化软实力，就要在全球开放性的文化环境中，坚持和实施文化融合战略，推动世界文化多样性的发展。我们越是注重将中华民族的文化融入世界文化，就越能够保持中华民族文化的自身特色，就越能够增强中华文化的生命力和创造力，也越能够在世界文化多样发展和共同繁荣的过程中进一步扩大我国文化的吸引力和影响力。不同文化与文明之间差异与冲突的大小，在一定程度上同文化交流与融合程度的高低密切相关。文化交流与融合的程度越高，其差异和冲突的可能性就越小；而文化交流与融合的程度越低，则其差异和冲突的可能性就越大。在经济全球化迅猛发展、世界各国经济相互依赖程度不断加深的历史条件下，我们要更加主动地促进中国文化同世界不同国家、不同民族文化之间的交流与融合，以相互交流来缩小文化之间的差异，增进文化共识，以相互融合来促进不同文化之间的和谐发展与繁荣进步，使中国文化越来越为世界其他国家与民族所了解和认同，使中国形象越来越为世界各个国家、各个民族的人民所欢迎、欣赏和认可，以此增进中国人民同世界各国人民的友好情谊，促进中国与世界各国、各民族和睦相处，为我国和平发展创造和奠定良好的国际环境。

第三，坚持和实施文化融合战略，就要注重把中国文化融入世界各个民族、各个国家的当地文化，主动吸收其他民族和国家的优秀文化成果，不断丰富和发展中华民族文化。文化的融合，是世界不同民族、不同国家的文化、文明相互融合的过程。一方面，文化的融合能力包括把中国文化融入世界不同民族、不同国家的文化、文明的能力；另一方面，也包括主动吸收世界各个民族、各个国家的优秀文化成果，不断丰富和发展中华民族文化的能力。因此，要把中国文化融入世界不同文化和文明之中，我们就要不断拓展中国文化发展的国际视野，注重研究并发现世界上不同国家和民族的文化传统、社会习俗、生活习惯和心理特点，从而找到中国文化和世界各民族、各国家文化之间的契合点，使中国文化能够以世界各民族、各国家的人民所能理解和接受的方式融入其本土文化中，消除文化之间的差异和隔阂，不断增进文化交流与共识，从而不断丰富、充实和发展我国文化，增强我国文化发展的动力和活力，加深我国人民同世界其他国家人民的情谊。

综上可见，从国际国内发展趋势和中国特色社会主义事业发展的需要来看，建设社会主义文化强国，是中国共产党出于对世界文化发展新趋势的科学把握，出于对综合国力竞争发展新趋势的科学把握，着眼于提高国家软实力、维护国家文化安全、增强综合国力的战略举措。提出建设社会主义文化强国战略目标，表明中国共产党对人类文化发展规律认识的不断深入，是中国共产党文化自觉、文化自信、文化自强的充分表现。

共筑中国梦需要我们在文化传承与创新相结合中建设共有精神家园

文化传承创新是文化发展的自然规律，我们既要当好文化传承者，也要当好文化创新者，为后人创造新的优秀文化，为中华民族共有精神家园增添新的光彩，既是责任，也是使命。

第一，人民群众作为文化发展的主体和文化消费的主体，是精神家园的唯一所有者、建设者和维护者。建设共有精神家园要坚持一切依靠群众、一切为了群众的群众路线，尊重群众的首创精神。文化要发展繁荣，一方面要为文化发展创造良好的环境和氛围，另一方面还要在所有的文化领域中创造出人民群众满意的文化精品，确保人民群众文化消费的质量和品位不断提升，从而使人民群众能够在共有的精神家园中展现出良好的精神风貌。把满足人民群众的文化需求作为出发点和落脚点，就要大力推进文化体制改革，加快构建公共文化服务体系，从而激发整个民族的文化创造力，让全体人民共同享有文化改革与发展的成果。

第二，深入发掘和广泛宣传优秀中国传统文化，丰富人民群众的精神生活。中国拥有丰富的传统文化资源，有待于进一步的发掘、整理和重新阐释，并充分利用现代科技手段，以广大人民群众喜闻乐见的方式表现出来。要积极利用数字、网络等高新技术，利用移动多媒体、广播电视、网络广播影视、数字多媒体广播、手机广播电视等一切可以利用的科技手段，让每个人都能充分享受优秀中国传统文化发掘、创新的最新成果，从而丰富精神家园的内涵。

第三，培育现代文化市场体系，为文化发展提供新的动力。文化产业着眼于人民群众的精神需要，着眼于文化市场，是推进文化建设的新的生力军。增加文化消费的总量、提高文化消费的水平，是文化产业发展的内在动力。随着时代变迁与发展，人们的精神需求必然发生一定的变化，文化产业以自己的独特视角，时刻跟踪和把握文化消费的变化，并利用自身的优势创造出适合市场需要的文化消费品，从而满足人民群众的精神需要。同时，文化产业还具有创造新的文化形式的追求，它能够开发文化市场的消费潮流，提升人民群众文化消费的品质。开发和引导文化市场的消费潮流，提升文化消费的品质。

第四，推动中华文化走向世界，增强民族自豪感，形成强大的民族向心力和凝聚力。在全球化进程中，精神家园的重要性日益显现，“精神家园的有无，以及境界的高低，是衡量一个时代精神文化自觉的尺度，是体现一个民族、一个国家综合国力强弱的标志”。[①]我们要树立宽广的世界眼光，积极开展多渠道、多形式、多层次的对外文化交流，促进文化的交融；同时，要在世界文化的舞台上，展现中华民族文化的巨大魅力，增强中华文化对世界其他国家的吸引力、感召力和影响力，培育文化自觉和文化自信。通过推进文化创新，加强对外宣传，增强我国的国际话语权，同时妥善地回应外部关切，使国际社会增进对我国的基本国情、发展道路、价值观念、内外政策等方面的了解和认知，为世界展现我国文明、民主、开放、进步的国家形象，这对于营造有利于发展的国际环境具有重大的意义。同时，在对外文化交流中，我们还可以借鉴和吸纳外来文化的成果为我所用，增强我国在国际文化市场上的竞争力。

共筑中国梦需要我们找准增强文化软实力的着力点

当今中国在软实力建设中，必须把社会主义核心价值体系建设作为根本，坚持价值主导战略，把坚持主导文化和引领多样文化相结合，从而推动我国文化软实力建设。

第一，坚持价值主导战略，是中国共产党在长期的中国革命和建设中引领文化建设的实践经验的科学总结，也是我国在当今文化多样发展条件下的必然选择。在文化软实力建设中，坚持价值主导战略，就必须处理好文化性与价值性、思想性与艺术性、主导性和多样性之间的关系。一方面，我们必须要以社会主义核心价值体系为根本发展主流文化和先进文化，用主流文化和先进文化主导和引领多样文化的发展，从而巩固全党全国各族人民共同奋斗的思想道德基础。另一方面，我们还要贯彻“百花齐放，百家争鸣”的方针，遵循文化多样性发展的规律，促进不同层次、不同形式、不同风格的文化的繁荣与发展，以文化的多样性来巩固并充实主流文化的主导地位。可以说，要坚持我国文化发展的正确方向，就必须发展主流文化，要实现我国文化的真正繁荣和发展，就必须发展多样性的文化。因此，我们必

① 纪宝成：《弘扬中华优秀传统文化 建设民族共有精神家园》，《教学与研究》2008年第4期。

须以主导型的文化引领和发展多样性文化，以多样性文化来充实和巩固主导性的文化，从而真正实现文化发展的多样性统一。

第二，要增强文化的综合创新力。创新是一个国家、民族文化发展进步的源泉。继承和弘扬优秀的传统文化、借鉴并吸收世界其他国家有益的文化成果固然是提高国家文化软实力的重要方面，但是，我们更要立足本国文化发展的实际和广大人民群众日益增长的精神文化需求，并以此为出发点，进行文化自主创新，提高我国文化软实力。

在文化软实力建设中坚持自主创新，是牢牢坚持与维护文化主权，掌握文化发展的主导权和话语权的需要，是不断增强我国文化的生命力和创造力的需要，是增强我国文化产业的国际竞争力、提升文化综合实力的需要。当前，推进我国文化软实力建设，就必须始终牢牢坚持自主创新的发展战略，坚定不移地推进我国的文化创新。要大力推动文化内容上和形式上的创新，鼓励和引导文化工作者本着文化发展的正确方向，坚持深入实际、深入生活、深入群众，把握时代发展的脉搏和社会生活的本质，以强烈的社会责任感、新颖的文化形式和独特的审美视角创作出更多体现人民群众的主体地位、反映人民群众的现实生活的优秀精神文化产品，从而不断满足人民群众日益增长的精神文化需求。要深化文化体制改革，不断推进文化体制机制创新。要以维护人民群众的基本权益为准则，发展以政府为主导、以社会效益为导向的公益性文化事业，并在加大政府投入力度的同时，鼓励和支持社会力量参与到公益性文化建设事业中来，从而形成政府主导和社会参与相结合的发展机制，有效保障和推进公益性文化事业的发展。经营性文化产业的发展要坚持市场导向，形成以市场为基础的资源配置机制，不断拓展国际国内两个市场，不断提高经营性文化产业的拓展能力和国际竞争力；还要大力推进文化载体的创新，特别是要运用新媒体技术创新文化生产与发展方式，培育新的文化业态。

第三，提高对民族文化遗产的传承力。对传统文化的传承能力是文化软实力建设的重要组成部分。民族文化遗产是中国传统文化中的精华和关键部分。它是我们先人智慧的结晶，它是中国传统文化的重要载体，对于传承和弘扬优秀民族传统文化十分重要。保护并且合理开发利用文化遗产，是提升中华文化软实力的一个重要路径。一是加大文化遗产保护立法工作。党中央领导各级国家权力机关和行政机关要规范文化遗产保护，加快推进文化遗产保护的法制化建设。当前，我们需要尽快加强立法工作。同时，对于那些破坏或者保护文化遗产不力的责任人，要追究法律责任，使文化遗产保护工作做到有法可依、有法必依、执法必严、违法必究。二是加强和改进对文化遗产保护的领导。要将文化遗产保护纳入经济社会发展的总体规划，纳入各级文化行政和执法部门的日常事务，要落实文化遗产保护的具体责任，成立文化遗产保护的专门机构和协调机构，定期通报文化遗产保护情况；要配备专业的文化遗产保护专家，定期研究文化遗产保护的突出问题，使文化遗产保护工作科学化；要定期征求民众关于文化遗产保护的意见和建议，使文化遗产保护工作民主化。三是要抓好重大文化典籍的出版工作。当前，要加大力度整理和出版《佛藏》《清史》等大型文化典籍，同时推动重要文化典籍数字化出版，广泛搜集、整理少数民族文化典籍和文学作品并尽快予以出版。对于那些市场销售不佳而又有重大文化价值的典籍，政府要予以补贴资助其出版，各级图书馆应加大对重大文化典籍的收藏和出版，提升图书馆馆藏的水准和品位。四是加强和改进文化遗产保护的宣传工作。2005年12月，国务院决定从2006年起将每年6月的第二个星期六定为中国的“文化遗产日”，每年都举行相关活动宣传文化遗产保护。在文化遗产保护宣传工作中，尤为重要的是要搞好节庆文化的宣传组织工作。我国传统民族节日众多，文化内涵丰富。近年来，我国愈发重视传统节日。现在许多传统民族节日已经被列为法定公假。关键是要提倡文明过节，充分发掘和宣传节日原初的文化底蕴，维护民族文化的基本元素，坚决反对把节日弄成饮食节日、迷信节日和陋习节日等。在宣传中华民族传统节日的时候，要着重引导人民群众学习中华传统文化，注重弘扬和培育民族精神，注重引导人民群众的爱国主义精神，注重构建社会主义和谐社会。必须根据时代的发展为传统民族节日注入新的时代内涵，不断创新节庆形式。五是要重视、加强和改进文化遗产保护的教育。文化遗产保护机构要经常举行文化遗产的保护、展示和讲座等活动。教育行政部门应将文化遗产保护纳入中小学课程教材内容，使文化遗产保护实现“三进”，即进教材、进课堂、进头脑，各级学校要经常组织学生参观各类文化遗产，学习文化遗产保护知识。

扩大文化传播交流，提高中华文化的影响力

扩大文化传播交流，提高中华文化的影响力，就要实施“走出去”战略，而在实现中国文化“走出去”战略过程中，我们必须整合文化资源，抓住重点项目，夯实基础性工程。

第一,抓好中华文化经典对外推出工程。中华文化体现在方方面面,但其核心体现在经典中。在向外传播中华文化时,不可能全部推出,这就要求我们利用有限的渠道和资金集中宣传经典项目。目前,我们要进一步做好“百部中华文学经典外译和出版项目”“中国二十四史外译和出版项目”“百部中华哲学经典外译和出版项目”“百部中华宗教经典外译和出版项目”“百部中华戏剧经典外译和出版项目”“百部中华音乐经典项目”等。这些项目一旦完成就可以向世人展示中华文化的核心部分,让世人感受到中华文化的博大精深。

第二,办好孔子学院以及其他对外语言文化教育项目。目前,我们已经在国外建立了300多所孔子学院,方便了外国人民尤其是青年学生学习汉语和中国文化。目前,我们要广泛学习西方国家外语推广的经验教训,使开展语言文化教育与加强中外合作和友谊结合起来。要不断优化孔子学院师资队伍和课程设置,改进授课方式,探讨适应外国人学习中文和中华文化的方法和手段,不断探索汉语与非汉语的交换教学方式。

第三,做好对外节日文化的传播。中华民族有许多重大节日,蕴含着丰富的文化底蕴。当今在外务工、留学、就业、旅游的中国公民以及侨居海外的华人华侨及其后裔数量十分庞大,每逢重大节日尤其是春节、元宵节、清明节、端午节、七夕节、中秋节,他们都举办活动进行庆祝,中国政府或者驻外使团应该到场参与或致信祝贺,使这类节日更有吸引力和影响力。

第四,构建现代传播体系。在向世界传播和宣传中华文化时,我们还要改进宣传内容、手段和形式,不断提高传播和宣传能力。我们既要采用电视、广播电台、图书、报纸、音像等传统手段,也要学会采用现代新兴信息技术手段,尤其是互联网技术。针对不同受众对象,形成全方位、多层次、多渠道媒体覆盖网络。要建成多语种的电视、电台。只有使用当地语言,我们对外文化传播才更有针对性,才能使当地人民更容易接受中华文化。当前,我们要重点发展英语、法语、日语、俄语、西班牙语、德语、阿拉伯语、韩语电视电台节目和新闻媒体,因为这些语言或是世界大多数人使用的语言,或是我国周边近邻使用的语言。

凝心聚力建设社会主义和谐社会

习近平总书记在参观“复兴之路”的展览时精辟地指出:到中国共产党成立100年时全面建成小康社会,到新中国成立100年时建成富强民主文明和谐的社会主义现代化国家。中国梦是人民的梦,其本质是人民的企盼和诉求。中国有13亿人口,个人愿望可能千差万别,但有一个共同愿望,那就是希望社会和谐、发展、稳定,从这个意义上讲,实现中国梦,就是实现社会的和谐、稳定。苦难的中国人民,历经沧桑,人们对社会的动荡、分裂所带来的苦难感同身受。新中国成立后,中国人民又经历了“文化大革命”十年动乱。中国民众深知和谐社会的可贵。构建和谐社会,是人们的共同理想和愿望,是中国梦的重要组成部分。因此,建设和谐稳定的中国社会,为实现中国梦而凝心聚力,是人们共同企盼的目标和结果。

社会和谐——中国梦的美好旋律

和谐社会是人类孜孜以求的一种美好社会,它是一种各阶层齐心协力的和睦而融洽的社会状态,社会主义和谐社会内含着民主法治、公平正义、诚信友爱、充满活力、安定有序、人与自然和谐相处。中外历史上都产生过不少有关社会和谐的思想。和谐社会是马克思主义政党不懈追求的一种社会理想,是中国共产党提出的一种社会发展战略目标。

党的十六届六中全会专门作出《关于构建社会主义和谐社会若干重大问题的决定》。《决定》提出了到2020年构建社会主义和谐社会的指导思想、目标任务、工作原则和重大部署,强调要按照民主法治、公平正义、诚信友爱、充满活力、安定有序、人与自然和谐相处的总要求,以解决人民群众最关心、最直接、最现实的利益问题为重点,着力发展社会事业、促进社会公平正义、建设和谐文化、完善社会管理、增强社会创造活力,走共同富裕道路,推动社会建设与经济建设、政治建设、文化建设协调发展。

新中国成立后,中国共产党为促进社会和谐进行了艰辛探索,积累了正反两方面经验,取得了重要进展。党的十一届三中全会以后,我们党为促进社会和谐进行了不懈努力。胡锦涛提出全面贯彻科学发展观的重大战略思想,其根本任务就是要实现社会和谐。这是新形势下我国改革与发展的客观要求,也是全国广大人民群众的根本利益和共同愿望。

在改革发展不断推进的历史过程中,我们党对社会主义和谐社会建设的认识和实践随之不断深化。2004年9月,在党的十六届四中全会上,首次提出了构建社会主义和谐社会的历史任务,明确指出,全体人民各尽其能、各得其所而又和谐相处的社会的形成,是巩固中国共产党执政的社会基础、实现执政的历史任务的必然要求。因此,必须要适应我国社会发生的深刻变化,把构建和谐社会摆在重要位置。2005年2月19日,胡锦涛在中央党校省部级主要领导干部"提高构建社会主义和谐社会能力"专题研讨班上,进一步指明了构建社会主义和谐社会的基本内涵:社会主义和谐社会,应该是民主法治、公平正义、诚信友爱、充满活力、安定有序、人与自然和谐相处的社会。2005年10月,在党的十六届五中全会上,我们党把构建社会主义和谐社会确定为贯彻落实科学发展观所必须抓好的一项重大任务,并提出了具体的工作要求和政策措施。

进入21世纪后,中共十六大和十六届三中、四中全会,从全面建设小康社会、开创中国特色社会主义事业新局面的全局出发,明确提出构建社会主义和谐社会的战略任务,并将其作为加强党的执政能力建设的重要内容。为此,党中央在十六大报告中将"和谐"第一次写入了我国社会主义现代化建设的总体目标中。以人为本,构建一个人与人、人与社会、人与自然和谐发展的社会,成为中国新时期建设的主题。

构建社会主义和谐社会,是我们党以马克思列宁主义、毛泽东思想、邓小平理论和"三个代表"重要思想为指导,全面贯彻落实科学发展观,从中国特色社会主义事业总体布局和全面建设小康社会全局出发提出的重大战略任务,反映了建设富强民主文明和谐的社会主义现代化国家的内在要求,体现了全党和全国各族人民的共同愿望。构建社会主义和谐社会的提出,使中国特色社会主义事业总体布局,由社会主义经济建设、政治建设、文化建设三位一体发展为社会主义经济建设、政治建设、文化建设、社会建设四位一体。这是我们党在探索中国特色社会主义道路上又一个新的认识成果。

社会和谐是中国特色社会主义的本质属性。实现社会和谐,是中国共产党和全国各族人民不懈奋斗的目标。和谐社会是一个注重激发社会活力,协调社会利益,整合社会资源,维护社会稳定,形成全体人民各尽所能、各得其所而又和谐相处的社会。和谐是中国社会发展的主题曲,是中国梦的美好旋律。

建设和谐社会需消除不和谐的因素

中国社会当前的主要矛盾就是人民日益增长的物质文化需要与落后的社会生产之间的矛盾,这种界定具有一种终极表述的性质。不解决这一主要矛盾,其他社会矛盾便无法缓解和解决。正是基于这一科学判断,党的十一届三中全会后,拨乱反正确立了以经济建设为中心的路线。所以,增加经济总量,提高供给能力,满足人们最基本的物质需要,是压倒一切的中心任务。

当前,我国社会从总体上看是和谐的。但同时也存在着不少影响社会和谐的问题,这主要表现在以下这些方面:城乡、区域、经济社会发展不平衡;就业、医疗、社会保障、收入分配、住房、教育、安全生产、社会治安稳定等方面的问题比较突出;体制机制尚不完善等。现阶段,在社会层面上存在的不和谐、不协调因素主要归纳为以下几个方面:

社会的发展滞后于经济增长。坚持以经济建设为中心,强调"发展是硬道理",发展是"第一要务",实现了国民经济持续快速发展,也带来了社会的繁荣稳定,这一思路和方针在今后一个相当长的时期内仍要牢牢坚持。中国经济发展的问题在于,经济的片面增长导致了一些新的重大问题的产生,比如区域发

> 经过30多年的改革开放,中国的经济高速发展,2013年我国国内生产总值568845亿元,人均GDP达到6920美元。按照国际发展的经验,当人均GDP从1000美元向5000美元迈进时,往往是产业结构剧烈变化、社会格局重大调整、利益矛盾不断增加的时期。在这样一个时期,社会不稳定、不和谐的因素在增长,由此引发的社会矛盾也是大量而复杂的。各种社会矛盾交织、摩擦,新旧体制胶着,利益分化显露,价值取向各异,文化碰撞加剧,使整个社会系统正在经历着急剧而深刻的变化。在这种情况下,基于物质匮乏所引起的社会矛盾相对减少,而其他因素引起的社会矛盾相对增多,社会和谐方面表现出的问题更加复杂化。今天的中国已进入一个社会问题的时代。

展不平衡问题、贫富差距问题、社会秩序问题等等。这些问题警示人们，经济发展并不是万能的，单纯用经济手段是无法解决一切社会问题的。经济发展与社会稳定的关系如果处理得不好，那么社会矛盾将与财富同步增长，一旦社会无法承受这种增长压力的时候，社会系统就会失衡甚至崩溃。

收入分配差距过大引起大量的利益矛盾。邓小平曾说“贫穷不是社会主义”，因此，要鼓励一部分人和一部分地区先富起来，先富带动后富，从而最终达到共同富裕。改革开放以来，我国在消除贫困人口方面创造了巨大的成就，成功地使大多数贫困人口过上了小康生活；但不可否认的是，当前我国出现了收入分配差距过大的问题。由于收入分配关系没有真正理顺，城乡收入差距远远超过了改革开放之前的水平；地区间、行业间的收入差距也不断扩大，特别是一些垄断行业的收入远高于其他行业收入。近年来，公布的大量数据和研究成果都表明，我国的基尼系数已经升至0.45左右，超过了国际公认的警戒线，并且贫富差距还在继续扩大。由此可见，不解决收入分配差距悬殊的问题，那么随着社会财富总量的增加，社会的矛盾可能就越多，也就越有可能成为经济健康发展的隐患。

就业压力持续增大。由于我国人口多，同时又处于经济结构调整和经济体制改革时期，我国就业面临着城乡的双重压力、总量与结构互相困扰、新生就业人员与失业人员相互交织的严峻形势。当前，我国的失业问题表现出以下特征：结构性失业与结构性紧缺并存，显性失业与隐性失业并存，垄断性失业与市场竞争性失业并存，摩擦性失业大量存在，就业形势极为严峻。失业人员的大量存在，给我国经济社会发展造成了巨大的压力。社会秩序和社会稳定方面出现的大量矛盾和问题都与就业问题相关联。大量失业人员的存在也是经济资源的极大浪费，在一定程度上造成了社会资源的紧张；过剩的劳动力也为我国的改革发展带来了很大的障碍。就业是民生之本，在经济社会转型发展时期，不断增大的就业压力是引人注目的社会不和谐因素。

教育、安全、医疗卫生和社会保障等问题突出。近年来，随着我国经济总量的持续增长，教育、科技、文化、医疗、卫生、体育等社会事业的经费投入增加，各项事业取得了长足发展。但是，与社会经济的发展速度相比，教育的投入明显不足，我国对于公共教育经费的投入远低于世界平均水平，只占国民生产总值的4.28%。办学条件不足、办学水平不高导致了“上学难”“难上学”的局面。在医疗卫生方面，医疗设施严重不足，布局不合理，大病统筹和医疗保险措施不到位，造成“看病难”

“难看病”的局面。这些都是关系到人民群众切身利益的大问题，倘若处理不好，便会造成十分敏感的社会问题，从而阻碍经济社会的有序发展和广大人民群众生活水平的提高。

在加强和谐社会建设中实现中国梦

加强社会建设，是我们党贯彻落实科学发展观、推进中国特色社会主义伟大事业所作出的重大战略举措，它是实现中国梦的必然要求，是促进社会主义和谐社会建设的重要保证，是满足广大人民群众日益增长的物质文化需要的必然选择，也是巩固党的执政基础、完成党的历史任务的必然要求。加强社会主义和谐社会建设，必须以维护最广大人民群众的根本利益为出发点，加强和创新社会管理，加快基本公共服务体系建设，从而不断推进和谐社会建设。

社会建设必须以保障和改善民生为首要前提。民生连着民心，民心汇聚民力。民生问题直接反映着广大人民群众的基本生存、生活和发展的状态，它是社会发展最为基础的必要条件，是关系中国共产党执政基础的重大问题。因此，党的十八大强调指出，要多谋民生之利，多解民生之忧，要解决好人民群众最关心、最直接、最现实的利益问题，努力让广大人民群众过上更好的生活，使人民群众学有所教、劳有所得、病有所医、老有所养、住有所居。

> 民生连着民心，民心凝聚民力。和谐社会的建设要以保障和改善民生为重点，既要关注社会主要群体的生活状况，也要关注处于社会边缘的一些个人例如贫困、残疾等弱势人群的生活状况。根据党的十八大精神，要加强社会建设，重点是要解决好人民群众最关心、最直接、最现实的利益问题，在学有所教、劳有所得、病有所医、老有所养、住有所居上持续取得新进展。

百年大计，教育为本，社会未来的发展关键在人才，在青年。因此，我们要建立人力资源强国，必须把教育摆在优先发展的战略地位，努力办好让人民满意的教育。要把优先发展教育作为深入贯彻和落实科学发展观的基本举措，切实保证教育在经济社会发展中优先发展的地位。在财政资金方面优先保障教育投入，在公共资源方面优先满足教育和人力资源开发的需要；必须把以人为本和全面推进素质教育作为教育工作的主题，把社会主义核心价值体系融入国民教育的全过程，真正解决好培养什么人和怎么培养人的问题；必须在教育发展过程中不断地改革创新，以改革来推动教育的发展、提高教育的质量、增强教育的活力，逐步消除制约教育发展和创新的机制和体制障碍；必须把促进公平作为国家的基本教育政策，努力地缩小区域之间、城乡之间和学校之间的差距，保障所有公民都依法享有平等的受教育权利；必须坚持以政府为主导，强化政府责任，优化资源配置，将教育资源向重点领域、关键环节、困难地区、薄弱学校倾斜；必须把提高教育质量作为教育改革发展的核心，注重教育的内涵式发展，坚持科学的教育质量观，把促进人的全面发展和适应社会发展需要作为衡量教育质量的标准。

社会保障是以改善民生为重点的社会建设的底线保证，是人民群众生活的"安全网"，是社会正常运行的"稳定器"和收入分配的"调节器"，是一项关乎社会稳定和国家长治久安的重要社会制度。必须加快完善社会保险制度，实现新型社会养老保险制度的全覆盖，进一步完善实施城镇职工和居民养老保险制度，深入落实城镇职工基本养老保险的省级统筹，实现基础养老保险的全国统筹，落实城镇职工基本养老保险关系转移接续工作，有步骤地实现城乡养老保障制度衔接。要推动社会救助体系的建设，进一步完善城乡最低生活保障制度，做到规范管理，分类施保，实现"应保尽保"的要求。完善"低保标准"的动态调整机制，根据实际情况合理提高"低保标准"和补助水平。要积极建立和发展社会福利和慈善事业，以"扶老、助残、救孤和济困"为重点，逐步扩大社会福利的保障范围，实现社会福利由补缺型向普惠型转变，不断提高国民的福利水平。要逐步提高住房的保障水平，多管齐下地对房地产市场进行调控，加强住房保障力度，逐步形成政府与市场相结合的住房供应体系。

医疗卫生事业是关系到人民群众健康和幸福的重大民生问题。医疗卫生事业要坚持以人为本为出发点，把维护人民群众的健康利益作为首要问题，坚持为人民服务的宗旨，围绕保障人民群众健康的中心，以所有公民享有基本医疗卫生服务为根本出发点和落脚点，为全民提供基本医疗卫生制度保障，重点解决群众反映强烈的突出问题，努力保障全体人民群众的医疗卫生需求；要立足于国情，建立具有中国特色的医药卫生体制，不断总结医药卫生事业改革发展的实践经验，明确医药卫生发展的规律和主要矛盾，坚持基本医疗卫生的服务水平与经济社会发展水平相协调、与人民群众的实际承受力相适应，分类指导，因地制宜，充分发挥地方积极性，逐步探索建立符合国情的基本医疗卫生制度；要坚持公平与效率的统一，政府和市场的有效结合，强化政府在基本医疗卫生事业中的责任，加强政府在制度、规划、筹资、服务和监管方面的责任，切实维护公共医疗卫生的公益性，促进社会的公平正义。除此之外，要注重发挥市场机制的作用，充分动员社会力量的参与，并促进良性竞争机制的形成，从而提高医疗卫生运行效率、服务水平和质量，从根本上满足人民群众多层次和多样化的医疗卫生需求。

社会体制改革是社会建设的核心问题，是增强社会活力和促进社会和谐的重要保证。深化社会体制改革是解决社会建设领域存在的突出问题的关键所在。社会体制的改革创新能充分调动各方面积极性，充分发挥人民群众的首创精神，最大限度地解放和增强社会发展活力。只有解放和增强社会发展活力，才能推动中国特色社会主义社会体制的自我完善和发展，为社会建设、经济建设、政治建设、文化建设和生态文明建设协调发展提供强有力的制度保障。深化社会体制改革，首先要求社会事业的改革创新，实现发展成果更多惠及全体人民。加快社会事业改革，解决好人民最关心、最直接、最现实的利益问题，努力实现社会服务的多样化，满足人民群众的实际需求。把握社会事业改革创新的核心问题，不断深化教育领域的综合改革，健全就业创业体制，逐渐形成合理有序的收入分配格局，从而建立公平的可持续的社会保障制度。其次，加强社会治理体制的创新，是社会建设问题中的重大问题。治理与管理之间存在差异，前者的主体是多元的，后者的主体只有政府；前者的主体是社会组织乃至个人。社会治理的创新必须以维护最广大人民群众的根本利益为出发点，最大限度地增加社会和谐因素，增强社会的发展活力，提高社会的治理水平，全面深化平安中国的建设，维护国家安全，确保人民群众安居乐业和社会秩序的安定。社会治理方式的改进，必须激发社会组织的活力，建立有效预防和化解社会矛盾的体制，健全社会公共安全体系，不断完善国家安全体制和国家安全战略，确保国家安全社会稳定。社会治理方式的变革，要求在政府、社会、市场、公民个人之间建立合作与良性互动，形成新型的伙伴关系。从“加强和创新社会管理”到“创新社会治理体制”“解放和增强社会活力”的过渡，体现了我们党治国理政理念的不断创新。另外，坚持人民群众的主体地位，动员和组织人民群众依法有序地参与社会治理工作，切实保障人民群众享有社会事务管理的民主权利，充分发挥人民在社会治理方面的主体地位和首创精神，努力形成人人参与构建和谐社会、人人共享和谐社会的生动局面。

最后，加强社会建设和管理，推进社会管理体制创新，是构建社会主义和谐社会的一项重要任务。实现中国梦，需要加强和创新社会管理，通过社会管理体制机制的改革，给每一个公民均等的机会，激发每个人的进取心和创造力，从而为把中国梦转化为现实提供源源不断的人才资源支持。改革开放特别是党的十六大以来，我们党在社会管理理论和实践方面不断探索，取得了很大成绩。把社会建设纳入中国特色社会主义建设总体格局，把加强和创新社会管理摆在社会建设突出重要的位置，这是我们党对人类社会发展规律、社会主义建设规律、共产党执政规律认识的新升华，是深入分析我国基本国情和发展阶段性特征所得出的重要结论，是顺应民心、实现科学发展、构建和谐社会的本质要求。

加强和创新社会管理，要以中国特色社会主义理论为指导，按照科学发展观和构建和谐社会的要求，坚持以人为本、服务优先，多方参与、共同治理，统筹兼顾、动态协调，既有秩序又有活力，立足国情、改革创新的基本原则。要确立社会管理的新思路，努力实现从传统模式向政府行政管理与社会自我调节、居民自治管理良性互动的转化，社区管理与单位管理有机结合，多种手段综合运用，管理与服务融合，有序与活力统一的多元治理、共建共享的新模式转变，构建与社会主义市场经济、民主政治、先进文化以及建设和谐社会要求相适应的中国特色社会管理体制。要紧紧围绕全面建设小康社会的总目标，牢牢把握最大限度地激发社会活力、增加和谐因素、减少不和谐因素的总要求，完善党委领导、政府负责、社会协同、公众参与的社会管理新格局，加强社会管理制度、体制、机制和能力建设，完善基层社会管理服务，建设中国特色社会主义社会管理体系；要坚持社会管理体制改革的正确方向，一切从实际出发，因地制宜，创造性地开展工作，坚持党委领导，政府主导，以人为本、服务为先，统筹协调、源头治理，把群众满意出发点和落脚点，着力解决好群众最关心、最直接、最现实的利益问题；要改进政府提供公共服务的方式，加强基层社会管理和服务体系建设，增强城乡社区服务功能，引导社会组织健康有序发展，充分发挥群众参与社会管理的重要基础作用，畅通和规范群众诉求表达、利益协调和权益保障的渠道，建立健全重大决策社会稳定风险评估机制，强化公共安全体系和企业安全生产基础建设，遏制重特大安全事故。

经济的繁荣发达，民生的持续改善，人民的幸福安康，以此构筑全面和谐社会，这才是中国梦的最终目的，才是全体人民的共同追求。

积极倡导和营造良好的生态文明

生态文明建立在人与自然关系深刻反思的基础之上

生态文明是人类文明的一种形态，是继物质文明、精神文明、政治文明后人类社会发展的一种文明形态，强调以尊重和保护自然为前提，旨在维护人与人、人与自然、人与社会和谐共生，其核心是正确处理人与自然的关系。

生态文明的提出是建立在深刻反思人类自身发展与自然关系基础之上的。人类的生存与发展依赖于自然，同时人类文明的进步也影响着自然的结构、功能与演化。在人类发展史上，人类至今已经历了原始文明、农业文明、工业文明三个阶段，人与自然的关系相应经历着由和谐到失衡、由失衡再到和谐的螺旋式上升的过程。

在原始社会中，人类的生产力极端低下，人类主要通过采集和渔猎这两种物质生产活动直接获取自然物作为自己的生活资料。另一方面，人的精神生产能力同样低下，其主要的精神活动是原始宗教活动。原始宗教中的万物有灵论、巫术、图腾崇拜等的出现，逐渐发展成为对自然神的崇拜。原始人在自然界之外构想了一个超自然的世界，认为自然界的秩序来自超自然力量的支配，许多自然事物和现象，如日月星辰、风雨雷电、山河土地、凶禽猛兽等，均为超自然神灵的显现。由于原始社会缺乏强大的物质和精神手段，对自然的开发和支配能力极其有限。人类不得不依赖自然界直接提供的食物和其他简单的生活资料，同时也无法抵御各种盲目自然力的肆虐。他们经常忍受饥饿、疾病、寒冷和酷热的折磨，受到野兽的侵扰和危害。在原始文明下，人类把自然视为至高无上的主宰者，视为某种神秘的超自然力量的化身。他们匍匐在自然之神的脚下，通过各种原始宗教仪

> 自然界起初是作为一种完全异己的、有无限威力的和不可制服的力量与人们对立的，人们同它的关系完全像动物同它的关系一样，人们就像牲畜一样服从它的权力，因而这是对自然界的一种纯粹动物式的意识（自然宗教）。
>
> ——《马克思恩格斯选集》

式对其表示顺从、敬畏，祈求他们的恩赐和庇佑。因此，在原始社会，人与自然和谐共处的关系更多地表现为人对自然的敬畏和被动地服从，和谐关系的主导因素是自然。

到了农业文明时期，人类主要的物质生产活动是农耕和畜牧。人类不再依赖自然界直接提供食物，而是通过创造适当的条件，满足自身生存需要。在这一时期，人类凭借木质、金属工具对自然力加以利用，并通过利用畜力、风力、水力等再生能源，大大增强了改造自然的能力。农业文明时代人类进入了用文字记载的历史，文字的出现使得知识在空间和时间上便于传播。农业文明时期出现了体脑分工，有了专门的“劳心者”。这种分工和阶层的出现大大提高了人类的精神生产能力。

在农业社会，人们改造自然的能力仍十分有限，这种生产背景下自然对人的主宰作用依旧存在，农业文明时期的人类主张尊天敬神。另一方面，随着人类主体的能动性和自信心的增强，人们已经把自己提升到高于其他物种生物的地位。在农业文明时代，人类和自然处于初级平衡状态，物质生产活动基本上是利用和强化自然过程，缺乏对自然实行根本性的变革和改造，对自然的轻度开发没有造成巨大的生态破坏。但是这一时期社会生产力发展和科学技术进步也比较缓慢，没有也不可能给人类带来高度的物质与精神文明和主体的真正解放。

从总体上看，这一时期人与自然关系整体上保持着和谐，但也出现了阶段性的、区域性的不和谐。随着人口的增长和生产力水平的逐步提高，人类开始不安于自然的庇护和主宰，在利用自然的同时试图改造、掌控自然，而这种改造往往伴随着很大的盲目性和破坏性。

> 如果说在原始文明时代人是自然神的奴隶，在农业文明时代人是在神支配下的、自然的主人，那么在工业文明时代，人类仿佛觉得自己已经成为征服和驾驭自然的“神”。

工业文明的出现，使社会生产力有了质的飞跃。人类利用自然的能力飞速提高，人类开始使用机器设备开发自然资源。这时，人类对自然的态度也发生了根本改变，由“利用”魔术似的变为了“征服”。“人是自然的主宰”的思想成为这一时期的主流思想。在这种思想支配下，对自然的征服和统治变成了对自然的掠夺和破坏，对自然资源无节制地损耗。而这种肆意带来了严重的恶果。污染物的大量排放，导致自然资源迅速枯竭和生态环境日趋恶化。能源危机、环境污染、水资源短缺、气候变暖、荒漠化、动植物物种大量灭绝等灾难性恶果直接威胁到人类的生存与发展，人与自然的和谐也面临着有史以来最严峻的挑战。

> 人类好像在一夜之间突然发现自己正面临着史无前例的大量危机：人口危机、环境危机、粮食危机、能源危机、原料危机等等，这场全球性危机程度之深、克服之难，对迄今为止指引人类社会进步的若干基本观念提出了挑战。
>
> ——M.梅萨罗维克《人类处在转折点上》

历史进入20世纪，曾经陶醉于征服自然的辉煌胜利的人类开始意识到，工业文明在给人类带来优越的物质生活资料的同时，却对自然造成了空前严重的伤害，这种伤害使人类自己也面临着巨大的危机。在工业文明下，人们把自然当作可以任意摆布的器物、可以无穷索取的原料库和无限容纳工业废弃物的垃圾箱。这些做法违背了自然的规律，超出了自然界能够承受的阈限。当人们为了满足自己不断增长的欲望而对自然进行掠夺性开发和利用时，自然界则以自身向人类施行了严厉的报复——全球性的生态失衡和人类生存环境恶化。从20世纪60年代开始，人类对自身与自然关系的反思愈来愈多。1972年，联合国发表《人类环境宣言》；90年代以来，《里约环境与发展宣言》《二十一世纪议程》《关于森林问题的原则声明》《联合国气候变化框架公约》和《生物多样性公约》等一系列有关环境问题的国际公约和国际文件相继问世，标志着实现人与自然和谐发展已成为全球性共识。

积极倡导和营造社会主义生态文明，是实现民族伟大复兴，事关全体人民实现中国梦的重要环节。十八大报告中已经明确指出，在当前“资源约束趋紧、环境污染严重、生态系统退化”的情况下，“树立尊重自然、顺应自然、保护自然的生态文明理念”，将“生态文明建设放在突出地位，融入经济建设、政治建设、文化建设、社会建设各方面”，对于“建设美丽中国”、实现中华民族的伟大复兴和永续发展提供了很重要的保障。

生态文明是对中国优秀传统文化的继承和创新

中国传统文化体系中蕴含着独特的生态智慧。其中，中华文明的基本精神与生态文明的内在要求具有高度的一致性，这使我们有可能率先反思并超越自文艺复兴以来主导人类的“物化文明”，成为生态文明的率先响应者和实践者。

保护生态平衡的思想，在中国传统的农业生产中表现得最为明显。如农业的撂荒、休耕、轮作等，都是用养结合、维护农业生态平衡的重要措施。中国历朝历代，都有生态保护的相关律令，注意防止滥捕、滥伐、滥杀。据《礼记·月令》记载，每年的春季，当草木繁茂生长之时，要求“祀山林川泽，牺牲无用牝。禁止伐木，无覆巢，无杀孩虫胎夭飞鸟”，“无竭川泽，无漉陂地，无焚山林”，以此来保护生态环境。

在中国传统文化中，从哲学层面来思考人与自然的系统性通过“天人合一”这一古老的命题表达了出来。《易传》认为，人和万物一样是秉受了天地之大德而生，因而天人在本质上是一致的。人只有做到“与天地和其德，与日月和其明，与四时和其序”，才可以把握天道，达到自由。诚然，“天”有多种意义规定，有所谓的自然之天、神性之天、义理之天的区分。“天人合一”也并非只以人与自然的和谐这样简单的概括即可获得圆满的解读。但是，“天人合一”的确表达了一种思维的系统性、整体性，其中包容了许多主张人与自然和谐的思想，而且由此可延伸出许多富有启发性的观点。概言之，“天人合一”其本质是“主客合一”，肯定人与自然界的统一。“天人合一”这一命题的主要内涵包括：人与万物同源；天道与人道相通；和谐是至高的价值目标等等。

> 只有在山林的啸声中，疲惫的心灵才得以慰藉；只有在田园的翠色里，紧张的精神才可能松弛。于是，范蠡功成后即归隐山林，泛舟于西湖；王维位居右丞，还是常常“怅然吟式微”；文坛泰斗苏轼，官至翰林，却也时时想“江海寄余生”。也正是基于此，我们有理由认为，张若虚的《春江花月夜》之所以世代传诵，关键在于它很容易让人从中体悟到人与自然和谐的意趣和氛围。

强调人与自然的和谐还使中国传统文化形成了独具特色的艺术精神，这种艺术精神的产生常常源于“外师造化，中得心源”“远取诸于物，近取诸于身”。就是说，对美的审视“从来不把自然看作是存在于人之外而与人疏离的对立物”，自然界与人之间是相互联系的，有同构性、同型性，这种特性使自然景物能够给予人以心性情感，使人能够在自然中发现自身。不仅以形神模拟为特色的汉字“肇始于自然”，以至于“山”如峰峦，“水”似流波，而且以汉字为核心要素的书法艺术更是充溢着生动活泼的自然神韵。

在文学作品里，对人与自然和谐的向往更是举不胜举。特别是中国古代山水诗，它“以追光摄影之笔，写通天尽人之怀”为主旨，通过对古道西风、长河落日、烟雨苍凉、青山依旧、鱼跃鸢飞、寒来暑往等主题的吟咏，表达了人对大自然的皈依、向往或对现实无奈的逃避，表现出人寓于自然和万物一体的融合之美。

另一方面，传统生态智慧衍生了现代生态文明。生态文明建设最根本和最迫切需要解决的问题，是认识和协调人与自然、人与自身、人与社会以及人与人之间的相互关系，恰恰在此意义上，中国传统文化丰富的生态智慧构成了弥足珍贵的思想基础。

中国古代生态智慧价值取向作为一种具有整体性的思维方式，已穿透历史的重重帷幕，跨过时空局限，对现代人的思维方式进而对现代科学产生重大影响，并引发了一场旨在重新确立人与自然关系的关于自然价值观或宇宙观的革命。20世纪初，德国社会学家马克斯·韦伯在考察了中西文化之后，提出了一个著名论断：中国文化的自然价值取向，对当代的环境保护与社会发展是适应的，因而是合理的。同样是20世纪初，以柏格森、奥伊肯等为代表人物提出的生命哲学，第一次提出了自然宇宙是生命的有机体的观念。在此之后，阿尔贝特·史怀泽提出“敬畏生命”的哲学观念，突破了“人类中心论”的局限，给地球上一切生灵以平等的生存地位。20世纪30年代，莱奥波尔德又提出了“大地伦理”思想，对人类给地球带来的污染与破坏提出了警告。而1988年，当75位诺贝尔奖得主集会巴黎时，他们形成的共识更是明明白白地写在“宣言”里：“如果人类要在21世纪生存下去，必须回到两千五百年前去吸取孔子的智慧。”

在中国传统文化里，对环境的保护和合理利用有很多成功的范例。儒家和道家都把爱的伦理原则，推广到生物界和自然界。先哲们把生物和非生物作为两个范畴提出，其中非生物主要是指现代生态学中的环境。中国古代思想家从一开始就注意到了生态

> 要清醒认识保护生态环境、治理环境污染的紧迫性和艰巨性，清醒认识加强生态文明建设的重要性和必要性，以对人民群众、对子孙后代高度负责的态度和责任，真正下决心把环境污染治理好、把生态环境建设好，努力走向社会主义生态文明新时代，为人民创造良好生产生活环境。
>
> ——习近平

的本意，只是用中国古代特有的语言表达生态含义。例如，把“混沌”世界尚未被认知的规律称作“道”。这里的“混沌”是指生命产生之前的自然界。这样对生态概念的表达，较之两千年后的西方自然观，更加富有理性。道家提出“爱人利物之谓人”，把“爱人”和“利物”作为道德要求，并把两者结合起来。用现代生态学语言表达就是：人类既要利用生态资源，又要保护生态环境，更新自然资源，达到永续利用的目标，这才是有道德的。儒家提出“爱人及物”，“仁”是爱人，但五谷禽兽之类，皆可以养人，故“爱”育之。这是“仁民爱物”。可见，儒家、道家对待包括人在内的自然界的基本态度是：爱万物，永续利用万物，人与天地万物是一个有序的整体。这和现代的生态系统的基本原理有极为相似之处。

中国古代生态智慧不仅要求人与自然处在和谐一体的过程，同时也要求去改变那些不和谐的环境，让生态与环境成为一体。这些思想和实践对当今重建生态家园有着同样重要的启示与榜样的作用，值得我们珍视。

大力推进生态文明建设

党的十七大报告提出建设生态文明并作出具体部署，体现了我们党和政府对新世纪新阶段我国发展呈现的一系列阶段性特征的科学判断和对人类社会发展规律的深刻把握。

一方面，我国人均资源不足，人均耕地、淡水、森林仅占世界平均水平的32%、27.4%和12.8%，石油、天然气、铁矿石等资源的人均拥有储量也明显低于世界平均水平；另一方面，由于长期实行主要依赖增加投资和物质投入的粗放型经济增长方式，能源和其他资源的消耗增长很快，生态环境恶化的问题也日益突出。人类社会的发展实践证明，如果生态系统不能持续提供资源能源、清洁的空气和水等要素，物质文明的持续发展就会失去载体和基础，进而整个人类文明都会受到威胁。

> 要正确处理好经济发展同生态环境保护的关系，牢固树立保护生态环境就是保护生产力、改善生态环境就是发展生产力的理念，更加自觉地推动绿色发展、循环发展、低碳发展，决不以牺牲环境为代价去换取一时的经济增长。
>
> ——习近平

十八大报告进一步提出，由于当前“资源约束趋紧、环境污染严重、生态系统退化”，在经济建设、政治建设、文化建设和社会建设的过程中,“尊重自然、顺应自然、保护自然”,强化生态文明建设的突出作用显得尤为重要。加强生态文明建设,需要我们从以下几方面着手:

第一,要树立生态文明的新理念。党的十八大提出,由于资源的紧缺、环境污染的加剧以及生态系统的严重退化,我们必须做到尊重自然、顺应自然和保护自然的生态文明。

尊重自然,是人与自然相处时应秉持的首要态度,要求人对自然怀有敬畏之心、感恩之情、报恩之意,尊重自然界的创造和存在,绝不能凌驾于自然之上。历史上,在生产力相对低下时,人类曾崇拜自然、敬畏自然。近代以来,随着改造自然能力的大幅提高,人类开始轻视自然、试图掌控自然,甚至以征服者、占有者的姿态面对自然。为满足自身需要向大自然不断索取,人类赖以生存的自然环境遭受到严重破坏,生态危机日益严重。反思过去,正视现实,只有尊重自然才是人与自然相处的科学态度。尊重自然,就要深刻认识到人类与自然是平等的,人类不是自然的奴隶,也不是自然的上帝,人属于自然,而不是自然属于人;就要深刻认识到自然界是人类赖以生存发展的基本条件,人类生活所需要的一切均直接或间接来自自然;就要深刻认识到一切物种均有生命,均有其独特价值,均是自然大家族中不可或缺的部分。

顺应自然,是人与自然相处时应遵循的基本原则,要求人顺应自然的客观规律,按自然规律办事。因为包括人类在内的自然界是一个完整有机的生态系统,具有自身运动、变化和发展的内在规律,不以人的意志为转移。人利用和改造自然的实践活动只有适应自然规律,才能做到人与自然和谐相处。顺应自然,就是要使人类的活动符合而不是违背自然界的客观规律,以制度约束人的行为,防止出现因急功近利和个人贪欲而违背了自然规律的现象。

保护自然,是人与自然相处时应承担的重要责任。人类的生存和发展,需要有良好的自然环境和丰富的自然资源。自然环境主要是大气、水、土壤、生物、矿物和阳光等。自然资源是自然环境中人类可以用于生活和生产的物质,可分为三类:一是取之不尽的,如太阳能和风力;二是可以更新的,如生物、水和土壤;三是不可更新的,如各种矿物。随着人类生产力的发展和提高,自然资源可为人类利用的部分不断扩大,部分资源经过人类的加工回收之后又能变成新的自然资源。但是,这些资源,特别是可更新资源,如开发利用不合理,不仅会使大气、水体、土壤等受到污染,生态平衡和自然环境遭到破坏,而且自然资源本身也将日趋枯竭,严重地影响人类的生存和社会的发展。因此,人类在开发和利用自然资源的同时,必须对自然进行保护和管理。人要发挥主观能动性,在向自然界索取生存发展之需的同时,呵护自然,回报自然,保护自然界的生态系统,把人类活动控制在自然能够承载的限度之内,给自然留下恢复元气、休养生息的空间,实现人类对自然获取和给予的平衡,多还旧账,不欠新账,防止出现生态赤字和人为造成的不可逆的生态灾难。

第二,实行节约资源和保护环境的基本国策。党的十八大报告中指出,要进一步加强节约资源和保护环境的基本国策。在节约优先、保护优先和自然恢复为主的指导方针下,坚持绿色发展、循环发展和低碳发展,逐步建成节约资源和保护环境的空间格局、产业结构以及生产生活方式,遏制生态环境的继续恶化,为广大人民群众构建良好的生产和生活环境,为全球生态治理和安全维护做出贡献。

一是国土空间开发格局的优化。国土是生态文明建设所需的空间载体,是需要珍惜的重要资源。按照"人口资源环境相均衡、经济社会生态效益相统一"的原则,控制国土开发的强度,建设高效集约的生产空间、宜居适度的生活空间、给自然留下了更多可修复空间,为子孙后代留下了更多良田和天蓝、地绿、水净的美好家园。加快主体功能区战略的实施,推动各地区严格按照主体功能区的定位谋发展,构建科学合理的城市化格局、农业发展格局和生态安全格局。提高海洋资源的开发利用能力,发展海洋经济,保护海洋的生态环境,坚决维护国家的海洋权益,建设海洋强国。

二是全面促进资源的节约。节约资源是保护生态环境的根本途径。节约资源主要体现在推动资源利用方式的根本转变,加强全过程节约的管理,大幅降低能源、水、土地的消耗强度,提高利用资源的效率和效益。全面推动能源生产和消费革命,严格控制能源消费总量,加强节能降耗的能源消耗方式,支持节能低碳产业和新能源、可再生能源的发展,保证国家能源安全。切实加强水源地水资源的保护和用水总量的管理和控制,推进水的循环利用,建设节水型社会。严守耕地的保护红线,严格管制土地的用途。加强矿产资源勘查、保护和合理开发。促进循环经济的发展,促进生产、流通、消费过程的减量化、再利用和资源化。

三是加大生态系统和环境保护力度。生态环境是人与社会持续发展的根本基础。保护生态环境需要开展重大生态修复工程,增强生态产品的生产能力,加强荒漠化、石漠化和水土流失的综合治理,增大森林、湖泊、湿地面积,保护生物的多样性。加快水利建设的开展,增强城乡防洪抗旱排涝的能力。加强防灾减灾体系的建设,提高气象、地质、地震灾害的防御能力。坚持预防为主、综合治理的方针,以解决损害群众健康突出环境问题为重点,强化水、大气、土壤等污染防治。坚持共同但有区别的责任原则、公平原则、各自能力原则,同国际社会一道积极应对全球气候变化。

四是加强生态文明制度建设。保护生态环境关键在制度。要把环境损害、资源消耗和生态效益纳入经济社会发展指标评价体系,建立与生态文明要求相适应的目标体系、考核办法和奖惩机制。要建立国土空间开发保护的制度,完善环境保护制度、耕地保护制度和水资源管理制度。要深化资源性产品价格和税费改革,建立与市场供求和资源稀缺程度相适应、体现生态价值和代际补偿的资源有偿使用制度和生态补偿制度。要积极开展碳排放权、水权、排污权交易试点。要加强环境监管,不断健全生态环境保护责任追究和环境损害赔偿制度。要加强生态文明的宣传教育,不断增强全民的环保意识和生态意识,形成合理消费的社会新风尚,积极营造保护生态环境的良好风气。

第三,要全民参与到生态文明建设中。生态文明建设是全民族的事业,应动员全社会力量共同参与保护环境。必须紧紧依靠人民群众,充分调动一切积极因素,齐心协力保护环境。

一是广泛开展环境宣传教育。多形式、多方位、多层面宣传环境保护知识、政策和法律法规,弘扬环境文化,倡导生态文明,营造全社会关心、支持、参与环境保护的文化氛围。加强对领导干部、重点企业负责人的环保培训,提高其依法行政和守法经营的意识。将环境保护列为素质教育的重要内容,强化青少年环境基础教育,开展全民环保科普宣传,提高全民保护环境的自觉性。

二是加强部门协作。环境保护部门是推动环境保护事业发展的“总体设计部”,其他有关部门是环境保护事业的共同建设者。要加强环境保护部门的机构、队伍和能力建设,进一步完善环境保护统一监督管理体制。

三是强化社会监督。公开环境质量、环境管理、企业环境行为等信息,维护公众的环境知情权、参与权和监督权。对涉及公众环境权益的发展规划和建设项目,要通过听证会、论证会或社会公示等形式,听取公众意见,接受舆论监督。

四是形成科技创新与科学决策机制。针对现阶段的环境污染形势和广大人民群众改善环境的迫切愿望,不断加大对全球性、区域性、流域性以及前瞻性重大环境问题的成因与演化趋势的研究,组织开展科技攻关,建立国家、地方政府对水环境、大气环境等的监控、预警技术体系，带动环境保护体制机制创新。进一步加强国际合作与交流，理性借鉴国际环境保护的成功经验，积极参与全球性、区域性环境保护活动。

五是健全公众参与机制。发挥社会团体的作用，为各种社会力量参与环境保护搭建平台，鼓励公众检举揭发各种环境违法行为，推动环境公益诉讼。

六是加强基层社会单元的环保工作。把环境保护作为社区、村镇建设的一项重要内容，引导和动员广大群众参与环保工作，使每个公民在享受环境权益的同时，自觉履行保护环境的法定义务。

2013年12月31日，国家主席习近平通过中国国际广播电台、中央人民广播电台、中央电视台，发表了2014年新年贺词。习近平在贺词中说："宇宙浩瀚，星汉灿烂。70多亿人共同生活在我们这个星球上，应该守望相助、同舟共济、共同发展。中国人民追寻实现中华民族伟大复兴的中国梦，也祝愿各国人民能够实现自己的梦想。我真诚希望，世界各国人民在实现各自梦想的过程中相互理解、相互帮助，努力把我们赖以生存的地球建设成为共同的美好家园。"

清新的空气、清洁的水是中国梦实现的必要条件。建设生态文明，是关系人民福祉、关乎民族未来的长远大计。我们要更加自觉地珍爱自然，更加积极地保护生态，努力建设美丽中国，努力走向社会主义生态文明新时代，实现中华民族的复兴，实现美丽中国梦。

中国梦也是世界梦

当世界上最大的发展中国家同世界的关系发生了历史性的变化，中国的前途命运就日益紧密地同世界的前途命运联系在一起。中国融入了世界，中国改变了世界，中国的未来也将深远地影响世界。中国梦绝不是狭隘的“一国梦”，而是对重新认识人类共同利益和共同价值内涵的积极探索。实质上，实现中华民族伟大复兴的中国梦，有利于中国世界梦的实现；而中国世界梦的实现过程又为中国梦的实现提供了良好外部环境。中国梦必将在人类文明发展进程中书写下浓墨重彩的新篇章。

中国梦的世界属性

中国梦承载着中华民族的千年回响、百年渴望，是民族之梦，也是祖国富强、民族复兴和人民幸福之梦，它以其丰富的内涵和意蕴，为我们描绘着美好的愿景，成为社会各阶层广泛认同的奋斗目标。中国梦是中华民族冉冉升起的一面积极向上的旗帜，必将在整个国际社会备受关注的同时对世界产生广泛而深远的影响。我们要在习近平同志为总书记的党中央正确领导下，坚持社会主义道路，用中国特色社会主义伟大事业的巨大成功和中国发展的伟大成就，诠释中国特色社会主义在推动人类历史变化发展中的重要作用。中国梦不仅是中华民族和中国人民的奋斗目标，也是世界的福祉，很大程度上具有世界属性。因此，在世界全球化迅速发展、各国之间的相互依存度日益提高的今天，我们将中国梦置于世界历史发展的过程中考察，在全球化的视野和背景下研究，既有助于社会各阶层认同并践行中国梦，也有助于国际社会认识并理解中国梦的世界意义。

第一，中国梦的实现将成为古老文明转型和复兴的范本。中华文明在人类社会文明发展的过程中曾长期领先，对人类社会文明发展做出了重大贡献。中华文明在整个世界文明发展的历程中不仅具有延续性，更具有独特性。两河流域文明、古印度文明、古埃及文明这些曾经辉煌过的文明都衰落或者消失了，只有中华文明一直延续发展到今天，拥有一个从史前文明到现代文明的完整演进过程。从人类社会文明史发展的角度考察，甚至可以说，伟大的中华文明一直是人类文明发展史的引领者。以造纸、火药、指南针、印刷术这四大发明为代表的中华文明，在人类社会文明的历史进程中，发挥着积极的推动作用。在思想文化方面，17、18世纪时，以儒学为代表的中华传统文化就开始传播到欧洲，通过与西方文化的交流而在当地引发了中国文化热，至今仍然有着深远的影响。此外，中国传统的思想文化也对东亚诸国和东南亚地区邻国的儒家文化圈的形成和发展起了促进作用，对世界文明的发展进程产生了积极而深远的影响。

近代以来，西方各国在科学革命、工业革命和思想革命的巨大影响下，率先突破了自身发展的局限，使世界的发展轨道发生了改变，他们占领了发展的先机，也引发了东西方之间经济与政治命运的大分化。这些迅速发展起来的西方国家利用武器和船舶制造等先进的技术优势，夺取海洋霸权，并开始控制世界各大洋和主要航道，逐步掠夺贫弱的国家。西方国家的殖民主义扩张使东方各国逐步丧失了发展的自主权，进而由西方主导的世界版图逐渐形成，“天朝上国”的美梦破灭了，中国逐步沦为半殖民地半封建社会，中华文明也渐渐衰落。

历经一百多年的曲折探索，直到今天中国梦的提出，终于吹响了中华民族伟大复兴的号角。中华民族伟大复兴的实现将意味着中华传统文明向现代文明的成功转型，它不同于现代西方文明的转型，它将为整个世界提供“源于中国而属于世界”的制度与文明，这必将成为古

> 小国的目标是国民自由、富足、幸福地生活，而大国则命定要创造伟大和永恒，同时承担责任与痛苦。
>
> ——托克维尔

老文明转型和复兴的范本。

第二，中国梦将实现中国人民与世界人民互利共赢的美好生活。古语有："穷则独善其身，达则兼济天下"。不论是过去还是现在，中国素有"以天下为己任"的传统，有着为道义、为正义而奋斗的思想特质和大国风范。回顾世界近代史，美国在1880年取代英国成为世界最主要的工业国之后，占据世界第一的位置长达130多年，它占据了世界的主导地位，改变了世界的经济和政治面貌。中华人民共和国成立以来，特别是改革开放以来，中国的发展取得了举世瞩目的成就。今天，中国工业产值和制造业的产值都远远超过了美国，并且已经有200多种工业品的产量跃居世界第一，中国已经取代美国成为排名世界第一位的工业生产国。中国经济在不断发展壮大的同时，也在相当大的程度上拉动了全球的需求增长和贸易繁荣，同时也扩大了中国在全世界的影响力。

随着我国综合国力的不断提升，在国际社会的影响力也越来越大。也正由于此，国际上的"中国威胁论"不绝于耳。西方大国的敌对势力对于中国的发展壮大十分担心，他们害怕这会改变西方从哥伦布发现新大陆开始500多年不断构筑起来的世界体系，从而想尽办法阻挠中国的发展。事实上，这种担心毫无必要，这样的阻挠也是徒劳的。中国走的是和平与发展的道路，是促进世界文明多样性和繁荣发展的道路。中国在努力实现中国梦的历史进程中，不只是"善其身"，同时也"惠天下"。当今中国已成为推动亚洲和世界经济社会发展的一支重要力量，迅猛发展的中国经济正逐步成为世界经济社会发展的"发动机"，不断扩大的对外贸易使中国成为重要的"世界市场"，敢于承担责任的中国成为广大发展中国家和新兴市场国家的"领头羊"之一，追求和平、合作、共赢的发展之路的中国已在推动并改善全球治理中发挥着日益重要的作用。

> 关于中国同世界的关系，习近平强调，中国人是讲爱国主义的，同时我们也是具有国际视野和国际胸怀的。随着国力不断增强，中国将在力所能及范围内承担更多的国际责任和义务，为人类和平与发展作出更大贡献。中国将坚定不移走和平发展道路。我们也希望世界各国都走和平发展道路，国与国之间、不同文明之间平等交流、相互借鉴、共同进步，齐心协力推动建设持久和平、共同繁荣的和谐世界。

在全球化时代，中国的发展

离不开世界，同样地，世界的发展也离不开中国。习近平提出中国梦，引起了世界各国的广泛关注。因而，中国梦必然内含着世界性的本质。中国梦的世界性，首先意味着中国必须与世界其他民族和国家相互联系，紧密合作，共同发展。这体现为中国在追求自身利益的同时也要兼顾其他国家的切身利益，中国在谋求自身发展的同时也要促进世界各国的共同发展与共生共赢。中华民族是一个爱好和平的民族，它与人为善，崇尚天人合一、人与自然和谐相处。中国梦是和平的世界之梦，也是和谐的世界之梦。中国梦的实现离不开和平的国际环境，同时也必须选择和平与和谐的发展路径。中国梦的实现将为全世界带来和平与发展以及更多的机遇。

事实已经证明，走和平发展之路的中国，积极参与国际事务，在自身能力所及的范围之内承担起了更多的国际责任和国际义务，为推动地区稳定与世界和平发展做出了积极的贡献。走和平发展之路的中国，也为推动世界各国的共同繁荣做出了积极贡献。中国在成功抵御了国际金融危机冲击的同时，也为世界经济摆脱危机发挥了重要作用，为推进世界经济的共同发展繁荣提供了正能量、注入了新动力。事实还将进一步证明，中国梦并不是征服世界的号角，它与世界梦紧密相连，是与世界各国人民实现互利共赢美好生活的宣示。

第三，中国梦的实现将拓展人类文明发展的新途径。中国特色社会主义一方面根植于中国大地，反映着中国人民的意愿，另一方面又适应了中国和时代发展进步的要求，同时，中国特色社会主义更体现了科学社会主义理论和中国社会发展实践的逻辑与历史的辩证统一。中国特色社会主义道路使中国这样的大国在短短30多年时间里实现了经济年平均增长超过9%，这一举世瞩目的伟大成就在整个世界发展的历史上前所未有。中国创造的发展奇迹，是中国特色社会主义制度强大生命力的鲜活例证，更是对社会主义“衰落论”强有力的回应。

在90多年艰苦奋斗的历程中，从正反两方面的经验和教训中，中国共产党带领全体中国人民探索到了一条适合中国国情的发展道路，即中国特色社会主义道路。在这条道路上，伟大的中华民族找到了曾经一度迷失的自我，看到了光辉灿烂的前程，也取得了前所未有的成就。中国特色社会主义道路是在新中国成立后60多年的持续探索、实践、总结中摸索出来的，是从改革开放的伟大实践当中走出来的。中国特色社会主义道路既是对中华民族近代以来自强不息、奋发图强历程的深刻总结，又是对中华民族5000多年灿烂文明史的薪火相传。历史已经并将继续证明，中国特色社会主义道路是中国共产党人带领广大人民群众历尽艰辛找到的实现中华民族伟大复兴的中国梦的唯一正确道路。

“一花独放不是春，百花齐放春满园。”人类自1500年起开始了现代化的历史进程后，西方发达国家率先走资本主义道路，并逐步实现了工业化。在随后的数百年间，资本主义一直占据着世界发展的主流，并被披上的那件光亮外衣神圣化了，后进国家相继效仿和推崇资本主义的发展模式，甚至有的西方学者把资本主义描述为“历史的终结”，认为人类社会发展到资本主义就差不多到终极状态了。社会主义在20世纪的大部分时间里也曾取得过骄人的成就，并且在冷战时期与资本主义分庭抗礼，但随着苏联解体、冷战结束，苏联的社会主义模式宣告终结。人们不禁会问：资本主义会成为人类历史的终结吗？社会主义究竟还有没有未来？经过30多年的改革开放，我国已经成功走出了一条马克思主义同中国具体实际和时代特征相结合的道路，这就是中国特色社会主义道路，这条道路能够使中国经济健康快速发展、综合国力不断增强、人民生活水平不断提高、社会充满生机活力。中国特色社会主义是中国共产党人和中华民族的自主选择，它将用铁一般的事实说明：人类社会发展的历史不会终结于资本主义，中国特色社会主义的成功必定会改变资本主义一家独大的发展格局，社会主义道路将会有光明的前途和美好的未来。

今天，中国特色社会主义所取得的伟大成就足以证明，我们所坚持的中国特色社会主义有别于苏联封闭僵化的社会主义道路以及民主社会主义等其他社会主义道路，同时它也与西方资本主义道路有着质的区别。改革开放30多年来，中国特色社会主义的伟大实践使中国大地发生了翻天覆地的变化，它不仅拓宽了人类探索文明多样化发展的视野，更为整个世界现代化的实现开辟了一条崭新的道路。中国特色社会主义道路既是整个人类社会文明发展进程中体现中国风格、中国气派的一条康庄大道，也是中华民族的“人间正道”，同时它还是人类社会超越资本主义、走向更高层次文明形态的现代化之路。对和平发展的中国梦的追求，将不仅仅惠及每一个中国人，也会在极大程度上惠及世界人民。中国梦在实践过程中将为整个世界的现代化、全球化打上鲜明的中国符号，在国际体系与国际规范中留下深刻的中国印记。

中国梦与世界梦之间的关系

中国的世界梦,是中国自新中国成立以来一直追求的外交新理念,它是基于和平共处五项原则所建立的世界政治经济新秩序,它源自中国广大人民群众渴望和平、渴望发展的迫切愿望,源自中国人民对世界人民渴望和平、渴望发展的愿望的理解与尊重,它的实质是实现中国与世界的长期和平共处、共同发展。

第一,中国的世界梦是中国梦的有机组成部分。首先,中国的世界梦不同于欧洲梦。在16—18世纪,欧洲试图以海外殖民的方式来转移大量流动人口,其带给世界的是一个中心——外围式的、剥削性的、不平等的差序格局。马克思在《不列颠在印度统治的未来结果》中说:“当我们把目光从资产阶级文明的故乡转向殖民地的时候,资产阶级文明的极端伪善和它的野蛮本性就赤裸裸地呈现在我们面前,它在故乡还装出一副体面的样子,而在殖民地它就丝毫不加掩饰了。”其次,在国家关系上,中国也不做苏联梦,不顾及自身国力的限制,拼凑政治军事集团与美国争夺世界霸权,并对外输出革命,干涉别国内政,企图达到控制别国为自身利益服务的目的。当然,中国更不做美国的霸权梦。1974年,邓小平在联合国大会上就曾庄严宣告:中国是一个发展中的社会主义国家,中国属于第三世界。“中国现在不是,将来也不做超级大国。如果中国有朝一日变了颜色,变成一个超级大国,也在世界上称王称霸,到处欺侮人家、侵略人家、剥削人家,那么世界人民就应当揭露它、反对它,并且同中国人民一道打倒它!”

第二,中国梦与世界梦互为前提、相促相生。我国的社会主义性质从根本上决定了中国的世界梦具有鲜明的和平性与文明性。中国的世界梦,就是指新中国成立以来中国基于和平共处五项原则所提出的世界政治经济新秩序。这样的世界梦是中国梦的继续和逻辑结果。从改革开放主动融入世界秩序以来,中国的前途命运就同世界的前途命运紧紧相连。动荡不安的外部环境将会破坏中国梦的实现。因此,中国的世界梦最直接的价值就在于为中国梦的实现创造良好的外部环境;同时,中国梦的实现,也必将推动中国的世界梦顺利实现。

当然,着眼于人类持久和平与共同繁荣的世界梦不可能自发地实现,它需要中国发扬中国精神,坚持走中国道路,不断蓄积中国力量,在积极融入世界政治经济秩序的同时，建构有利于世界持久和平、共同繁荣的世界新秩序。中国的世界梦的实现需要中国长期坚持新安全观，推动国际关系的民主化发展，逐步塑造一个持久和平、共同繁荣的和谐世界。因此，中国梦和中国的世界梦都代表着人类社会发展进步的根本方向，具有强烈的人类关怀情愫和强大的生命力。它从根本上决定了中华民族的伟大复兴必然是和平的复兴，是打破大国崛起必霸定律的复兴，是立足自身、和而不同、美美与共、共同发展基础之上的复兴。因而，中华民族伟大复兴的中国梦的实现过程，也将为实现中国的世界梦奠定坚实的基础；而中国世界梦的实现过程反过来又为中国梦的实现提供着良好的发展机遇与外部环境。

中国梦的国际机遇与挑战

中国梦这一崭新的概念和理念的提出，同以往执政党的文化宣传话语相比，既具有延续性和继承性，同时又有新的发展和创造。中国梦是一代又一代中国共产党人取得中国革命胜利、建设新中国、实现社会主义现代化和中华民族伟大复兴这一革命和执政目标的一以贯之，与此同时，它又为中国共产党思想和理念的创新开辟了新的理论空间。中国梦这一新表述适应了新的时代和社会发展进步的要求，更加具有通约性国际话语表述方式的特质。中国梦这一概念内含着实体和话语两个层次的蕴意，而我们所探究和讨论的国际机遇和挑战也是从这两个层面进行的。

第一，中国梦的国际机遇。中国梦从提出以来便迅速成为整个学术界探讨的热点之一。但是，目前专家学者们大多都是从国内出发关注和研究中国梦，其中，包括研究中国梦的内涵、特征、历史发展、重大意义和现实路径。而除了对比研究中国梦与美国梦、欧洲梦之外，真正从国际维度出发、联系中国现实的国际环境探讨中国梦的研究并不多见。当前，内政外交紧密相连、国内问题与国际问题交相互动，对中国梦实现路径的探讨同样离不开对国际机遇和挑战的理解和把握。

当前，实现中国梦的最大国际机遇可以从实体层次和话语层次两方面来看。就实体层次来说，其一，从我国面临的外部战略环境来看，虽然局部动荡不断，但世界多极化、经济全球化持续推进，文化多样化、社会信息化深入发展这一整体趋势没有改变，当今世界总体上仍然处于和平与发展之中这一整体趋势没有改变，国际力量对比朝着有利于维护世界和平与发展的方向发展，保持国际形势的总体稳定具备更多有利的条件。在可预见的范围之内,中国面临地区冲突与局部摩擦的可能性虽然不能排除,但中国仍将处于一个相当长的战略机遇期这一判断没有过时,这是加快中国发展、推进中国梦实现的最好的外部空间。2008年国际金融危机后,全球性经济衰退使美国的相对实力有所下降,其他发达国家也面临一定程度的衰败,国际体系正经历着深刻转型,在这一背景之下,美国相应地调整了自身的战略重心,在宏观上转向"拼经济、塑形象",各大国也将"求合作、谋发展"视为重中之重,全球合作多层次全方位地拓展开来,发展中国家的国际实力和国际地位不断提升,新兴市场国家的整体实力增强,这是宏观上实现中国梦的最为重要的国际环境。其二,从中国的国际地位和国际影响力来看,30多年的改革开放和现代化建设进程,使得中国的国家实力大幅度增强。目前,中国的GDP位于世界第二,政治、军事和其他各方面的实力也位居世界前列。2008年以后,中国在全国上下的共同努力下,在全球率先实现经济企稳回暖,相对实力不降反升。可以说,30多年来中国所积累的综合国力在某种意义上来说便是实现中国梦的最大机遇,手中有粮心中不慌,强大的国家实力是中国应对各种危机和灾难的雄厚底气,是实现中国梦的有力支撑。基于强大的国家实力,中国的国际竞争力和影响力正不断迈上新的台阶,国际地位也显著提高。加上中国原有的政治影响力,目前,中国的国际话语权得到了前所未有的提高,外交发展空间和回旋余地大大拓展,成为众多国际合作与纷争的重要组织者、参与方和调停者。这种软实力是实现中国梦十分难得的国际机遇。

就话语层次来说,中国梦这一概念的提出体现了一种更具通约性质的国际话语沟通方式,它反映了中国对内话语体系与对外话语体系的衔接和统一。在国家间的交流沟通中,如果抛开话语符号背后的人为附加的政治考量,意识形态的区分和历史文化的差异同样是阻碍中国与国际社会沟通交流的一个重要障碍。与过去"中华民族复兴""和平发展""和平崛起""和谐世界"等中国向国际社会推销的话语口号相比,中国梦在可通约性方面具有一定的优势。尽管中国本意并非如此,但因历史记忆和文化理解的差异,像"中华民族的复兴"在部分国外人士尤其是东亚和东南亚国家看来,这意味着中国有恢复汉唐盛世的"野心",而"和平崛起"则因中国与西方国家对"崛起"的不同历史解读而使西方世界误认为中国可能有挑战现有国际政治经济秩序甚至发动战争的考量;"和平发展"这一提法则相对比较平和,但它内含的是一个历程性的意义,并不能够全面展现中国发展的最终目标;"和谐社会"

“和谐世界”则因国际社会难以深刻理解具有中国传统文化意蕴的“和谐”一词，同样在可通约性方面难以尽如人意。

与之相比，中国梦这一概念的提出，反映了对内话语体系与对外话语体系的衔接与统一，因而，中国梦既是本土的，又是世界的，它具有对内和对外这两个维度的可通约性，它能够在国内外都引起很大程度上的共鸣与回应。对内来说，正如前文所提到的，中国梦的实质内涵是“中华民族的伟大复兴”，也是中国特色社会主义理论体系又一新的成果，从而完美地实现了与国内既有政治话语体系的衔接。对外来看，中国梦又能实现与其他国家梦想概念的相互衔接。众所周知，美国梦由来已久，且流行于世界；欧洲梦也在战后产生了较大影响，尽管表述不同，内涵有别，但大部分国家都有着各自不同形式的发展梦想。中国梦使用“梦想”这一人类所共同享有的概念，但中国梦既强调集体性的价值，又强调个体性的价值，它是个体—整体这一哲学思维方式的鲜明体现。因此，对内，中国梦这一概念可以同强调集体主义的中国传统文化和家国互联的现实国情相统一；对外，中国梦又因强调通过个人的努力奋斗以创造美好幸福生活的个体价值取向而与美国梦、欧洲梦中的价值理念相统一，也正因为此，中国梦比较容易在国际社会中得到回应。

与此同时，作为中国发展的终极目标，中国梦是与世界其他国家的梦想以及世界梦是息息相通的，正如中国共产党过去将“和谐社会、和谐亚洲、和谐世界”作为

每个人都有自己的梦想，每个民族也都有自己的梦想。我们的中国梦和美国人宣扬的美国梦有哪些差异呢？清醒而深刻地认识这一问题，有利于我们坚定信念，从而更加自觉地投入到实现伟大中国梦的奋斗之中。

第一，孕育背景不同：中国梦孕育于国家衰落、民族危亡时期，而美国梦孕育于国家建立、快速发展时期；

第二，提出时机不同：中国梦一词正式提出于中国蒸蒸日上之时，而美国梦一词正式提出于美国陷入经济大萧条之时；

第三，实践道路不同：中国特色社会主义道路是实现中国梦的必由之路，而典型的西方资本主义道路是实现美国梦的现实之路；

第四，对外战略不同：中国梦是和平共赢之梦，而美国梦是不断扩张之梦；

第五，影响范围不同：中国梦是13亿人之梦，而美国梦仅是3亿人之梦。

中国与世界联结互动、共同发展繁荣的重要话语表述一样，当前，“中国梦、亚洲梦、世界梦”同样反映了中国与世界的密切关系。中国梦的实现离不开世界，离不开和平稳定的国际和周边环境，中国只能走和平发展之路来实现中国梦。由于亚洲和整个世界也离不开中国，中国在追求自身发展、实现中国梦的过程中也必将努力帮助和带动其他国家特别是发展中国家和中国周边国家的发展，这样，中国将与世界各国更多地分享发展机遇，使其更好地实现自己的梦想。因此，实现中国梦也有助于亚洲梦和世界梦的实现。中国梦与世界各国人民的梦想是息息相关的，可以携手共圆世界梦。可见，从国际视角来解读中国梦，实质上是中国走和平发展道路这一重要思想在新时期的继承与发展，但将“和平发展”贴上更具通约性的“梦想”标签后，便能够增进国际社会对中国和平发展战略的认识、理解和认同，从这个意义上来说，中国梦不仅可以激励全中国人民实现中华民族伟大复兴的决心和信心，同样也有助于提升中国的国际影响力和亲和力，提高中国在国际事务中的地位，增强中国的国际话语权。这同样可以被看作是中国梦的国际机遇。

第二，中国梦的国际挑战。在梳理并探讨实现中国梦的国际机遇后，我们更加需要警醒的是，任何问题都要一分为二地看，在实现中国梦的历史进程中我们还面临着严峻的国际挑战。

一是中国综合国力结构中的不平衡问题。这是实现中国梦的首要国际挑战。中国总体国力在改革开放后得到了快速的增长，但目前在结构上仍面临着三个方面的不平衡问题。这些不平衡在一定程度上成为制约中国梦实现的重要变量。其一，我国的综合国力的内部结构不平衡。当前我国经济实力位居世界第二位，但政治、文化、军事等方面的实力相对于经济实力来说，依然较为薄弱，其中文化实力尤为薄弱。

其二，我国经济实力的内部结构和外部关联性不平衡。从经济产业的内部结构方面来看，“中国制造”实力雄厚，有“世界工厂”之称，但是“中国制造”大多集中于低端制造业领域。创新能力的不足导致了中国在高科技产业、高端制造业、金融服务产业等领域实力较为薄弱，特别是同西方发达国家相比，我国经济产业的技术含量和附加值都比较低，劳动密集型、资源密集型、资本密集型企业仍然占据主导地位，产业结构不尽合理。这种状况如果不尽快改变的话，不仅会影响我国国际经济竞争力和综合国力的提高，同时也会在很大程度上影响实现中国梦的历史进程。

中国当前对外经济、科技的依存度都一直保持在较高的水平线上。中国的经济活动有两个方面过于对外依赖。一方面是经济增长过于依赖出口或对外贸易。加入WTO以后，我国的进出口贸易一直处于快速增长的态势，速度高于国内生产总值的增长；另一方面，我国过去的经济活动大多由外资来组织，外资把中国作为生产加工基地，经济增长不得不依赖于外资来实现，由外资创造的出口量占到70%左右。经相关数据的综合分析，当前我国经济的对外依存度仍然在50%左右，这种依存度主要体现在进出口领域以及和国计民生密切相关的粮食、石油、矿产等领域。据有关专家学者的分析，我国目前已经跻身于中等贸易依存度国家的行列，也就是说我国的贸易依存度集中在30%至100%之间，如法国、意大利、英国、韩国、德国等。

可见，过高的对外经济依存度就意味着我国经济发展面临着比较大的国际风险。在经济全球化时代，各个国家的国际事务与国内事务高度依存，经济依存度过高意味着我国的综合国力与世界市场有着高度相关的敏感性。对于国际环境的高度依赖也会在一定程度上导致我国国家力量的脆弱性，当国际环境一旦出现异常波动的时候，便会直接影响我国经济运行，2008年的国际金融危机已经证明了这一点。此外，局部地区的动荡、大型经济体的衰退、量化宽松政策、贸易保护主义等的外溢，国际能源和原材料市场的波动等等，都会对我国的发展造成影响，进而直接影响中国的强国梦、强军梦，以及每一个中国人的日常生活，最终影响国民的幸福指数和各类梦想的实现。

其三，在综合国力的较量中，中国与世界强国的优劣势结构比不平衡。中国作为一个整体可以与其他国家相抗衡，但划分到不同领域的国家之间的竞争和横向比较同样会对一国的国际地位产生不同程度的影响。相比于美国的综合实力，中国可能处于全面落后的状态，而与俄罗斯、日本、欧洲各大国和印度相比，中国的国力在某些领域则占据着优势地位，在另外一些领域则又相对弱势。这种国与国之间国力优劣势结构对比不均衡的状态，在一定程度上影响着中国梦的实现。而对于普通国民的幸福感和荣誉感来说，横向比较可能更为重要。一些国家在综合国力上虽然与中国无法相比，但该国国民实现自身梦想的机会则可能会大大高于我国国民。由此可见，国民收入、生存环境以及横向实力对比等在国与国之间的不均衡性同样是实现中国梦的重要挑战。

二是国际环境复杂多变挑战着中国梦的实现。从国际环境来看，整个世界总体和平的局面在短期内将不会改变，这对于中国梦的实现非常有利，但与此同时，多年来世界仍然很不安宁。正如十八大报告中所指出的:当前,世界经济增长不稳定不确定因素增多,国际金融危机影响深远,全球发展不平衡加剧,霸权主义、强权政治和新干涉主义有所上升,粮食安全、能源资源安全、互联网安全等全球性问题更加突出。严峻的国际形势对中国梦的实现构成重大挑战。“台独”“疆独”“藏独”以及其他分裂活动有可能与境外势力相勾结对我国的国家统一和安全构成重大挑战。同样,在遏制反华势力的军事围堵、政治围攻,在维护台海和平,维持香港、澳门长期繁荣稳定以及国内经济社会发展稳定大局,在应对可能危害国家安全的传统安全挑战(例如核扩散、战略导弹等军事安全)与非传统安全威胁(如国际局势动荡、突发自然灾害、恐怖主义、人道主义灾难)等方面,中国同样面临着较为严峻的国际挑战。

更为重要的是,随着中国国家实力的不断增强和国际地位的不断提升,中国与国际体系、国际秩序之间的互动关系也更加密切。目前,对于不公正、不合理的国际政治经济秩序和“一超多强”的国际格局,中国应当持何种态度和策略,如何正确地处理权利、义务以及国际责任等方面的关系,这些都是当前中国面临的突出挑战。特别是对于当前西方国家主导的国际贸易、国际投资体系、以美元为中心的国际金融体系以及国际生产分工体系等,中国如何既能够做到参与其中,并实现互利、合作、共赢的局面,又能够制定具体的战略和战术考量来趋利避害,这些都是考验中国外交顶层设计和战略智慧的重大挑战。

三是从地缘政治角度来看,中国的周边环境不容乐观。近年来在国际上发生的几场战争、武装冲突和国家内部危机都发生在北非、西亚和中国周边,这些地区要么与中国地理相近、利益相关,要么事关中国经济发展的敏感地带,在国家安全、经济发展和政治影响等方面对中国构成了巨大的挑战。

伴随着经济全球化的进程,中国国家利益的分布也逐渐全球化,开始面临诸如国际市场起伏、能源供应不畅、海外投资受限、海外公民人身安全与财产受到威胁等越来越多的国际风险。特别是朝鲜核危机和伊朗核危机,它们就如同埋在中国周边的两枚非定时炸弹,对中国的周边安全和经济发展构成了严重影响,从而影响中国强国梦、强军梦和富民梦的顺利实现。而菲律宾、日本等国与中国的领土争议危机也昭示着中国未来海上安全将面临更大挑战。在较长时期内,领土争议、海洋争端和海上安全有可能成为中国和平发展、实现中国梦的最大障碍。尽管中国一直坚持以谈判合作的方式处理与周边国家的争议和争端,但树欲静而风不止,周边国家将中国的容忍大度视为软弱可欺,不断挑战中国的底线,未来如果有爆发战争的可能性,那么这将会直接影响中国梦的实现。

四是从大国关系来看,中国目前与各主要大国之间的双边关系发展总体呈现出健康平稳的态势,然而这种双边关系也在一定程度上存在很强的波动性和不平衡性。相比较而言,中国与美、欧、日等大国的经济合作较为密切,但双方在国际安全、意识形态、政治认同和历史文化等领域,尚难建立起较为紧密的互动关系。即便是在经济关系中,双方的摩擦、纷争也常常出现。

以美国为首的西方大国对中国所一贯采取的两面性政策,我们应当有更加清醒的认识。一方面,美国等西方大国不得不正视中国不断增强的综合实力和国际影响力,需要中国在国际社会中发挥积极的作用,因而他们不得不采取合作、接触与倚重的态度与中国发展国家关系。与此同时,我们虽然不能说"美帝国主义亡我之心不死",但是美国等西方大国对中国猜疑、防范和遏制的一面表现得非常充分,甚至呈现出更加明显、长久和突出的态势。美国将中国视为其全球唯一霸主地位的挑战者这一单方面的臆想由来已久,并逐渐在近年来转化为重大的战略计划。美国中央情报局前雇员斯诺登所披露的一系列信息进一步确证了中国已经成为美国重点防范的对象这一事实。2008年以后,美国本应集中精力应对国际金融危机,但却开始进行全球战略重点的转移,宣布"重返亚太",这显然针对的就是中国。六年来,美国以所谓的"巧实力"战略,把调整军事部署和实施外交角力两方面相结合,明里暗里地挑动东亚和东南亚国家在诋毁中国形象、强化领土争议等方面不断对中国发起攻击。中国周边国家也随着美国的指挥棒跳舞,中国周边环境并不太平。中国与主要大国之间这种深刻复杂的既合作又竞争的双边关系,将会成为实现中国梦,进而实现亚洲梦、世界梦的重要变量。

五是在外交、国际沟通、软实力推广、国际形象营销等领域,无论是对西方世界还是对部分周边国家或发展中国家开展工作,中国仍然面临着很大的挑战,这些挑战同样将影响中国梦的实现。由于西方国家长期以来受到"欧洲中心论"和资本主义、社会主义两大制度对立等传统思维的影响,一直对中国的政治制度、意识形态、价值观念和国家发展方式等存在疑虑,中国与西方国家的合作在很大程度上是基于理性主义的共同利益考虑,甚至逐渐出现中国的对外越开放,国家实力越发展,对世界的贡献越大,这些国家就越疑虑、对中国的心态就越复杂的情况,如何消除这种战略疑虑将成为中国外交面临的重要挑战。对于部分周边国家来说,由于地缘政治、大国博弈、历史记忆等具体时空要素的共同作用，他们对于中国的认知也是复杂而分裂的。一方面，这些国家需要依靠中国的力量带动其经济的发展，然而另一方面他们又不愿意看到中国的国家实力和国际影响力过强过大，因而也在不知不觉中加入“中国威胁论”者的阵营。这样，西方版的“中国威胁论”和亚洲版的“中国威胁论”经常合流，成中国实现中华民族伟大复兴，进而实现亚洲梦、世界梦的国际噪音。

以上所谈到的国际社会对中国的种种错误认知、疑虑和有意地抹黑，其形成的原因错综复杂，既有客观因素，也有主观因素，既与大国双边互动、权力斗争和战略谋略密切相关，同时也受到意识形态差异、制度差异和文化差异的重要影响。客观地说，上述问题的出现，错并不在中国，但中国要想实现国家富强、民族振兴和人民幸福的中国梦，就不能回避这些噪音。因此，继续加强中国的对外交流与宣传，消除疑虑，增进共识，是中国在外交和软实力推广领域面临的长期而艰巨的任务。中国梦的提出已经在正确的道路上迈出了第一步，但即便这样，中国梦仍然遭到某些国际敌对势力的歪曲和诋毁，一些国际人士也对中国梦能否实现、如何实现持观望和怀疑的态度。因此，加强国际文宣工作，推广中国的软实力任重而道远。我们要进一步将中国梦作为总的对外文宣纲领，并由此制定具体的应对方案和策略，坚定不移地贯彻实施下去。

机遇与挑战往往是并存的。中国梦这一概念承载着中国人实现家国互联、个体与整体并包的美好梦想，实现中国梦的道路注定不会一帆风顺，中国不仅面临着国内包罗万象的挑战，同时也面临着艰巨而重大的国际挑战。面对挑战与困境，我们既不能妄自尊大，也不能妄自菲薄，而应当继续保持沉着冷静，在中国共产党的带领下，坚持中国道路，弘扬中国精神，凝聚中国力量，继续执行改革开放以来确定的各项内外政策，特别是独立自主的和平外交政策，正确把握各种国际机遇，沉着应对各种国际挑战，在实现中国梦的国际道路上不断前行。

中国梦的世界意义

第一，中国梦有利于推进世界的发展和人类文明的进步。中国作为世界上的人口大国，实现了中华民族的伟大复兴，就可以从根本上改变中国十几亿人口的命运，从某种意义上来说，这本身就是对人类社会文明进步的巨大贡献。中国梦是这样的梦：它既不会搞对外掠夺扩张，也不会把国内经济社会发展矛盾转嫁给国外；它既不搞冷战与对抗，也不会依赖所谓的西方“扶持”政策，而是依靠自己的力量解决自己的问题，为世界其他各个民族和国家带来更多的发展“红利”。中国梦的前景关系着世界的发展预期。中国梦，不是关起门来做自己的“小梦”，而是一个开放、包容与共享的“大梦”。将全体中国人民的奋斗融入浩浩荡荡的时代潮流，以中华民族的伟大复兴为世界带来更多的新机遇，为人类文明做出更大贡献。习近平提出的中国梦继承了毛泽东、邓小平、江泽民所强调的中华民族为人类做出贡献的思想。我们不应把中国梦仅仅理解为中国自身利益的实现以及中华民族的强大崛起，而忽视中华民族要对整个人类社会发展有所贡献、已经对人类社会发展做出了巨大贡献、正在为人类社会发展做着巨大的贡献以及未来将为人类社会发展做出新的更大贡献的深刻内涵。中国与世界各个民族、各个国家同舟共济，中国人民与世界人民同呼吸、共命运。中国的世界梦也就是为整个人类社会发展做出更多更大的贡献。

第二，中国梦有利于促进整个世界的和平与发展。和平与发展是中国梦的必然要求。中国梦体现出和平与发展、中国与世界互利共赢的时代精神。中国梦的实现需要走和平与发展的道路。中国梦是开放的梦、发展的梦，将在实现自身梦想的过程中与各民族、各国分享更多更好更大的发展成果。和谐世界这一伟大的梦想属于中国，也属于世界。通过走和平与发展的道路实现中国梦，与世界各民族、各国共同缔结繁荣世界梦，中国梦与各民族、各国的梦以及世界梦是互利共赢的。希望生活在同一个世界的人们，高举和平、发展、合作、共赢的旗帜，共建持久和平、共同繁荣的和谐世界。中国梦是和平之梦，是发展之梦，是合作之梦，更是和谐之梦。我国主张和平解决国际争端和国际冲突，积极参与国际安全的对话与友好合作。中国经济建设所取得的举世瞩目的成就，为整个世界经济的发展做出了巨大的贡献。中国坚持和平与发展的道路，尊重世界文明的多样性和各个国家发展道路的多样性，积极参与并推动建立公正、合理的国际新秩序。中国梦体现了整个人类社会持续发展的必然要求，它将为更多的国家带来机会。

> 和平犹如空气和阳光，受益而不觉，失之则难存。

第三，中国梦对整个世界的发展起着引领和示范的作用。中华民族的伟大复兴为落后的民族、国家争取民族自强、探索发展道路找到了途径，为整个人类实现现代化历史进程提供了新的宝贵的经验，为发展中国家发展道路的选择提供了新的范例。中国梦凝结了一代又一代中国人民的理想和抱负，它是古老的东方巨龙昂首前行的"自强梦"，它是实现中华民族伟大复兴的"现代梦"。这个梦属于中国，也属于所有发展中国家。中国梦与世界梦是辩证统一的关系，是中华民族推进中国与世界和平、友好、和谐发展的新范式。中国梦的实现，将不断拓展推进整个人类文明发展的新途径，它必将为世界各国推动人类文明发展提供有益的借鉴。事实证明并将进一步证明，实现中国梦是整个世界的重大利好，中国梦的成就将为整个国际社会和平发展与互利共赢提供一种新的范式。

后　记

中国梦,就是要实现全面建成小康社会、建成富强民主文明和谐的社会主义现代化国家;实现中华民族伟大复兴,就是要实现国家富强、民族振兴、人民幸福。中国梦既深深体现了今天中国人的理想,也深深反映了我们的先辈们不懈奋斗、追求进步的光荣传统,为了逐梦,一代又一代中华儿女不知经历了多少屈辱与奋争,前赴后继,跨越时空。

对如何实现中国梦,习近平总书记提出了具体的要求,就是要走中国道路、要弘扬中国精神、要凝聚中国力量。有了中国道路、中国精神、中国力量的正能量,才是中国梦梦想成真的根本保证。社会文化学认为:"正能量"是一种带有积极意义的能够对社会和人们的生活产生正面影响的能量。社会心理学认为:"正能量"代表着一种积极向上的,能够激发人们的正面情感、调动人们的积极情绪和动力、抑制并消除消极情感和情绪对生活的负面影响等的能量。中国梦是我们中华民族共同的理想信念,要想实现这一梦想,就要汇聚"正能量",这要求每一人结合自身实际,提出自己的奋斗目标,将自身的奋斗目标与国家梦想结合起来,充分施展才华、实现价值、释放"正能量"。为此,我们每一个中国人都应当铭记历史,正视现实,改革创新,积聚力量,勇于负责,敢于担当,乐于奉献,共同构筑中华民族伟大复兴的中国梦!

本书力图对当前宣传和普及中国梦作出积极的探索和尝试,因此,在撰稿过程中,本书编写组力求内容简练、语言生动、案例丰富、形式多样,增强可读性和趣味性，扩大影响力和宣传度，激发广大理论研究者、基层党政干部和人民群众的阅读热情和动力，以达到宣传和普及中国特色社会主义共同理想的目的。

本书是集体劳动的成果，编写组全体成员多次集中讨论，制定了本书的基本内容、主要范围和编写风格。主编刘先春教授主持讨论并确定了本书的编写大纲和内容框架，指导了本书的具体撰写和修订过程，并对全书进行统一审稿和定稿工作。同时，对兰州大学出版社对本书编写给予的全程关注和精心指导表示诚挚的谢意！

在编写过程中，本书参考了大量已有的珍贵研究成果和资料文献，限于内容结构和编写形式，不能一一列明，在此谨向本书借鉴和参考的各类著作和文章的作者们一并表示感谢！

由于本书写作时间仓促，加之笔者研究水平有限，书中难免有不妥之处，恳请读者不吝指正。